Heribert Prantl

Mensch Prantl

Ein autobiographisches
Kalendarium

LANGENMÜLLER

Inhalt

Vorwort

»Das können die schon vertragen!«

Als der sozialistische Theoretiker Eduard Bernstein in den frühen Jahren der Sozialdemokratie wieder einmal über »soziale Gerechtigkeit« philosophierte, belehrte ihn sein Freund, der SPD-Reichstagsabgeordnete Ignaz Auer, geboren in Dommelstadel bei Passau, so: »Mein lieber Ede, so etwas sagt man nicht, so etwas tut man.«

Dieser Satz ist mir eingefallen, als ich als junger Journalist zu meinem ersten Interview mit dem CDU-Politiker Heiner Geißler ins Dorf Gleisweiler fuhr, seinen Wohnort an der Weinstraße in Rheinland-Pfalz. Geißlers zwölf Jahre als programmatischer Generalsekretär der CDU waren da schon vorbei, und er war auf dem Weg zur Legende: Christdemokrat und Kapitalismuskritiker, bekennender Katholik, ehemaliger Jesuit und aktives Attac-Mitglied, Weinbauer, Bergsteiger, Skifahrer und Bestseller-Autor. Er war, hundert Jahre später, Ignaz Auer und Eduard Bernstein in einem – sowohl ein Theoretiker als auch ein Praktiker der sozialen Gerechtigkeit; für ihn war »Die neue soziale Frage« die Kernpolitik einer guten Demokratie.

Freunde, Freundschaft, Journalismus

Das ging mir also durch den Kopf, als ich an Geißlers Haustür im Dorf Gleisweiler an der Weinstraße klingelte. Ich begrüßte ihn mit einem »Grüß Gott, Herr Generalsekretär«, obwohl er das schon längst nicht mehr war.

Aber der Titel war und ist ihm, wie ein zweiter Vorname, bis zu seinem Tod im Jahr 2017 geblieben. Aus dem mittäglichen Interviewtermin von eineinhalb Stunden wurde dann ein sehr langer Nachmittag und ein spannender Abend. Das bahnte sich an, als Geißler, trotz des Gipskorsetts, das er damals nach einem Absturz mit dem Drachenflieger trug, in seinen Keller hinunterstieg, um ein paar Flaschen seiner »Gleisweiler Hölle« zu holen; er baute diese Hölle selber an, auf dem kleinen Weinberg hinter seinem Haus.

Es gibt Menschen, bei denen man schon bei der ersten Begegnung ahnt und spürt, dass man sich verstehen wird. Geißler, der ein begnadeter Zuspitzer und ein begnadeter Schlichter war, gehörte zu ihnen. Unser Interview zu aktuellen tagespolitischen Fragen ging über in ein Gespräch über Gott, die Welt und die Zukunft der CDU, die er in seinen zwölf Generalsekretär-Jahren zu reformieren versucht hatte, um aus einem Kanzlerwahlverein eine Programmpartei zu machen, eine Partei der »ökologisch sozialen Marktwirtschaft«, wie er das nannte. Es war dies das erste von vielen langen Gesprächen, die im Lauf der Jahre in Bonn, in Berlin und in München folgten – über Grundfragen der Politik, über Agitation und Polemik, über Taktik und Strategie, über Macht und Machtkämpfe und darüber, was man in der Politik bewegen kann und was Politik mit denen anrichtet, die sie machen.

Zu meinem fünfundfünfzigsten Geburtstag schenkte Geißler mir dann die Neuausgabe eines Buches des Jesuiten und Barockdichters Friedrich Spee aus dem Jahr 1631, aus der Zeit des Dreißigjährigen Krieges; es heißt »*Cautio Criminalis*« und ist eine Kampfschrift gegen Folter und Hexenwahn. Er schrieb folgende Widmung hinein: »Zwischen Politikern und Journalisten gibt es keine Freundschaft. Wenn es sie gäbe, wären wir Freunde.« Wir sind immer per Sie geblieben, obwohl wir viel miteinander gelacht, gegessen, getrunken und gegrübelt haben.

Ein Stein, den man ins Wasser wirft

»Heribert Prantl schreibt spitz«, hat Winfried Hassemer, Strafrechtsprofessor und Vizepräsident des Bundesverfassungsgerichts, einmal gesagt. Das stimmt: Ich liebe, wie Geißler das getan hat, die pointierte Zuspitzung, ich liebe den bildhaften Vergleich, ich bin mit Leib und Seele ein Leitartikler und Kolumnist. Ein Kommentar ist ein Diskussionsbeitrag; dessen Kraft hängt sicher auch von der Auflage oder der Reichweite des Mediums ab, in dem er erscheint. Aber das allein ist es nicht. Ein lahmer Kommentar bleibt ein lahmer Kommentar, ob er nun im *Sechsämterboten*, in den *Tagesthemen* oder in der *Süddeutschen Zeitung* publiziert wird. Ein Kommentar soll nicht kaltlassen; er soll anregen oder aufregen; er soll überzeugen oder zum Widerspruch herausfordern.

Natürlich muss ein Kommentator Partei ergreifen – nicht für eine politische Partei, sondern für eine Sache, manchmal auch für eine Person; für die Grundrechte vor allem und im Zweifel: für die Schwachen, für die, die Unterstützung brauchen, die sonst niemand hört. Kommentieren heißt nicht irgendetwas meinen. Der Kommentar ist nicht irgendein Geblubber, der Kommentator schreibt nicht aus dem Bauch, sondern aus dem Kopf und manchmal aus ganzem Herzen. Ein Kommentar ist nicht erst dann gut, wenn er in der morgendlichen Lagebesprechung des Ministeriums zualleroberst liegt. Wenn ein Kommentar Parteigremien beschäftigt, schön. Wenn er beim Frühstück zur Diskussion reizt, ist es besser. Wenn es gar Spaß macht, daraus vorzulesen, ist es am besten. Ob der Leser zustimmt oder ob sich die Leserin am Kommentar reibt, ob der Kommentar also kitzelt oder kratzt – das ist vielleicht gar nicht so entscheidend.

Und im Übrigen: Wenn man als Kommentator gegen den Strom schwimmt, kann man nicht erwarten, dass der Strom deswegen seine Richtung ändert. Ein Leitartikel ist nicht dann demokratisch, wenn er danach trachtet, die Mehrheitsmeinung abzubilden; nichts wäre langweiliger; dann könnte man die Kommentare abwechselnd von Forsa, Civey, der Forschungsgruppe Wahlen oder der KI (ChatGPT) schreiben lassen. Ein Kommentar ist dann demokratisch, wenn er zum Gespräch verhilft. Ein Leitartikel ist wie ein Stein, den man ins Wasser wirft. Er verändert die Qualität des Wassers nicht, zieht aber Kreise.

Fachmännisch einschenken

Und es soll bitte so sein, dass man nach dem Lesen verstanden hat, worum es geht und warum dieses Thema wichtig ist. Wenn ich zwei-, dreimal im Jahr an Journalistenschulen und Presseakademien ein paar Tage lang Unterricht über die Theorie und vor allem die Praxis des Kommentars abhalte, wenn ich dort mit den Seminarteilnehmern den Kommentar übe, Kommentare schreiben lasse und dann ausführlich bespreche, dann erkläre ich das so: »Die Standlfrau vom Viktualienmarkt soll sagen: Jetzt habe ich endlich verstanden, worum es geht. Das ist ja gar nicht so kompliziert, wie ich dachte. Und der Universitätsprofessor soll sagen: Der Prantl hat das sehr komplexe Problem schon sehr vereinfacht, aber es ist erfasst.«

Als Personifikation des Professors kommt mir dann einer wie der kreativ-kauzige Wilhelm Steinmüller in den Sinn, bei dem ich einst Rechtsphilosophie studierte; der Ordinarius war eigentlich Kirchenrechtler, wurde dann Rechtsinformatiker, entwickelte das Konzept der informationellen Selbstbestimmung und war damit ein Pionier des

Datenschutzes; später, nach seiner Emeritierung, wandte er sich dann einem ganz anderen Gebiet zu: Er wurde Psychotherapeut und Traumaforscher.

Wenn es mir gelingt, auch von so eigenwilligen Menschen gelesen und goutiert zu werden, sodass sie mir von einer Forschungsreise eine Ansichtskarte schreiben – dann bin ich glücklich und esse vor Freude eine Tafel Schokolade. Und wenn mir ein Leser bei einer persönlichen Begegnung nach einem Vortrag, einer Lesung oder einer Diskussion sagt, dass er zwar eher selten meiner Meinung sei, mich aber immer gern lese – dann ist das ein gutes Weißbier wert. Als der verstorbene Fernseh-Kollege Thomas Leif mich einmal in seine Talksendung nach Berlin zum Streitgespräch eingeladen hatte, durfte ich mir schon vorab ein bestimmtes Getränk wünschen. Ich wählte mein Lieblingsweißbier von der Brauerei Jakob in Bodenwöhr, also aus meiner Heimat. Der Redaktion gelang es tatsächlich, eine Kiste davon nach Berlin zu schaffen, Thomas Leif schaffte es aber nicht, das Weißbier ordentlich einzuschenken, sodass ich live und vor laufender Kamera Gelegenheit hatte, diese Kunst fachmännisch zu zelebrieren. »Fachmännisch einschenken« – das ist, so dachte ich mir da, auch kein schlechtes Motto für den guten Meinungsjournalismus.

Trotz alledem

Aber das Kommentieren allein macht mein Glück im Journalismus nicht aus. Es ist die Begegnung mit Menschen – mit Gelehrten und Ganoven, mit Künstlern und Kanzlern, mit Mächtigen und mit Mutigen, mit starken Frauen und mit ihren Widersachern, mit Widerständlern und Whistleblowern, mit Intriganten und Informanten, mit bekannten und unbekannten Menschen, die etwas angepackt haben, die in ihrer jeweiligen Welt, ob sie groß oder klein war oder ist, Wegweiser gesetzt haben; bisweilen auch falsche.

Ich habe sie interviewt, manche, wie Wolfgang Schäuble, immer und immer wieder und in allen Etappen ihres Berufslebens. Ich habe sie porträtiert – ganz junge wie Greta Thunberg; ganz alte wie Hans-Jochen Vogel; und ganz viele meines Alters wie Angela Merkel.

Nicht immer war der Weg zu ihnen so kurz, aber verschlungen wie zum ehemaligen SPD-Vorsitzenden Hans-Jochen Vogel. Es war so: Man fuhr östlich aus München hinaus, Richtung Eichenried und Moosinning, ließ den Flughafen »Franz-Josef-Strauß« links liegen, brauste vorbei an Langengeisling und Wolferding, an Vilsbiburg und Binabiburg, an Frauenhaselbach und Scherzthambach, fuhr bei Eggenfelden nicht Richtung Wurmannsquick, sondern nach Pfarrkirchen, Brambach und Hirschbach und kam dann nach Bad Birnbach. Dort angelangt war man immer noch nicht so weit, bei ihm am großen Holztisch Platz zu nehmen. Dann verließ einen nämlich das Navigationssystem und man war darauf angewiesen, einen Einheimischen zu finden, den man nach dem Weg zu Herrn Doktor Vogel fragen konnte.

Ein paar Kilometer rumpelte man dann durch Wiesen und Auen und auf einmal stand man dann vor einem Obstgarten und einem gepflegten alten Bauernhaus, in dem er jahrzehntelang seine Freizeit verbrachte. Hierher hatte einst, in den Jahren des RAF-Terrors, der Personenschutz den Bundesjustizminister Vogel begleitet, hier hatte er sich von seinen Niederlagen erholt, und das waren nicht wenige. Die Kopie eines Zettels, den ihm einst Herbert Wehner nach seiner Wahlniederlage gegen Richard von Weizsäcker in Berlin geschrieben hatte, klebte ein paar Jahre lang an meiner Bürotür: »Trotz alledem: Weiterarbeiten und nicht verzweifeln.«

Hier, in Vogels Toskana, arbeiteten wir einige Wochenenden lang an einem Gesprächsbuch, das dann unter dem

Titel »Politik und Anstand« auf den Markt kam. Seine häusliche Stimme bei diesen Gesprächen für das Interview-Buch klang ganz anders, als die Stimme des Parteichefs Vogel geklungen hatte, wenn sie zur politischen Rede ansetzte. Da nämlich funktionierte Vogel so ähnlich wie eine Orgel, da war es, als ob sich erst der Blasebalg mit Luft füllte, und dann strömte es in satten, vollen Tönen aus ihm heraus, dann dröhnte und brauste es, dann konnte er auch schneidend, warnend und klagend sein. In der niederbayerischen Toskana am Holztisch rief er zärtlich: »Liserl, bringst uns bitte noch einen Kaffee?« Liserl war seine Frau – und er ging mit ihr so liebreizend um, dass jeder, was die eigene Gefährtin betrifft, auf der Stelle ein schlechtes Gewissen bekam.

Anstoß und Ansporn

Aus solchen großen und kleinen Begegnungen sind journalistische Porträts geworden: Vom Philosophen Jürgen Habermas, von Rita Süßmuth, von Oskar Lafontaine, von Joseph Ratzinger oder von Hans Traxler, dem freundlich unerbittlichen Cartoonisten des alltäglichen Schwachsinns. Auf die Idee, dass der Untergang der Titanic etwas damit zu tun hatte, dass Gott »Schiffe versenken« spielte, muss man erst einmal kommen. Hans Traxler, dem Maler und Kinderbuchautor, war so etwas eingefallen. Gleich bei unserer ersten Begegnung stellten wir fest, dass jeder von uns, wenn auch um Jahrzehnte versetzt, eine Regensburger Geschichte hat, die von der Auseinandersetzung mit den kirchlichen Autoritäten handelt.

Traxler erinnerte sich an die Nachkriegszeit mit seiner Mutter in Regensburg, wohin es die beiden nach dem Krieg aus ihrer randböhmischen Heimat verschlagen hatte. Er erinnerte sich daran, dass es der Mutter eines Abends gesundheitlich sehr schlecht ging, es ging ans Sterben. Ein christkatholischer junger Mensch aus Böhmen wie der Hans dachte da natürlich an den Pfarrer und die Sterbesakramente. Und so rannte der Hans nach Sankt Emmeram, wo der Geistliche gerade beim Abendessen saß und sich dabei vom atemlosen Hans und seiner sterbenskranken Mutter nicht stören lassen wollte. Der Pfarrer blickte vom Essen auf und schickte den Hans trotz Bitten und Betteln ungerührt wieder weiter mit den Worten: »Mein Sohn, dann wollen wir doch den guten Willen für die Tat nehmen.« Hans Traxler packte, weil er schon als junger Mann ein Herr war, den Pfarrer nicht am Schlawittl und schüttelte ihn auch nicht. Er trat stattdessen aus der Kirche aus. Sehr viel später zeichnete er Helmut Kohl als »Birne« und prägte mit dieser Symbolik zwei Jahrzehnte Politik.

Über hundert solcher in der *SZ* und anderswo publizierter Porträts habe ich in zwei Büchern versammelt, deren Titel einen Hinweis darauf geben, worum es mir bei diesen Begegnungen und publizistischen Psychogrammen geht: Das eine Buch heißt »Was ein Einzelner vermag«, das andere Buch »Außer man tut es«. Sie handeln von kleinen und großen Vorbildern. Wann ist jemand und warum ein Vorbild? Es geht nicht um Tugendboldigkeit und auch nicht um andauernde Heldenhaftigkeit, nicht um napoleonisches Gehabe und auch nicht darum, dass dem Vorbild die Güte aus den Knopflöchern springt. Habituelle Heiligkeit hält ohnehin, wie man weiß, nicht lange vor. Es geht mir darum, dass ein Mensch im gegebenen Augenblick etwas getan hat, das uns guten Anstoß und guten Ansporn gibt.

Die gedeckte Tafel

Einmal habe ich mir mit einem solchen Porträt viel Ärger eingehandelt: Ich porträtierte Andreas Voßkuhle, den Präsidenten des Bundesverfassungsgerichts, auf der Seite 3 der *SZ*. Nie hatten die Karlsruher Richter nämlich so viel Politik gemacht wie unter seiner Ägide – deutsche Politik, europäische Politik, Weltpolitik. Eine der großen Fragen war: Erlaubt das Grundgesetz die Euro-Rettung? Ich beschrieb daher im Jahr 2012, kurz vor einem weichenstellenden Urteil, Voßkuhle als den »Prototypen eines Mediators«, als einen »Künstler des Ausgleichens« – und schilderte zur Illustration eine Szene am Küchentisch des Ehepaars Voßkuhle, »wie er ein großes Essen vorbereitet«.

Dieser Absatz hat dann zu einer aufgeregten Presseerklärung des Bundesverfassungsgerichts und einer Richtigstellung in meiner Zeitung geführt, weil der Eindruck entstanden war, dass ich bei dem geschilderten Essen selbst dabei war. Ich hatte mir die Essensszene von einem früheren Bundesverfassungsrichter erzählen lassen, das aber nicht ausdrücklich erwähnt – sodass sich daran allerlei Phantasien entzündeten.

Dabei war die Szene ganz harmlos: »Bei Voßkuhles setzt man sich nicht an die gedeckte Tafel und wartet, was aufgetragen wird ... Der eine Gast putzt die Pilze, der andere die Bohnen, der dritte wäscht den Salat. Und dazu gibt es ein Arbeitsweinchen. Natürlich hat der Gastgeber alles sorgfältig vorbereitet, natürlich steht die Menüfolge fest; aber es entsteht alles gemeinsam.« Es hat sich bei meinem Text gezeigt, dass nicht nur ein Essen, sondern schon die kurze Schilderung eines Essens Politik sein kann und die Reaktion darauf auch.

Journalismus und Politik

Ein andermal habe ich mit einem Interview dazu beigetragen, dass ein Bundespräsidentenkandidat der CDU nicht Kandidat geblieben und also nicht Bundespräsident geworden ist. Es war im Jahr 1993, es war Steffen Heitmann, der damalige sächsische Justizminister, den ich gut kannte.

In dem Interview, das ich mit ihm führte, begründete er ausführlich seine damals schon im Umlauf befindlichen und heftig kritisierten Äußerungen über Ausländer in Deutschland, über die Rolle der Frauen in der Gesellschaft und über die Nazivergangenheit. Die CDU zog ihn als Präsidentschaftskandidaten zurück, Bundespräsident wurde Roman Herzog – davon werde ich noch mehr im Kapitel »August« erzählen, das sich der Pressefreiheit widmet.

Gibt es eine Pflicht des Journalisten, einen Politiker vor sich selbst zu schützen? Nicht jeden vielleicht, aber einen, den man näher kennt? Gewiss: Der Interviewer hat dem Interviewten gegenüber nicht die Pflichten, wie sie der Anwalt gegenüber dem Mandanten oder der Arzt gegenüber dem Patienten hat. Aber womöglich gibt es auch abseits von solchen ganz speziellen Vertrauens- und Pflichtverhältnissen Obliegenheiten, die daraus erwachsen, dass der Interviewte sich als recht arglos präsentiert.

Solche Fragen zum Verhältnis von Journalismus und Politik beschäftigen mich noch heute. Die eingangs genannte Buchwidmung von Heiner Geißler fällt mir dazu noch einmal ein: »Zwischen Politikern und Journalisten gibt es keine Freundschaft!«

Kostbarkeiten eines Journalistenlebens

Oder vielleicht doch? Vielleicht dann, wenn der Politiker ganz woanders arbeitet, in Italien zum Beispiel? Oder wenn er gar kein richtiger Politiker, sondern ein Chefkriminalist, ein Präsident des Bundeskriminalamts und schon im Ruhestand ist? Der eine, den ich einen Freund nenne, war bis 2022 Oberbürgermeister von Palermo – Leoluca Orlando, der Kämpfer gegen die Mafia; mit ihm bin ich durch sein Sizilien gefahren, mit ihm ist mir Palermo vertraut geworden. Der andere, Horst Herold, war der Präsident des Bundeskriminalamts in der RAF-Zeit gewesen, von 1971 bis

1981; wenn er mir schrieb, wenn wir telefonierten, wenn
er zum Essen einlud, wenn wir über den Terrorismus diskutierten – dann nannte er mich »junger Löwe«; er war
dreißig Jahre älter als ich.

Und wenn ich aus diesen Jahren mit ihm etwas herz-
lich bereue, dann dies: Er hatte vorgeschlagen, zusammen
mit mir ein Buch über den Terrorismus zu schreiben – und
ich bin dem nicht gefolgt, weil ich meinte, da sei er ganz
allein der ganz große Experte und so ein Buch wolle man
von ihm lesen, nicht von einem, der, wie ich, in der RAF-
Zeit noch Gymnasiast war. Das Buch blieb ungeschrieben,
Herolds Skizzen finden sich in seinen privaten Aufzeich-
nungen, die er »Lehren aus dem Terror« überschrieb, und
die er auszugsweise in der *SZ* publizierte.

Dreißig Jahre, bevor Google auf den Markt kam, hatte Horst Herold sein Computer-Such-System für die Polizei schon installiert. Es hieß Inpol. Dort fasste er alle im
Bundesgebiet anfallenden kriminalistischen Erkenntnisse
zusammen. So war ihm 1972 die Verhaftung von Ulrike
Meinhof und Andreas Baader gelungen, so hatte er den
Kern der ersten Generation der RAF zerschlagen, so
hatte er die Entführung des Berliner CDU-Vorsitzenden
Peter Lorenz aufgeklärt, so konnte er nach der Ermordung seines Freundes, des Generalbundesanwalts Sieg-
fried Buback, etliche Täter fassen, so erwarb er sich den
Ruf eines Daten-Junkies, eines rasterfahndenden Doktor
Mabuse. Doch nach der Entführung und Ermordung von
Arbeitgeberpräsident Hanns Martin Schleyer erkannte
man Fahndungspannen, die zum Vorwand genommen
wurden: Gerhart Baum, damaliger FDP-Bundesinnen-
minister, entließ Horst Herold. Herold ging in die innere
Emigration und dort traf ich ihn dann. Die ausgefallens-
ten Geburtstags-Glückwünsche, die ich je erhalten habe,
stammen von ihm. Als schon sehr alter Herr saß er am

Wohnzimmertisch und bastelte darauf virtuos wie ein junger Digital-Native schöne Fake-Fotos, auf denen der US-Präsident und sonstige Berühmtheiten sich zum Geburtstags-Defilee bei mir aufreihten.

So wahr mir Gott helfe

Solche Bilder gehören zu den Kostbarkeiten meines Journalistenlebens. Und dazu kommen keine gefälschten, sondern ganz echte Fotos aus dem Kanzleramt in Berlin, auf denen Vater und Mutter am Kabinettstisch sitzen und mit der Glocke läuten. Die Besichtigung des Bundeskanzleramts war ein Geburtstagsgeschenk für sie zur Zeit des Kanzlers Gerhard Schröder, das er und seine damalige Frau, die Journalistenkollegin Doris Köpf, ermöglicht hatten – auch wenn dabei für die SPD, wie Schröder räsonierte, nichts zu gewinnen war; denn »der Prantl senior« sei ja schwarz wie die Nacht.

In der Tat: Mein Vater, von dem ich den Vornamen Heribert geerbt habe, war CSU-Mitglied. Aber immer dann, wenn ich mich mit seiner Partei und ihren Protagonisten journalistisch anlegte, rief er mich im Büro an und sagte: »Jetzt hast es denen wieder so richtig gesagt. Das hat's braucht, das können die schon vertragen.« Das war, das ist auch kein schlechtes Motto für den politischen Journalismus. Und so mag ich das auch weiterhin halten– das Leben und die Politik mit Lust und mit Kraft kommentieren. So wahr mir Gott helfe.

Dieses Buch ist keine klassische Autobiographie. Ich habe eine auf den ersten Blick etwas simple Gliederung gewählt: die zwölf Monate; diesen Monaten habe ich Ereignisse und Erlebnisse zugeordnet. Das führt weg von der klassischen Autobiographie – Kindheit, Studium, Beruf etc. – die ich für mich als peinlich empfände.

Das Buch verbindet Themen, die mir wichtig waren und sind, mit bestimmten Monaten: Das Thema Gleichberechtigung und Emanzipation beispielsweise mit dem März, weil am 8. März der Weltfrauentag ist. Die Welt meiner Kindheit war eine sehr katholisch geprägte Welt. Mein Verhältnis zur Religion, zum christlichen Glauben und zu den Kirchen schildere ich im Kapitel April, weil Ostern, das Fest der Auferstehung, meist in diesen Monat fällt. Meine Liebe zum Grundgesetz erkläre ich im Kapitel Mai, weil es am 23. Mai 1949 in Kraft getreten ist. Die Probleme der Wiedervereinigung und der Deutschen Einheit handele ich in den Kapiteln Oktober und November ab.

Und weil die Analyse und die Diskussion dieser Themen mit persönlichen Erfahrungen, mit eigenen Erlebnissen, mit Abenteuern und Schnurren verwoben sind, habe ich das Buch im Untertitel »Ein autobiographisches Kalendarium« genannt. So ist die Politik, die mich und mein Berufsleben ausmacht, in diesem Buch durchsetzt mit Erlebnissen und Erinnerungen. Die Durchmischung von Person und Politik macht dieses Buch aus: Plaudereien, Launiges, Ernsthaftes – Dinge, die mich geprägt haben.

Januar

Dieses Kapitel handelt vom Frieden in unfried-
lichen Zeiten und davon, warum mir die Silvester-
böllerei und die Silvestergaudi seit meiner Kindheit
zuwider sind. Das Kapitel handelt davon, warum
es gut ist, das Jahr mit einem Weltfriedenstag
am ersten Januar zu eröffnen: Die Welt braucht
die Hoffnung, dass »ein Fried' kommt in die Welt
und ein Fried' bleibt in der Welt«, wie meine
Großmutter das formulierte. Frieden ist nicht alles,
aber ohne Frieden ist alles nichts. Selig also die,
die Frieden stiften; und selbst ein Reden gegen die
Wand kann ein Gespräch eröffnen.

Frieden in unfriedlichen Zeiten

Weltfriedenstag, 1. Januar

Bisweilen beschleicht mich das Gefühl, dass die Weltgeschichte einen gigantischen Staubsauger einge-
schaltet hat, der alle bisherigen Sicherheiten weg-
saugt: Der Corona-Pandemie folgt der Ukraine-Krieg; die
Angst vor dem Einsatz von Atomwaffen steigt. Und über
all dem schwelt die Klimakatastrophe. Die Welt ist so unsi-
cher wie schon lange nicht mehr. Eine Weltgeschichte, die
alle Sicherheiten einsaugt, frage ich mich dann freilich –
wie soll das gehen? Die Geschichte ist kein handelndes
Subjekt, sondern das Produkt der Aktionen von Subjekten.
Und wenn man schon das Bild vom Staubsauger aufruft:
An den Reglern für die Saugleistung sitzen Autokraten und
Diktatoren.

Angesichts des Zustands der Welt ist es gut, das Jahr
mit einem Weltfriedenstag zu eröffnen. Die römisch-katho-
lische Kirche feiert am 1. Januar den »Weltfriedenstag«;
in Deutschland wird am 1. September der »Antikriegstag«
begangen. Die Vereinten Nationen haben den 21. September zum »Internationalen Tag des Friedens« ausgerufen.
Mir gefällt der 1. Januar als Weltfriedenstag. Es gibt nichts
Wichtigeres als den Frieden; es ist hoffnungsvoll, wenn damit das Jahr beginnt. Die Welt braucht Hoffnung.

Der Mensch kann menschlich werden

Die Nähe zu Weihnachten und seiner Botschaft »Friede den Menschen auf Erden« ist hilfreich. Indes: Kann es sein, dass dieses Versprechen eine Lüge ist, eine barmherzige Lüge, um die Hoffnung am Leben zu erhalten? Wo ist der Friede, zweitausend Jahre nach seiner Verheißung? Weihnachten ist das Fest, an dem Gott sich klein, sich zu einem Kind macht, auf dass die Menschen verstehen, dass sie das Überwinden der von ihnen angerichteten Katastrophen nicht Gott dem allmächtigen Herrn im Himmel überlassen können, der alles so herrlich regiert. So gesehen ist Weihnachten gar nicht so possierlich. Es verlangt ziemlich viel: *orare et laborare*, beten und arbeiten an einer besseren Welt.

Es stimmt nicht, dass nichts zu machen ist; es stimmt nicht, dass Widerstand gegen den Unfrieden keinen Sinn hat. Es gibt kein historisches Gesetz, wonach Unmenschlichkeit exponentiell mit der Weltbevölkerung wächst, keine Zwangsläufigkeit, wonach Kontinente verhungern, der Meeresspiegel steigt, Regenwälder verschwinden oder ein Völkermord dem anderen folgt. Für all das gibt es Ursachen, und es gibt die Verantwortung, dagegen etwas zu tun. Es ist nicht sinnlos, Verantwortung für die Zukunft zu übernehmen. Weihnachten könnte also heißen: Wenn Gott Mensch werden konnte, dann kann auch der Mensch menschlich werden.

Als der Philosoph Immanuel Kant schon ein alter Herr war, schrieb er eine Schrift, die »Zum ewigen Frieden« heißt. Je nach aktueller Befindlichkeit stöhnt man da heute, schmunzelt man verlegen, ist melancholisch oder vielleicht auch hoffnungsvoll. Kant lehrt in dieser Schrift aus dem Jahr 1795 etwas sehr Wichtiges: dass der Frieden kein natürlicher Zustand ist, sondern dass er gestiftet werden muss. Frieden stiften – genau das ist, genau das wäre die Aufgabe von heute, eine Aufgabe, die nie erledigt und erfüllt ist. Wer stiftet? Wo sind die Mutigen? Wie geht das Friedenstiften? Friedenstiften ist keine laute, keine lärmende Angelegenheit.

Wenn dem Lärm, dem Feuerwerk und dem Krachzauber an Silvester ein 1. Januar als Friedenswunschtag folgt, finde ich das wunderbar. Ich habe es nie besonders leiden können, wenn der Jahresschluss so gefeiert wird, als handele es sich um die Generalprobe für den Rosenmontag, wenn also in die Weihnachtszeit auf einmal der Fasching hereinbricht. Ich habe das schon in der Kindheit als Störung des Festlichen und Feierlichen empfunden. Aber die Gaudi zum Jahreswechsel ist keine Erfindung der Moderne oder der Postmoderne, sondern gehört zum Brauchtum. Im Voralpenland heißen die lärmenden Gestalten, wenn sie maskiert sind und wie wild Glocken schwingen, »Perchten«. Wenn sie unmaskiert, aber gleichwohl laut sind, heißen sie CSU und treffen sich zur Jahresauftakt-Klausur. Und wenn sie sich nicht in Oberbayern – früher in Wildbad Kreuth, heute in Seeon – treffen, sondern in Stuttgart, und ihre Veranstaltung dort »Dreikönigstreffen« nennen, dann handelt es sich um die FDP.

Der Hass sei verbannt

Die Klausurtagung der CSU zum Jahresauftakt und das Dreikönigstreffen der FDP erinnern mich an ein Ritual, das meine Großmutter liebte: Zwischen den Jahren, in den ruhigen Tagen zwischen Weihnachten und Dreikönig, kam die Blaskapelle zum »Neujahranblasen« vors alte Bauernhaus. Die Großmutter und drei ledige Tanten lebten dort im Erdgeschoss, meine Eltern und wir Kinder oben im ersten Stock und unterm Dach. Nach den ersten Tönen der Neujahranbläser trat die Großmutter dick eingemummt vor die Tür und wünschte sich »den Schneewalzer, bittschön«. Der zog sich dann der Kälte wegen ein wenig schräg dahin, Großmutter war beschwingt, sie summte mit; es war Weihnachten im Dreivierteltakt. Die Musikanten erhielten fünf Mark, die Großmutter eine musikalische Zugabe, meist das Lied »Tief drin im Böhmerwald«.

Davon wurde die alte Frau ein wenig melancholisch; aber das gehört ja zum Jahreswechsel. Sie philosophierte dann beim Kaffee darüber, »wer worn is und wer gschtorbn is«. Das Werden und das Sterben waren Hauptthemen für die Frau, die 15 Kinder geboren hatte. Und die Hauptsache, setzte sie dann fort, sei, »dass a Fried' wird, a Fried' is und a Fried' bleibt«. Die Großmutter, Jahrgang 1886, hatte zwei Weltkriege erlebt und zweimal das, was sie die »teure Zeit« nannte, die Inflation. Sie mochte es, wenn wir dann als Sternsinger, als Caspar, Melchior und Balthasar samt einem Sternträger, von Haus zu Haus zogen und lange gereimte Verse aufsagten: »Die Liebe sei mächtig, der Hass sei verbannt, das wünschen die Weisen aus dem Morgenland.« Der Sog solcher Reime ist mächtig; ich kann sie noch immer auswendig, von der ersten bis zur letzten Zeile.

Aber die Realität ist die, die mich mein Journalistenleben lang begleitet hat: dass der Hass mächtig ist; er befeuert Terror und Attentate. Hass ist eine furchtbare Kraft, die schlimmste, die es gibt; er macht blind. Der Hasser sieht den Menschen nicht mehr, er sieht die Menschen nicht mehr. Er sieht nicht mehr, dass die Menschen, die er jetzt totfährt, gerade Weihnachtsgeschenke für ihre Kinder einkaufen. Der Hasser sieht nicht, dass die Menschen, die er mordet, Menschen mit Sorgen sind wie er. Der Hass macht aus anderen Menschen Objekte, die der Befriedigung des eigenen Hasses dienen müssen. Der Hass entmenschlicht. Er ist ein niedriger Beweggrund, der sich mit Geltungssucht selbst erhöht. Hassen heißt, unablässig

morden. Solcher Hass ist nicht nur hässlich, er ist entsetz-
lich und unendlich traurig.

Das Gefährliche am Hass ist, dass er das Morden für
eine tapfere Tat hält. Und das besonders Gefährliche am
Hass ist, dass er ansteckend ist. Hass hat Verführungs-
kraft. Wer vom Hass getroffen wird, kann von ihm infiziert
werden. Die vom Hass Getroffenen hassen dann zurück:
Sie hassen den Täter, sie hassen auch die Gruppe von Menschen, zu denen man den Täter rechnet. So entsteht die
monströse Dynamik des Hasses. Wenn diese Dynamik
funktioniert, ist das ein Erfolg der Hasser, der Mörder, der
Terroristen.

»Das kommt darauf an«

Ich erinnere mich an eine Frage, die ich in meinen frühen
Journalistenjahren dem damaligen Außenminister Klaus
Kinkel forsch gestellt habe. »Wie viel Blut darf eigentlich«,
so fragte ich, »an den Händen eines Diktators kleben,
dass Sie ihm noch die Hand geben?« Er antwortete: »Das
kommt darauf an.« Ich reagierte damals auf diese Antwort
des Mannes, der seine politische Karriere als Büroleiter des
legendären Hans-Dietrich Genscher begonnen hatte, mit
zornigem Protest: »Politik ohne Moral«, sagte ich, »ist un-
moralische Politik.«

Ich hielt das für einen sehr gelungenen Satz; aber ich
frage mich heute, ob so ein Satz nicht vor allem der Selbst-
befriedigung und der Selbstberuhigung dient. »Das kommt
darauf an«, sagte Kinkel damals. Worauf kommt es zu Zeiten des Ukraine-Kriegs an? Es kommt darauf an, ob man
und wie man einen Krieg verkürzen, ob man und wie man
das Leiden der Menschen beenden kann. Wenn das gelingt, dann ist realpolitischer Pragmatismus ein pragmati-
scher Humanismus. »Selig, die Frieden stiften« – der Satz
stammt aus den Seligpreisungen des Matthäus-Evangeli-

ums. Er hängt auf Plakaten und Transparenten an vielen Kirchen.

Das Stiften beginnt mit Reden; und es darf nicht sein, dass Reden als von vornherein sinnlos erachtet wird. Im Anfang war das Wort, nicht der Streitwagen und nicht die Panzerhaubitze. Das heißt: Man muss auch dann das Gespräch suchen, man muss auch dann verhandeln, wenn man das Gefühl hat, gegen Wände zu reden. Selbst das Reden gegen Wände kann ein Gespräch öffnen. Für das Ende des Tötens muss man es versuchen.

Der kleine Pazifismus

Das Grundgesetz ist keine pazifistische Verfassung. Sie ist aber eine sehr friedliebende Verfassung. Sie enthält nämlich ein Friedensgebot, sie enthält die Verpflichtung, »dem Frieden der Welt zu dienen«. Diese »Friedenswillen-Erklärung« steht schon in der Präambel und sie wird dann an verschiedenen Stellen im Grundgesetz wiederholt. Es ist freilich versäumt worden, dieses Friedensgebot auszuarbeiten, zu substantiieren, zu spezifizieren und zu konkretisieren, wie das mit dem Rechtsstaatsgebot und dem Sozialstaatsgebot sehr wohl geschehen ist. Das Friedensgebot ist eine schöne, aber leere Formel geblieben; sie ziert das Grundgesetz, wurde und wird aber behandelt wie eine Verzierung. Das war und ist falsch; und das rächt sich jetzt, in der öffentlichen Diskussion über den Ukraine-Krieg. Sie ist eine haltlose Diskussion, sie hat keinen Halt in der Verfassung – weil der Gehalt des Friedensgebots unklar ist. Das Prinzip Frieden muss noch umfassend entfaltet werden.

Ich bin kein Pazifist. Aber ich bewundere die Pazifisten; sie sind gute Begleiter in eine gute europäische Zukunft. Ich bewundere, wie die Pazifisten es schaffen, ihre Ohnmacht auszuhalten. Ich bewundere sie dafür, dass sie der

Gewalt die Gegengewalt verweigern. Pazifisten gelten als die Narren der Nationen. Sie ziehen Gespött auf sich, ihre Rufe nach Abrüstung werden als weltfremd und geschichtsvergessen bezeichnet – auch deshalb, weil, wie es heißt, Pazifismus wohl eine individuelle Entscheidung, aber keine Grundlage für das Handeln des Staates sein könne.

Friedensnobelpreise haben nichts daran geändert, dass Pazifisten Außenseiter sind; aber so randständig wie heute angesichts der akuten Gefährlichkeit von Putins Brutal-Imperialismus waren sie schon lange nicht mehr. Nicht mit Gebeten, sondern mit Waffen wurden die Nazis besiegt. Aber wer hat sie groß gemacht? Die Pazifisten etwa? Sie haben dem aufgeblasenen Militarismus die Luft abgelassen. Trotz aller Härte gegenüber Putin müssen wir die Zivilgesellschaft in Russland achten. Es wäre zum Beispiel gut gewesen, die deutsch-russischen Städtepartnerschaften nicht auszusetzen, sondern erst recht den Kontakt mit Russland zu suchen. Man kann den Gedanken der Völkerverständigung auf kommunaler Ebene pflegen; man kann ihn auch in Kinos und Konzerthäusern pflegen. Das ist der kleine Pazifismus. Er ist der Pazifismus des Grundgesetzes.

Dem Frieden dienen

Das Wort Frieden kam 1949 erst auf Vorschlag von Hans Christoph Seebohm in die Entwürfe der Präambel; Seebohm gehörte damals der rechtsgerichteten Deutschen Partei DP an, trat später in die CDU ein und war von 1949 bis 1966 Bundesminister; es ist pikant, dass er dabei vom KPD-Abgeordneten Heinz Renner unterstützt wurde, der auf die Friedensformel im Entwurf der DDR-Verfassung hinwies.

Das Grundgesetz wurde dann im Parlamentarischen Rat mit 53 Ja-Stimmen gegen 12 Nein-Stimmen angenommen – die Nein-Stimmen kamen von der CSU, der KPD und der DP. »Von dem Willen beseelt ... als gleichberechtigtes Glied in einem vereinten Europa dem Frieden der Welt zu dienen.« So heißt es in der Präambel des Grundgesetzes. In der Debatte über das Für und Wider von deutschen Waffenlieferungen zu Beginn des Ukrainekrieges spielten das Grundgesetz und sein Friedensgebot kaum eine Rolle. Vielleicht deshalb gilt die Warnung vor einer »Eskalation« des Krieges als ein Ausdruck der Verzagtheit, vielleicht deshalb werden in dieser Debatte Wörter wie »Kompromiss« und »Waffenstillstand« häufig so ausgesprochen, als wären sie vergiftet, vielleicht deshalb gilt derzeit Kriegsrhetorik als Ausdruck von Realismus. Das ist aber nicht ganz neu. Der Militärhistoriker Wolfram Wette hat schon lange vor dem Ukraine-Krieg einen »beängstigenden bellizistischen Diskurs in Teilen der Meinungseliten« festgestellt. Dieser Dis-Kurs hat 1999 die deutsche Beteiligung am völkerrechtswidrigen Kosovo-Krieg getragen.

Wie dient man, wie es das Grundgesetz verlangt, dem Frieden in Zeiten des Ukraine-Kriegs? Mit Haubitzen oder mit Vermittlungsversuchen? Mit Diplomatie oder mit Drohnen? Womöglich mit beidem? Nothilfe gegen einen Aggressor gehört, das ist im Völkerrecht unumstritten, zur aktiven Friedenspolitik. Aber: Wo endet die Nothilfe, wo beginnt der Nothilfeexzess? Die Grundgesetzformulierung beinhaltet zunächst die Absage an Gewaltpolitik jedweder Form. Wie hat diese Absage auszusehen? Das Wort »dienen« verlangt gewiss mehr als Indifferenz, es verlangt mehr, sehr viel mehr als einfach nur den Frieden nicht zu stören und zu gefährden; das Grundgesetz verlangt eine aktive Friedenspolitik.

Frieden ist der Ernstfall

Zu diesem Zweck muss man erst einmal wissen, was Frieden ist und was Krieg. So klar ist das nämlich nicht. Es wird fast immer so getan, als seien Krieg und Frieden feste Aggregatzustände der Geschichte. Aber das stimmt nicht. Die Übergänge sind fließend, auch wenn die Formalien und Formalitäten des Völkerrechts anderes nahelegen. Kriege warten nicht darauf, dass sie erklärt oder so genannt werden; und der Frieden ist nicht dann da, wenn er ausgerufen wird. Kriegserklärungen, Waffenstillstände und Friedensschlüsse sind »oftmals nur Symboldaten in einem Prozess dynamischer Gewaltverdichtung beziehungsweise -entflechtung«, sagt der Hamburger Historiker Bernd Wegner.

Das tragende Prinzip der Verfassung

»Entweder, es ist Krieg, oder es ist Frieden, und dazwischen ist nichts Mittleres.« So hat es einst Cicero, der römische Politiker und Philosoph, gesagt; und so lehrt es das klassische Völkerrecht; womöglich sind einst auch die Mütter und Väter des Grundgesetzes noch von dieser Antinomie ausgegangen. Aber das wird der Realität nicht gerecht, schon deswegen nicht, weil Frieden sehr viel mehr ist als die Abwesenheit von Krieg oder auch nur eine bestimmte geographische Distanz zum Krieg; das Mittlere ist umfassend, die Grauzone ist also groß.

Es war die Anstrengung in der Grauzone, die seinerzeit Gustav Heinemann 1969 in seiner Antrittsrede nach seiner Vereidigung als Bundespräsident gefordert hat. Er sagte: »Nicht der Krieg ist der Ernstfall, in dem der Mann sich zu bewähren habe, wie meine Generation in der kaiserlichen Zeit auf den Schulbänken unterwiesen wurde, sondern heute ist der Frieden der Ernstfall. Hinter dem Frieden gibt es keine Existenz mehr.«

Es fehlt eine Verfassungstheorie zu einer Kultur des Friedens, die dann die Verfassungspraxis, also die Politik befruchtet und beflügelt. Der große Staatsrechtler Peter

Häberle hat das vor fünf Jahren richtig konstatiert: Er hat darauf hingewiesen, dass die sogenannten Grundrechte der zweiten Generation, also die wirtschaftlichen, sozialen und kulturellen Freiheiten, die ja die klassischen Grundrechte ergänzen, um des Friedens willen entstanden sind. Und das gesamte Umweltrecht ist entstanden nicht nur um Frieden mit der Natur, sondern auch um Frieden mit den künftigen Generationen zu erreichen.

Der Frieden ist also aus der Ecke des Grundgesetzes herauszuholen: Er ist nämlich keine Leerformel, kein Füllwort und keine Schmuckvokabel. Er ist das tragende Prinzip der Verfassung, das als tragendes Prinzip aber noch nicht entwickelt worden ist. Das ist noch zu leisten, da steht Gustav Heinemanns Mahnung aus dem Jahr 1969 noch im Raum. Das Bundesverfassungsgericht muss Substantielles dazu beitragen – mehr jedenfalls, als es in seinen schwiemeligen Entscheidungen zu den Auslandseinsätzen der Bundeswehr gesagt hat.

Und es gilt der Imperativ und das Friedenspostulat von Immanuel Kant: »Das Recht muss nie der Politik, aber die Politik dem Recht angepasst werden.« Es war und ist deshalb fatal und unendlich töricht, wenn schon Wörter wie »Friedensappell« und »Frieden« dann als anrüchig gelten, wenn sie im Zusammenhang mit dem Ukraine-Krieg gebraucht werden. Es ist fatal, wenn das Werben für diplomatische Offensiven fast schon als Beihilfe zum Verbrechen bewertet wird.

»Schreib was, Bub«

Eines der vielen Kinder der Großmutter, meine Tante Babett, war nach einem Bombenangriff im letzten Jahr des Zweiten Weltkriegs schwerbehindert und wurde von den beiden anderen Tanten gepflegt. Gleich neben dem Hauseingang war ihr Zimmer; dort lag sie jahrelang im Bett:

blass, dünn und klug, mit großen, gütigen Augen, stets bereit, den Buben eine Geschichte zu erzählen. Ich habe sie bis zu ihrem Tod, da war ich neun Jahre alt, nie anders erlebt. Bei einem Ereignis wie dem Neujahranblasen zog sie sich, um die Dinge besser mitzukriegen, an einem weißen Strick hoch, der am Fußende ihres Bettes befestigt war. Und sie erinnerte sich mit gefasster Wehmut daran, dass sie einst tanzen konnte. Wenn es heißt, jemand sei »ans Bett gefesselt«, fällt mir dieses Bild ein.

Großmutters wichtigste Erinnerungen waren in einer großen Holzkiste verwahrt, die in diesem Zimmer der Tante Babett einen besonderen Platz hatte; auf der Kiste stand in Sütterlin-Schrift »Der Krieg«. Darin befanden sich Briefe, die ihre Söhne und Schwiegersöhne von allen Fronten des Zweiten Weltkriegs nach Hause geschrieben hatten. Einer der vielen Briefschreiber war Soldat in der deutschen 11. Armee unter General Erich von Manstein, die 1941/42 versuchte, Sewastopol auf der Krim zu erobern.

Diese Kiste ist mir immer wieder eingefallen in den Monaten des Ukraine-Kriegs. Großmutter hätte sich wohl auf diese Kiste gesetzt, hätte erst geschimpft über Putin und auf »d'Russn«, aber dann vor allem über den Krieg als solchen, der eine Schande sei und für Jeden, aber auch wirklich für Jeden eine Teufelei. Was würde Großmutter sagen, wenn sie noch lebte? »Schreib was, Bub«, würde sie sagen, »schreib was gegen den Krieg.« Sie würde mir dann, wie so oft, nicht nur vom Zweiten, sondern auch vom Ersten Weltkrieg erzählen: wie der Krieg auf einmal da war, vor hundert Jahren, mitten im schönsten August – und dass das nie, nie, nie wieder so sein dürfe. Und dann würde sie vom großen »Wunder« reden, das sie kaum glauben könne, wenn sie in die alte Kiste schaue. Man müsse dies' Wunder hüten wie ein rohes Ei – das Wunder Europa.

Lust auf Europa

Dieses Europa ist das Beste, was den Deutschen, den Franzosen und den Italienern, den Österreichern und den Dänen, den Polen und Spaniern, den Tschechen und den Ungarn, den Flamen und Wallonen, den Schotten und den Iren, den Basken, den Balten und Bayern und vielen anderen in ihrer langen Geschichte passiert ist. Dieses Europa wurde gebaut aus überwundenen Erbfeindschaften. Es ist die späte Verwirklichung so vieler alter Friedensschlüsse, die den Frieden dann doch nicht gebracht haben. Die Europäischen Verträge sind die Ehe- und Erbverträge ehemaliger Feinde. Dieses Europa ist ein welthistorisches Friedensprojekt. Es ist mehr, es ist viel mehr als die Summe seiner Fehler. Europa ist ein Wunder, trotz seiner Fehler.

Ich habe Lust auf Europa. Und »alle Lust will Ewigkeit«, so heißt es in Nietzsches ›Zarathustra‹. Aber das ist ein Spruch, den man auch auf Grabsteinen findet. Also doch Abschied von Europa, weil das Rettende nicht wächst, obwohl so viel Gefahr da ist? Nein. Das Rettende suchen! Dieses Europa, das ich liebe – es hat so viele Mütter und Väter, so viele Dichter und Denker, die es geprägt haben: Perikles und Paulus; Circe, Cicero, Calderon und Caravaggio; Erasmus und Luther, Franz von Assisi, Theresa von Avila und Hildegard von Bingen; Mozart, Marx und Moses Mendelssohn; Dante, Dostojewski und Simone de Beauvoir; Leonardo da Vinci und Richard Löwenherz, Goethe und Shakespeare.

Der europäische Staat, so er noch entsteht, kommt also nicht aus dem Nichts, er kommt aus der Fülle; er ist, er wäre der Höhepunkt der europäischen Geschichte. »Machten wir eine Bilanz unseres geistigen Besitzes auf, so würde sich herausstellen, dass das meiste davon nicht unserem jeweiligen Vaterland, sondern dem gemeinsamen europäischen Fundus entstammt. Vier Fünftel unserer inneren Habe sind europäisches Gemeingut« – so hat das der spanische Philosoph Ortega y Gasset beschrieben. Das Europäische Haus, das diese Habe birgt, ist keine Reihenhaussiedlung. Es ist ein Haus mit vielen Räumen, vielen Türen, vielen Kulturen und vielen Arten von Menschen; es bewahrt, wenn es gut geht, die europäische Vielfalt und den Reichtum, der sich aus dieser Vielfalt ergibt. Dann ist dieses Haus die Heimat Europa.

Weltwunder der Moderne

Ich schreibe an diesem Buch in Regensburg; vom Schreibtisch aus schaue ich auf die Donau und ihre Wirbel, ich schaue auf die Steinerne Brücke, die über die Donau hinwegführt. Dieser Fluss erzählt von der Kultur, der Geschichte und der Gegenwart Europas; er ist ein Geschichtsfluss, nach der Wolga der zweitgrößte Strom Europas; er beginnt als Rinnsal im Schwarzwald und mäandert zum Schwarzen Meer. Kein anderer Strom verbindet so viele Völker und Kulturen; aber so oft war nur noch Hass das Verbindende. Die Donau durchmisst und berührt Deutschland, Österreich, Slowakei, Ungarn, Kroatien, Serbien, Rumänien, Bulgarien, die Republik Moldau, die Ukraine.

Von der Steinernen Brücke in Regensburg bis zur Donaumündung im Schwarzen Meer sind es zweieinhalbtausend Kilometer. Ein Teil des Mündungsdeltas liegt in dem Land, aus dem seit dem 24. Februar 2022 die Kriegsnachrichten kommen. Bislang war die Donau ab ihrem Mittellauf, ab Budapest, für Westeuropäer weitgehend *aqua incognita*, und die Länder von da an sind weitgehend *terra incognita*. Mit dem Ukraine-Krieg hat sich das geändert, die Anteilnahme am Schicksal der Ukraine und die Sorge und die Furcht, was Putin in Osteuropa noch alles anrichten könnte, öffnen und weiten den Blick.

Die Steinerne Brücke, auf die ich vom Schreibtisch aus schaue, ist ein festgemauertes Weltwunder des Mittelalters. Die Europäische Union ist das noch wackelige Weltwunder der Moderne. Die großen politischen und wirtschaftlichen Strukturen dieses modernen Weltwunders sind nicht entlang der Donau, sondern entlang des Rheins entstanden; das kleine Europa, das Europa der EWG, hat sich links und rechts des Rheins entwickelt. Vielleicht verändert der von Putin verbrochene Ukraine-Krieg diese Eindimensionalität. »Seit dem Nibelungenlied stehen Rhein und Donau sich voller Misstrauen gegenüber,« schreibt der italienische Autor Claudio Magris in seiner klugen »Biographie eines Flusses«. Das Misstrauen muss verschwinden, dann entfaltet sich Europa – dann wird aus einer Idee, aus einer Vision eine Realität.

Mutig sein und hoffen

Ist es zu spät dafür? Wir leben in einer Zeit, in der an die Stelle des Glaubens an den Fortschritt der Aufklärung das Gefühl fortschreitender existenzieller Unsicherheit tritt. In solchen Zeiten hat man die Wahl. Man kann sich einbunkern in der kläglichen Erwartung, dass man stirbt, bevor die Katastrophe final hereinbricht. Man kann sich in Zynismus flüchten; man kann, so man betucht ist und Platz hat, im Keller seines Hauses fünf Ster Holz stapeln und viele Säcke Pellets, dazu ein paar Kisten Rotwein. Ein jeder, ob betucht oder nicht, kann sich die Ohren zuhalten, damit er nichts mehr hört von der Gewalt in der Ukraine, von Atomkriegsszenarien oder von Covid. Man kann den Kopf hängen lassen und resignieren.

Man kann aber auch mutig sein und hoffen; man kann an eine erträgliche Zukunft glauben und darauf hinarbeiten, und sei es auch bloß durch offene, ringende Diskussion, die andere Meinungen nicht verachtet, sondern achtet.

Das Ziel: Frieden stiften, auch inneren Frieden. Eine Utopie? Utopie besteht in der konkreten Verneinung der als unerträglich empfundenen gegenwärtigen Verhältnisse – mit der Perspektive und der Entschlossenheit, das Gegebene zum Besseren zu wenden. Der Soziologe Oskar Negt hat das einmal so formuliert. Ich stimme ihm zu. Es gibt daher eine Pflicht zur Hoffnung. Warum? In der Hoffnung steckt Kraft zum Handeln. Das ist aber nun kein Plädoyer dafür, Gefahren schönzureden. Hoffnung sieht die Gefahr; sie verweigert aber dem Unglück und Unheil den totalen Zugriff.

Es gibt eine Egozentrik der Hoffnungslosigkeit, die Optimismus fast als Beleidigung empfindet. Man kann Zukunftslosigkeit so finster beschreiben, dass die Zukunft vor einem wegläuft. Man kann die Indizien des drohenden Untergangs präsentieren. Aber solches Katastrophalisieren führt zu Depression und Aggression. Selbst wenn es keinen Anlass zum Hoffen gibt, gibt es doch einen Grund dazu: Da, wo man jede Hoffnung fahren lässt, wird die Welt zur Hölle. »Lasst, die ihr eingeht, alle Hoffnung fahren«, steht, so schreibt Dante in seiner »Göttlichen Komödie«, in dunkler Farbe auf der Pforte zur Hölle. Hoffnung lässt die Welt nicht zum Teufel gehen.

Es gilt, dem Unglück und dem Unheil den totalen Zugriff zu verweigern. Nach einer langen Corona-Zeit brauchen die Menschen nicht nur Biontech, Moderna und Astra-Zeneca – sie brauchen auch Hoffnung. Wir leben in einer Mischung aus Müdigkeit, Gereiztheit und Angst. Es gibt, wen wundert es, eine Lust am katastrophischen Denken; sie ist gefährlich, weil sie die Hoffnung zerstört, die nötig ist, um die Krise, die Krisen zu bewältigen. Wir brauchen kreative Kraft, um die Klimakrise zu überleben. Wir brauchen sie, um den Menschen in der Ukraine, in Afghanistan und im Iran zu helfen. Wir brauchen diese Kraft, um Frieden zu finden in einer Welt des Unfriedens.

Die Feinde entfeinden

Wie geht so ein Hoffen? Muss man sich selbst einen Vor-Schuss an Optimismus impfen, bevor man anfängt, etwas zu tun – muss man sich selbst die Gewissheit injizieren, dass es etwas bringen wird? So ist es nicht. Hoffnung fängt schlicht mit dem eigenen Tun an. Václav Havel hat einmal gesagt:»Je ungünstiger die Situation ist, in der wir unsere Hoffnung bewähren, desto tiefer ist diese Hoffnung. Hoffnung ist nicht die Überzeugung, dass etwas gut ausgeht. Sondern Hoffnung ist die Gewissheit, dass etwas Sinn hat, ohne Rücksicht darauf, wie es ausgeht.« Deshalb darf, deshalb muss man in jedem Krieg die Hoffnung haben, dass in Verhandlungen ein Weg zum Frieden gefunden werden kann. Es ist unheilvoller Defätismus zu sagen, dass das eh nichts bringt, sodass man das deshalb gar nicht erst versucht. Im Krieg verlieren auch die Sieger.

Die Europäische Union hat, das ist ihr welthistorisches Verdienst, die alten Feinde versöhnt; sie muss nun die Feinde von heute entfeinden. Das wäre, das ist das Rettende. Moskau gehört zu Europa wie München, Mariupol, Madrid und Marseille. Madrid gehörte auch zur Zeit der Franco-Diktatur zu Europa; und die Strahlkraft des demokratischen Europas hat dazu beigetragen, diese Diktatur zu überwinden. Das macht mir Hoffnung.

Noah in der Arche

Vielleicht stärkt es die Zuversicht, sich an den Mythos der Urkatastrophe und den Archetyp der Hoffnung zu erinnern: Noah in der Arche. Die Arche wird in Bilderbüchern oft als buntes Schiff mit allerlei lustigen Tieren gemalt, das auf den Wellenkämmen tanzt – als wäre es eine archaische Kreuzfahrt. Aber man muss sich die Arche ganz anders vorstellen: als Kasten aus rohem Holz, in dem die Insassen hin und her geworfen werden. Eine halbe Ewigkeit sind die Insassen in einer Zwischenwelt zwischen Tod und Leben. Irgendwann ist der Augenblick da, in dem Noah eine Luke öffnet und Ausschau hält. Aber noch ragen nur die Berggipfel aus dem Wasser.

Da lässt Noah einen Raben hinaus, der fliegt aus und ein, denn er findet nichts, worauf er sich niederlassen kann. Und Noah lässt dann ebenso vergeblich eine Taube fliegen. Nach weiteren sieben Tagen noch einmal: Und als sie nun zurückkommt, hat sie einen Olivenzweig im Schnabel – das Leben ist wieder da. Das ist der Weltfriedenstag.

Februar

Dieses Kapitel handelt von Traum und Trauma, es handelt von den Wehen der Demokratie, von einer irren Inflation und davon, wie ich Jahrzehnte später damit in Berührung kam. Am 6. Februar 1919 trat in Weimar die verfassungsgebende Nationalversammlung zusammen: Das Abenteuer Demokratie in Deutschland begann. Die Zeit für die erste deutsche Demokratie war kurz, sie dauerte nur von 1919 bis 1933. Sie war kürzer als es ein paar Generationen später die Regierungszeiten von Helmut Kohl oder Angela Merkel waren. Sie hätte länger dauern können, wenn mein Onkel Hans im Jahr 1923 Adolf Hitler erschossen hätte. Die Kämpfe um Freiheit und Demokratie in Deutschland waren lang und leidenschaftlich. Aber die Erinnerung daran ist zerbrochen – und muss restauriert werden.

Die Wehen der Demokratie

In Weimar tritt die Nationalversammlung zusammen, 6. Februar 1919

Das Wort »Weimar« hörte ich zum ersten Mal, als ich acht Jahre alt war. Ich war Ministrant, Messdiener, wie man anderswo sagt; und von da an wusste ich, wie es hinter dem Hochaltar aussieht. Es ist dies die Abseite des Heiligen; da steht nicht nur zeremonielles Gerät, sondern auch allerlei Gerümpel. Zu den geheimnisvollen Abseiten gehörte auch der Dachboden des riesigen Barock-Pfarrhofes des oberpfälzischen Städtchens Nittenau, in dem ich aufgewachsen bin. In den mächtigen Schränken auf diesem Dachboden lagerten alte Messgewänder, brokatgestärkte Rauchmäntel und allerlei priesterliche Trikotagen. Einer der Schränke aber war ein Tresor – dort lagerte Geld, unendlich viel Geld, wie mir schien. Es waren ganze Kisten voll mit Münzen, ganze Schachteln mit Banknoten.

Und als ich den Ältesten und Gescheitesten von uns, seiner körperlichen Größe wegen »Schlauch« genannt, fragte, was es damit denn auf sich habe, sagte der, das sei »kaputtes Geld von früher«, das sei nichts mehr wert. Ich hörte das Wort »Inflation« und das Wort »Weimar« – und dass es vor Jahrzehnten eine Zeit gegeben habe, in der eine Semmel eine Million Mark gekostet habe. Die Großmutter, von mir dazu ungläubig befragt, berichtete dann, dass es sich um die »teure Zeit« gehandelt habe … Sie meinte eine der radikalsten Geldentwertungen, die es in der Geschichte von Industrienationen gab, die Hyperinflation von 1923, die folgenreichste Krise der Weimarer Republik.

Ein Glanzstück

Am 6. Februar 1919 begann, nach Anläufen in den Jahren 1832 und 1848, das Abenteuer Demokratie in Deutschland – Demokratie als Staatsform: In Weimar trat die verfassunggebende deutsche Nationalversammlung zusammen. Warum in Weimar? Weimar war weit weg von den revolutionären Unruhen der großen Städte nach dem Ende des Ersten Weltkriegs. Die verfassunggebende Versammlung wollte Gewähr für eine ungestörte Arbeit. Und in dem Städtchen Weimar gab es auch das, was man den »Geist von Weimar« nannte, es gab die humanistischen Traditionen. Friedrich Ebert legte deshalb zum Beginn der Beratungen am Goethe-Schiller-Denkmal einen Kranz nieder: »Genio loci – der Reichspräsident«, stand auf der Schlaufe.

Die *Weimarer Zeitung* freilich wollte sich auf den humanistischen Geist nicht verlassen und forderte auch den preußischen Geist: »Wir möchten den ›Geist von Potsdam‹ als die männliche Seite unseres Charakters und den ›Geist von Weimar‹ als die weibliche Seite bezeichnen. Wo aber die eine Seite allein herrscht, die andere verkümmert ist, da gibt es keinen guten Klang.« Die Missklänge hatten dann damit zu tun, dass es zu viel von dem gab, was die *Weimarer Zeitung* den Geist von Potsdam nannte.

Die Weimarer Verfassung war nicht, wie heute oft behauptet wird, ein Murks, sondern ein Glanzstück. Sie hatte versucht, aus der jungen Republik eine Grundrechterepublik zu machen. Es war ihr nicht geglückt. Aber es stehen dort Artikel, die man heute noch mit Respekt und Stolz zitieren mag: »Die Ordnung des Wirtschaftslebens muss den Grundsätzen der Gerechtigkeit mit dem Ziele der Gewährleistung eines menschenwürdigen Daseins für alle entsprechen.« So der Artikel 151 Absatz 1 Satz 1 der Weimarer Reichsverfassung.

Ewald Wiederin, Staatsrechtslehrer in Wien, stellt dieser Weimarer Verfassung heute ein prächtiges Zeugnis aus: Sie sei »eines der originellsten Stücke, die je eine Verfassungswerkstatt verlassen haben.« In zahlreichen Verfassungen auf der ganzen Welt lebt sie fort.

Gute Verfassung in schlechten Zeiten

Es ist so: Die Weimarer Verfassung war eine bemerkenswert gute Verfassung; aber die Zeiten, in denen sie Geltung hatte, waren bemerkenswert schlecht. Diese Weimarer Verfassung war modern, sie war aufklärerisch, sie war emanzipatorisch; sie brachte das Frauenwahlrecht; sie war ihrer Zeit voraus. Wenn das Grundgesetz nicht 1949, sondern schon 1919 in Kraft getreten wäre – hätte es dann die Kraft gehabt, Hitler zu verhindern? Auch für das Grundgesetz hätte der Satz des Staatsrechtlers Hugo Preuß gegolten, der erster Innenminister der Weimarer Republik war und ihre Verfassung wesentlich mitgeprägt hatte: Es tauge auch die beste Verfassung nicht, »wenn sie von ihren Vollstreckern falsch oder dilettantisch angewendet wird«.

Juristen sprechen gern von einem »Verfassungskörper«. Wenn es einen solchen Verfassungskörper gibt, dann hat eine Verfassung auch einen Hals: Am Hals der Weimarer Verfassung hingen zentnerschwere Mühlsteine. Die erste deutsche Republik wurde traktiert von putschenden Militärs, von einer irrsinnigen Inflation und von blutigen Auseinandersetzungen zwischen Links- und Rechtsradikalen; der Versailler Vertrag schnürte ihr die Luft ab. Und es gab zu viele Parteien, deren Ziel der Sturz der Republik war. In den knapp 14 Jahren bis Hitler gab es 19 Regierungswechsel. Die parlamentarische Möglichkeit, den Kanzler zu stürzen, ohne gleichzeitig einen Nachfolger wählen zu müssen, wurde bis zum Exzess ausgenutzt.

Es entstand ein antiparlamentarisches Präsidialregime, wie es die Verfassungsgeber von Weimar nicht gewollt hatten. Das Grundgesetz hat daraus gelernt; es hat das konstruktive Misstrauensvotum eingeführt: Ein Bundeskanzler kann nur gestürzt werden, wenn zugleich ein neuer gewählt wird. Das Werk der Mütter und Väter des Grundgesetzes von 1948/49 war also »Zukunftsbewältigung aus Vergangenheitserfahrung«, wie das der Berliner Staatsrechtler Michael Kloepfer schön formuliert.

Zu wenige Bürger in der Bürgergesellschaft

Die Präambel der Weimarer Verfassung verabschiedete den deutschen Kaiser, die Könige und die Herzöge, hielt aber am »Reich« fest: »Das Deutsche Volk, einig in seinen Stämmen und von dem Willen beseelt, sein Reich in Freiheit und Gerechtigkeit zu erneuern und zu festigen, dem inneren und dem äußeren Frieden zu dienen und den gesellschaftlichen Fortschritt zu fördern, hat sich diese Verfassung gegeben.« Und in Artikel 1 hieß es: »Das Deutsche Reich ist eine Republik«, und »Die Staatsgewalt geht vom Volke aus.«

Das bedeutete mehr als ein Monarchieverbot: »Republik bedeutet auch Bejahung und Aufbau!« So schrieben seinerzeit die Rechtsgelehrten Richard Thoma und Gerhard Anschütz in ihrem »Handbuch des Staatsrechts«. In diesem Satz steckte schon die Vision einer freien und solidarischen Bürgergesellschaft. Aber die Weimarer Republik scheiterte dann auch daran, dass es zu wenige solcher Bürger gab.

Die Weimarer Verfassung beschränkte das Volk nicht auf die Wahl des Parlaments; das Volk hatte auch das Recht zu Volksbegehren und Volksentscheid; und es konnte außer dem Reichstag auch den Reichspräsidenten unmittelbar wählen. Der Reichspräsident (der erste war Friedrich Ebert, der zweite Paul von Hindenburg, der dritte Adolf Hitler) setzte sozusagen die aus der Monarchie gewohnte starke Staatsspitze mit neuen Mitteln fort. Die Gewaltenteilung, so sieht es der frühere Bundesverfassungsrichter Dieter Grimm, »kam dadurch nicht in ihrer puren Form zum Tragen«.

Der Reichspräsident konnte das Parlament auflösen, und er hatte die unselige Notverordnungskompetenz. Der Weg zum »Volksstaat« sollte eigentlich geebnet werden durch die verfassungsrechtliche Festschreibung der »Grundrechte und Grundpflichten« – als »Programm künftiger Rechtsentwicklung«. Die Rechtslehre entwertete diese Grundrechte, deutete sie bloß formal: Sie galten nicht gegenüber dem Gesetzgeber und liefen damit leer. Das Grundgesetz zog daraus die Konsequenz, dass es die Gesetzgebung an die Verfassung band.

Als sich das Geld in Luft auflöste

Das Jahr 1923 war das Schlüssel- und das Schicksalsjahr der Weimarer Republik, es war ein abenteuerliches, ein wahnsinniges Jahr. Es war das Jahr, in dem die Inflation das Geld in Luft auflöste. Es war das Jahr, in dem ein gewisser Adolf Hitler zusammen mit dem General Ludendorff gegen die Weimarer Republik putschte und in einem Münchner Bierkeller, dem Bürgerbräukeller, die ersten Schritte zur Errichtung einer NS-Weltdiktatur unternahm. 1923 war das Jahr, in dem die Franzosen wegen des Streits über die deutschen Reparationszahlungen nach dem Ersten Weltkrieg das Ruhrgebiet besetzten. 1923 war das

Jahr, in dem der junge Konrad Adenauer einen rheinischen Separatstaat gründen wollte.

Am 30. August dieses Jahres mussten an der New Yorker Devisenbörse für einen US-Dollar 11 111 111 Mark bezahlt werden. Am 31. Oktober meldete Wilhelm Kollhoff als erster Rundfunkteilnehmer in Deutschland ein Radiogerät an und zahlte dafür eine Jahresgebühr von 350 Milliarden Mark. Der Preis für ein Kilo Brot lag am 19. November bei 233 Milliarden Reichsmark.

Das Jahr 1923 war das Ende der Nachkriegszeit nach dem Ersten Weltkrieg und es war der Auftakt zu den Goldenen Zwanziger Jahren der Weimarer Republik. Es war das Jahr, in dem die berühmte und berüchtigte Nackttänzerin Anita Berber Furore machte; der Maler Otto Dix hat sie unsterblich gemacht, indem er sie auf seinem Bild so alt malte, wie sie nie wurde. 1923 war auch das Jahr, in dem der »Baal« von Bert Brecht, heftigst angefeindet, in Leipzig uraufgeführt wurde.

Trommeln, Baal und Hitler

Baal, die Hauptfigur des amoralischen Dramas über einen versoffenen, verfressenen und verfickten Drecksack, ist für mich als Gymnasiast die verrucht anziehende und abstoßende Personifikation der Weimarer Republik geworden, Brechts »Choral vom großen Baal« habe ich auswendig gekonnt: »Als im weißen Mutterschoße aufwuchs Baal / War der Himmel schon so groß und still und fahl / Jung und nackt und ungeheuer wundersam / Wie ihn Baal dann liebte, als Baal kam.« Volker Schlöndorffs Verfilmung von 1970 mit Rainer Maria Fassbinder in der Hauptrolle hat mich dann so fasziniert, dass ich mich an der Film- und Fernsehschule in München bewarb, weil ich Regisseur werden wollte.

Das alles kam so: Wenn das Schuljahr zu Ende ging und die Zeugnisnoten feststanden, wurden die Klassenbesten unseres kleinen Gymnasiums ins Direktorat gebeten. Dort hatte der Direktor einen gewaltigen Büchertisch gedeckt und sagte nach einem Blick auf den Tisch und in die Notenlisten, wie viele Bücher man sich aussuchen dürfe; bei mir waren es zwei Taschenbücher und ein Hardcover.

Ich wählte, des schönen Titels wegen, Brechts »Trommeln in der Nacht«. Es ist dies, was ich beim Aussuchen noch nicht wusste, das erste Stück, das die Wirren der Zeit nach dem Ersten Weltkrieg auf die Bühne brachte. Den »Baal« wählte ich, weil da gleich auf der ersten Seite von »Lust und Kummer« die Rede war, was zu meiner pubertären Befindlichkeit passte. Und als drittes Buch griff ich zu einem dicken Werk, von dem ich nicht ahnte, wie wichtig es für mich noch werden sollte: »Kurt Zentner, Illustrierte Geschichte des Dritten Reiches«.

Ich suchte mir das zugegebenermaßen auch deshalb aus, um den Direktor zu beeindrucken, der mir vor der kleinen Zeremonie anerkennend gesagt hatte, was ich schon wusste und worauf ich mächtig stolz war: dass ich wieder, wie schon seit jeher, im Fach Geschichte nur Einsen geschrieben hatte. Im Schuljahr darauf hatte ich mein erstes großes Referat zu halten, das Thema war »Das Geschichtsbild des Dritten Reiches«, dargelegt an Alfred Rosenbergs »Der Mythus des 20. Jahrhunderts«. Zentners Buch sperrte mir den Kopf dafür auf. Und so standen die drei Buchgeschenke für die Zeit vom Beginn der Weimarer Republik bis zu ihrem schrecklichen Ende: Trommeln, Baal und Hitler.

Vom Traum zum Albtraum

Die Verfassung der Weimarer Republik war weiter als die Menschen, die in ihrem Geltungsbereich lebten. Diese

Verfassung war »den gesellschaftlichen Verhältnissen vorangeeilt«, wie Dieter Grimm dies formuliert hat. Das Grundgesetz hat eine »Weimarer Probe« zum Glück nicht bestehen müssen. Es kann gut sein, dass Europa und die europäische Verfassungsordnung, gewürgt von den Nationalisten und den populistischen Extremisten, eine solche Probe noch bestehen müssen. Dann darf Brüssel nicht das neue Weimar werden.

Die Weimarer Verfassung hatte keine Chance, sich unter Normalbedingungen zu bewähren, weil die Geschichte der Weimarer Republik die Geschichte von Not- und Ausnahmesituationen war. Die Weimarer Republik begann damit, dass ein Traum wahr wurde – und sie endete mit einem Albtraum, dem Nationalsozialismus.

Der Traum, mit dem sie begann, war der Traum des Hambacher Fests von 1832, es war der Paulskirchentraum von 1848, es war der Traum, für den Robert Blum, der große deutsche Demokrat und Republikaner, siebzig Jahre vorher hingerichtet worden war. Blum, viel zu wenige kennen noch seinen Namen, war einer der Anführer der gescheiterten demokratischen Revolution von 1848 gewesen. Er wurde am 9. November 1848 von der Konterrevolution erschossen. Genau siebzig Jahre später, am 9. November 1918, nachdem sich das Deutsche Kaiserreich im Ersten Weltkrieg ruiniert und zwei Millionen Soldaten in den Tod getrieben hatte, rief der Sozialdemokrat Philipp Scheidemann die Deutsche Republik aus.

Ein begnadeter Revolutionsmanager

Man kann nicht sagen, dass die Geburtstage der Deutschen Republik heute rauschend gefeiert würden. Deutsche Revolution? Es gibt keine Revolutionshelden (obwohl es sie gäbe), es gibt keinen Revolutionsmythos (obwohl es ihn bräuchte), es gibt nicht einmal eine dankbare Erinnerung (obwohl sie so wichtig wäre). Niemand mehr kennt die Revolutionslieder, niemand kennt mehr die Orte, an denen sie gesungen wurden. Die Theresienwiese in München kennt jeder als den Ort des Oktoberfestes, aber kaum jemand mehr als den Ort, wo schon am 7. November 1918 auf einer Massenversammlung die Revolution in Bayern ihren Ausgang nahm.

Diese Revolution war eine wundersam friedliche ohne jedes Blutvergießen – bis zu dem Tag, an dem Kurt Eisner, der ihr Anführer und der erste Bayerische Ministerpräsident war, von Graf Arco-Valley, einem Nazi, in der Prannerstraße erschossen wurde; das war am Morgen des 21. Februar 1919. Bis dahin war Bayern das Musterland der Deutschen Revolution gewesen. Eisner war in der kurzen ihm gegebenen Zeit ein begnadeter Revolutionsmanager und der wohl schöpferischste Staatsmann der Deutschen Revolution gewesen.

Sebastian Haffner, der große Publizist, hat über ihn geschrieben: »Eisner hatte ... vom ersten Tag an einen klaren Blick für die internationale Lage des besiegten Deutschlands und eine klare außenpolitische Konzeption: Er sah die Gefahr des Diktatfriedens und suchte ihr zuvorzukommen durch eindrucksvolle Beweise des Bruchs mit dem Alten im Innern und durch direkte Kontakte nach außen.«

Generalstreik ohne Kommunisten

Ein anderer Meister des Jahres 1918 war Carl Legien, der Gewerkschaftsführer. Er war der Gegentyp zu Eisner; er war ein sehr praktisch orientierter Mensch, ein Realpolitiker, ausgestattet mit einem herzhaften Misstrauen gegenüber den linken Parteitheoretikern. Er gehörte nicht zu denen, die doktrinäre Opposition betreiben wollten, er suchte nach einem Modus Vivendi mit und in der Gesellschaft.

Carl Legien war der Mann, der nur sechs Tage nach dem Sturz der Monarchie mit den deutschen Großindustriellen die Magna Charta für die deutschen Arbeiter aushandelte – das November-Abkommen vom 15. November 1918.

Und er war der Mann, der 16 Monate später die Weimarer Republik fürs Erste rettete. Carl Legien führte entschlossen und erfolgreich den demokratischen Widerstand gegen den sogenannten Kapp-Putsch im März 1920 an. Als ein Teil des geschlagenen Heeres gegen die junge Demokratie putschte (die Putschisten wollten die vom Versailler Vertrag angeordnete Verkleinerung der Reichswehr verhindern), als schwer bewaffnete Soldaten das Berliner Regierungsviertel besetzt hatten, als Reichspräsident Friedrich Ebert, der Kanzler und die meisten Minister schon resigniert in Richtung Süden geflohen waren, als die putschenden Offiziere und Generäle den preußischen Beamten Wolfgang Kapp als Reichskanzler eingesetzt hatten, der dann im Schutz der Maschinengewehre die gewählte Nationalversammlung für aufgelöst erklärte – da kam die ganz große Stunde des Carl Legien: Er rief den unbefristeten Generalstreik gegen den Umsturz aus.

Sein Generalstreik war der größte politische Streik in der deutschen Geschichte; er legte das öffentliche Leben in Deutschland lahm, sodass die Putsch-Regierung handlungsunfähig blieb. Carl Legiens Generalstreik hungerte die Putschisten quasi aus. Er schaffte das, obwohl die Kommunisten sich dem Aufruf zum Generalstreik nicht anschlossen; stattdessen erklärte die KPD, das Proletariat werde »keinen Finger rühren für die demokratische Republik, die nur eine dürftige Maske der Diktatur der Bourgeoisie« sei. Legien schaffte es auch ohne die Kommunisten: Selbst ein Versuch des Putsch-Kanzlers Kapp, bei der Berliner Zentrale der Reichsbank einen von ihm unterzeichneten Scheck über zehn Millionen Mark einlösen zu lassen, scheiterte kläglich. Der Putsch war nach hundert Stunden wieder vorbei, die Weimarer Republik war fürs Erste gerettet.

Mephisto und der »neue Kaiser«

Die große Politik war Carl Legien nicht in die Wiege gelegt: Er war Waisenkind, aufgewachsen in einem Waisenhaus im pommerschen Thorn. Er lernte, wie August Bebel, die Drechslerei, war Drechslergeselle in Berlin, Frankfurt und Köln. 1890, knapp dreißigjährig, wurde er Vorsitzender der Generalkommission der Gewerkschaften Deutschlands; er ist damit so eine Art Urahn der DGB-Vorsitzenden von heute. Die Gewerkschaften waren damals zersplittert, sie litten unter internen Streitigkeiten; allein im Baugewerbe gab es je eigene Gewerkschaften für Maurer, Zimmerleute, Maler, Steinmetze, Stukkateure, Bautischler, Tapezierer, Gipser, Erdarbeiter und Baggerführer.

Aus diesen Krümelverbänden unter den Beschwernissen der Bismarckschen Anti-Sozialistengesetze eine schlagkräftige kollektive Interessenvertretung zu machen: das war die Aufgabe von Carl Legien. Er etablierte die Gewerkschaftsbewegung als politisch gleichberechtigte Kraft neben der SPD. Das fuchste den SPD-Vorsitzenden August Bebel schon 1894 so, dass er ihn als »Mephisto« titulierte.

Dieser angebliche Mephisto war also einer der entschlossensten Akteure nach der Ausrufung der Republik. Carl Legien verhandelte mit den Großindustriellen unter Hugo Stinnes den großen Zukunftspakt für die Arbeiter, das Stinnes-Legien-Abkommen vom 15. November 1918. Es ist bis heute die Basis für die Tarifautonomie, es ist bis heute eine Grundlage für die soziale Marktwirtschaft, das Fundament für den Erfolg des deutschen Wirtschaftsmodells.

Stinnes, der Verhandlungspartner von Carl Legien, war einer der wichtigsten Industriellen Deutschlands. Er war eine eher finstere Gestalt, er gehörte zu den ersten, die im Ersten Weltkrieg Zwangsarbeiter ins Reich verschleppten, er war ein Demokratieverächter, der die Volksherrschaft allenfalls als notwendiges Übel betrachtete. 1923 nannte ihn das Magazin *Time* den »neuen Kaiser von Deutschland«.

Der Schlüssel der Geschichte

Mit diesem Mann also handelte Carl Legien ein Abkommen aus, das November-Abkommen, das vieles, fast alles brachte, was sich Gewerkschaften und Arbeiter bisher allenfalls erträumt hatten: die Anerkennung der Gewerkschaften als berufene Vertreter der Arbeiterschaft, die Koalitionsfreiheit, die Anerkennung von Tarifverträgen, die Einsetzung von Arbeiterausschüssen in allen Betrieben mit mindestens fünfzig Beschäftigten; das waren die Vorgänger der Betriebsräte. Und schließlich noch eine Sensation: die Einführung des Acht-Stunden-Tags bei vollem Lohnausgleich.

Das alles bekamen Legien, die Arbeiter und die Gewerkschaften natürlich nicht umsonst. Die Gewerkschaften verzichteten dafür auf die Verstaatlichung der Schlüsselindustrien. Das stand zwar nicht ausdrücklich im Abkommen, das war aber Geschäftsgrundlage, wie Michael Kittner, emeritierter Professor für Wirtschafts- und Arbeitsrecht und ehemaliger Justitiar der IG Metall, analysiert hat. Die Gewerkschaften akzeptierten »die Fortexistenz der Unternehmer als privatwirtschaftlich tätige Wirtschaftssubjekte«; sie akzeptierten die kapitalistische Wirtschaftsordnung – sozialstaatlich eingehegt. Und die Industriellen akzeptierten nach dem Motto »Schlimmeres verhüten« nun Tarifverträge und was sonst noch so daran hing an Arbeiterrechten. Das November-Abkommen sicherte den Gewerkschaften auch wieder Einfluss und Macht unter den Arbeitern.

Carl Legien starb Ende 1920, nur wenige Monate nach dem von ihm erfolgreich bekämpften Kapp-Putsch. Sein Grab ist auf dem Zentralfriedhof Friedrichsfelde in Berlin. Er gehört zu den Helden von 1918. Es wäre gut, wenn wir diese Helden in den Trubeln der Gegenwart nicht vergessen. Der »Schlüssel der Geschichte« ist nämlich, so der französische Philosoph Théodore Simon Jouffroy, »nicht in der Geschichte, er ist im Menschen«.

Konkursverwalter des alten Regimes

Die Deutsche Revolution von 1918/19 wird bis heute verketzert und bespöttelt, sie wird verzerrt und verhöhnt. Eisner und Legien stehen für das Ringen um eine gute Zukunft nach dem Ende der Monarchie. Die zehn Wochen vom Sturz der Monarchie am 9. November 1918 bis zur Wahl der verfassunggebenden Deutschen Nationalversammlung in Weimar sind die Wochen der Wehen der deutschen Demokratie. In diesen Wochen zeigten sich Glanz und Elend, Traum und Trauma, Angst vor dem Chaos und die Hoffnung auf eine kluge Selbstorganisation der Gesellschaft. Es ist die Zeit des Wünschens und des Wagens, eine Zeit des großen Aufbruchs und des großen Zagens.

Das Zagen wird verkörpert von den Mehrheitssozialdemokraten mit Friedrich Ebert an der Spitze, die sich nicht als Gründerväter einer Demokratie, sondern nur, wie Ebert es in seinem Rechenschaftsbericht an die Nationalversammlung formulierte, als »Konkursverwalter des alten Regimes« verstanden. Die neue Regierung beließ, und das war einer ihrer großen Fehler, auch massiv illoyale Beamte und Richter in ihren Ämtern.

Von 1919 bis 1933 dauerte diese erste deutsche Demokratie, ihre Zeit war kürzer als ein halbes Jahrhundert später die der Kanzlerschaft von Helmut Kohl oder die von Angela Merkel. Die erste Republik wurde traktiert von putschenden Militärs, von blutigen Auseinandersetzungen zwischen Links- und Rechtsradikalen und von einer irrsinnigen Inflation. Adolf Hitler war, wie der britische Ökonom Lionel Robbins sagte, »das Ziehkind der Inflation« des Jahres 1923, dieses großen Geldverfalls, dem soziale Verelendung folgte. Am Ende des Jahres 1923 hatte sich die Zahl der Empfänger staatlicher Fürsorge im Vergleich zu 1913 verdreifacht.

»I hobn ned dawischt, den Hund«

Das Jahr 1923 ist auch das Jahr, in dem mein Onkel Hans – es war beim Hitler-Putsch am 9. November – auf Adolf Hitler schoss. Und so verbindet sich kleine Familiengeschichte mit der Weltgeschichte: Adolf Hitler und Erich Ludendorff hatten sich Mussolinis Marsch auf Rom zum Vorbild genommen, das Münchner Rathaus besetzt, sozialistische Stadträte verhaftet. Sie wollten die parlamentarische Demokratie stürzen und ein diktatorisches Regime errichten.

An der Feldherrnhalle wurde der Zug der Putschisten von der Landespolizei und der Bayerischen Bereitschaftspolizei gestoppt. Der Kommandant des ersten Zuges und drei Wachtmeister starben beim Feuergefecht. Die Schüsse der Polizei töteten dann als ersten Putschisten Max Erwin von Scheubner-Richter, der den eingehakten Hitler mit zu Boden riss.

Mein Onkel Hans war unter den Bereitschaftspolizisten, die auf die Hitler-Bande zielten und den Putsch beendeten. Bei vielen Geburtstagsfeiern in meiner Kindheit hat der Onkel davon erzählt: »I hob selmals auf den Hitler angelegt, aber: I hobn ned dawischt, den Hund.« Onkel Hans war ein hünenhafter Kerl. Er verstand das so zu erzählen, dass es einem schauderte – weil er es in der Hand hatte, wie er einem zu verstehen gab, in ein paar Sekunden die Weltgeschichte zu verändern.

Fürs Erste gescheitert

Viele Deutsche halten heute die Demokratie für ein Geschenk, das die Amerikaner, unterstützt von Briten und Franzosen, 1945 den naziverseuchten Deutschen als Maßregel der Sicherung und Besserung mitgebracht haben. Das ist ein Irrtum. Ihre Wurzeln reichen zurück in die Weimarer Republik von 1919, sie reichen zurück in die bürgerliche Revolution von 1848, ja sie reichen noch weiter, sie reichen bis 1793. Am 18. März 1793 wurde in Mainz die erste deutsche Republik proklamiert. Georg Forster, der Naturforscher und Weltumsegler, war dort Vizepräsident des Parlaments. Diese Mainzer Republik hielt zwar nicht lange, aber der Same war gesät.

Gut fünfzig Jahre später wurden in allen deutschen Großstädten die liberalen »Märzforderungen« erhoben: für Presse- und Versammlungsfreiheit, für unabhängige Gerichte, für Verfassungen. In ganz Europa brannte das revolutionäre Feuer, in Berlin wurde es zum Flächenbrand, der preußische König musste seinen Hut ziehen für die von seinem Militär getöteten Barrikadenkämpfer. Es war dies der kurze Triumph der deutschen Revolution.

Die Geschichte der deutschen Demokratie ist so voller Kraft, die Lebensschicksale ihrer Protagonisten sind so spannend und faszinierend. Da ist Caroline Schlegel-Schelling, die Demokratin im Kerker. Da sind die vor Verfolgung nach Amerika geflohenen Revolutionäre wie Carl Schurz, der dann in Washington Innenminister wurde. Da ist Friedrich Hecker, der Bilderbuch-Revolutionär. Gewiss, sie und die vielen anderen sind fürs Erste gescheitert. Sie sind gescheitert wie die Demokraten der Weimarer Republik.

Der frühere Bundeskanzler Helmut Schmidt hat einmal bekannt, er habe »von Demokratie das erste Mal 1945 im Kriegsgefangenenlager gehört.« Da war Oberleutnant Schmidt 26 Jahre alt. Das zeigt: Im Zivilisationsbruch der Jahre 1933 bis 1945 ist auch die Erinnerung an die leidenschaftlichen Kämpfe um Freiheit und Demokratie in Deutschland zerbrochen. Diese demokratischen Bruchstücke sind, anders als das Berliner Stadtschloss, das Symbol des preußischen Obrigkeitsstaats, nicht mehr richtig restauriert worden. Es ist Zeit, das zu tun. Sie gehören zum Fundament der deutschen Demokratie.

März

Dieses Kapitel handelt von der Gleichberechtigung, es handelt vom Patriarchat, vom Feminismus und von den Feministinnen: »Wir brauchen die Männer. Die müssen die Scheiße des Patriarchats wegräumen helfen. Das machen wir doch nicht allein.« So sagte es mir die Frauenrechtlerin Hannelore Mabry. Ich schreibe darüber, wie der Feminismus kraftvoll geworden ist, was ich von meinen Großvätern gelernt habe und warum die feministische Theologie der anspruchsvollste Feminismus ist.

Männer und Frauen sind gleichberechtigt

Weltfrauentag, 8. März

Der Feminismus ist stärker als die Materie. Es schaffen eigentlich nur Geister, Heilige und Jedi-Ritter, einfach durch die geschlossene Tür oder eine Wand zu gehen und, mir nichts dir nichts, vor dir zu stehen. Aber die Frauenrechtlerin Hannelore Mabry konnte das auch. Ich habe das selbst erlebt; sie war auf einmal da, stand in meinem Büro; sie war der Feminismus aus heiterem Himmel. Sie hatte die Fähigkeit, Tür und Tor zu überwinden, auch die Pforte und die Schranken an der Einfahrt zur *SZ*. Wie sie das hinkriegte? Ich weiß es nicht. Aber auf einmal war sie da, manchmal dreimal die Woche.

Wo hatte sie das gelernt? Sie war 1930 als Hannelore Katz in Chemnitz geboren, war ausgebildete und von Gustaf Gründgens geprüfte Schauspielerin, stand 18 Jahre lang als Lorley Mabry auf den Bühnen von Pforzheim, Karlsruhe, Essen und Nürnberg. Sie heiratete in zweiter Ehe den US-Amerikaner Paul Michael Mabry und lebte bis 1958 in Boston, wo sie für die deutschsprachige Radiosendung *German Radio Hour* als Sprecherin arbeitete. 1958 kehrte Hannelore Mabry allein mit ihrer Tochter aus erster Ehe nach Deutschland zurück und studierte Soziologie, Volkswirtschaft, Philosophie und Politologie

an der Ludwig-Maximilians-Universität München. Physik
war nicht dabei. Aber irgendwie und irgendwo hatte sie gelernt, Raum und Zeit zu überwinden. Sie war unglaublich
umtriebig, sie war überall, sie war eine Feministin, die sich
nicht Feministin, sondern »Feminist« nannte, weil sie, wie
sie mir sagte, die Genderei für »intellektuelle Kacke« hielt.

»Das machen wir doch nicht allein«

Ihre soziologische Diplomarbeit handelte von der »Bedeutung weiblicher parlamentarischer Arbeit für die Emanzipation«; es war eine Studie über die weiblichen Abgeordneten des Bayerischen Landtages von 1946 bis 1970.
Sie wurde 1972 unter dem Titel »Unkraut ins Parlament«
publiziert. Hannelore Mabry spießte damit einen Aus-
spruch des früheren Bayerischen Landtagspräsidenten
Michael Horlacher auf, der gesagt hatte: »Als Einzelne
wirkt die Frau wie eine Blume im Parlament, aber in der
Masse wie Unkraut.« Mabry wurde rebellisch. Sie grün-
dete das FFM, das Frauenforum München, das lange Zeit
die größte frauenpolitische Organisation der Bundesrepublik war und das erste überregional feministische Magazin herausgab. Mit öffentlichkeitswirksamen Aktionen
erlangte Mabry in den 1980er-Jahren bundesweit Be-
kanntheit. Mit einigen Mitstreiterinnen und einem Mit-
streiter begann sie im Münchner Dom ein »Kettenfasten
von Müttern. Helft Müttern im Kampf gegen die Gewalt!«
Das Ordinariat ließ diese unangemeldete »Besetzung des
Münchner Liebfrauendoms und Hausfriedensbruch durch
H. Mabry« polizeilich räumen.

Bei Mabrys Feminismus waren die Männer willkom-
men, sie achtete darauf, dass bei den feministischen Aktionen Männer, zumindest aber ein Mann, dabei waren:
»Die müssen doch die Scheiße des Patriarchats wegräumen
helfen. Das machen wir doch nicht allein.« Bei diesem Weg-

räumen des Patriarchats und bei dem Versuch, Unterstützer oder wenigstens Berichterstatter über die einzelnen Aktionen zu finden, bewährte sich die eingangs beschriebene Gabe: Hannelore Mabry fand den Weg in jede, auch in meine Redaktion, an bewachten Pforten vorbei, durch geschlossene Türen hindurch.

Auf einmal stand sie da und hörte nicht mehr auf zu reden – sie fing beim Bayerischen Landtag an und wie dort Frauen behandelt werden, wetterte dann über ihre Intim-Feindin, die *Emma*-Chefredakteurin Alice Schwarzer, der sie Selbstdarstellerei vorwarf, und agitierte gegen den »Lesbianismus«, den sie als »miesen Sexismus« beschrieb, landete dann bei den »Arschkriecherinnen« in den Gewerkschaften und schließlich bei Adam und Eva. Es war dies eine Suada des geharnischten Feminismus, der man sich am liebsten durch die Gabe der Teletransportation entzogen hätte. Aber sie kriegte es irgendwie hin, dass man dann, genervt, schließlich doch eine der Gerichtsverhandlungen besuchte, die sie sich mit ihren forschen, nicht selten eifernden Aktionen einhandelte.

Mit Recht und Gift und Galle

Im Mai 1987 hatte sie, einen Tag vor dem Besuch von Papst Johannes Paul II. in München, mit einem Riesen-Transparent einen Auftritt zur »feministischen Begrüßung« des Kirchenoberhaupts geprobt. »Schützt die Kinder vor Allmächtigen. Sei Feminist. Heil Kind.« stand auf dem Großtransparent. Festnahme und Strafbefehl folgten.

Vor Gericht ging es aber nicht um diese Aufschrift, sondern um die Frage, ob diese Probe samt Fototermin eine ungenehmigte Veranstaltung war, sich die Angeklagte daher als deren Leiterin strafbar gemacht habe. Zornig schimpfte Mabry vor dem Amtsrichter auf die »Querulanten wider das Grundgesetz«. Sie wurde freigesprochen –

eine kleine Ermutigung und Bestätigung für sie und Ansporn auch dafür, die Leute weiter zu nerven.

Erfolgreich klagte sie nicht nur gegen Strafbefehle wegen der angeblichen Verletzungen des Versammlungsgesetzes, sondern auch gegen ihre polizeilichen Festnahmen und – wie es damals üblich war – ihre völlige Entkleidung im Polizeigewahrsam. Sie wehrte sich mit den Mitteln der Juristerei, mit Gift und Galle.

Und: Sie veranstaltete immer neue Demonstrationen für Frauen- und Kinderrechte. Die Ziele, die sie verfocht, sahen so aus: Eine gleichberechtigte Teilhabe einerseits der Männer an der Kindererziehung und andererseits der Frauen an Wissenschaft und Politik – und: Verkürzung der außerhäuslichen Arbeitszeit auf vier bis fünf Stunden am Tag. Dass über solche Sachen heute ruhig diskutiert werden kann, hängt auch damit zusammen, dass Frauen wie Hannelore Mabry schon vor Jahrzehnten die Gesellschaft mit solchen Forderungen piesackten.

Für die einen Ikone, für die anderen Xantippe

Alice Schwarzer, die viel berühmtere Feministin, stand nie agitierend in meiner Redaktion, sie agitierte anderswo und mit zunehmend größerer Resonanz, und sie war und ist mindestens ebenso streitsüchtig wie Mabry. Ihre Anti-Porno-Kampagne war im April 1988 das Thema meines ersten ganzseitigen Textes in der *SZ*. Für die einen ist Schwarzer eine verehrenswerte Ikone des Feminismus, für die anderen eine garstige Xantippe, die die Frauen gegen die Männer aufhetzt.

Sie hat große Verdienste, zum achtzigsten Geburtstag im Dezember 2022 wurden sie aufgezählt: Anfang der siebziger Jahre initiierte sie die Aktion »Mein Bauch gehört mir« und bewog damit eine Vielzahl von Frauen, darunter auch prominente, öffentlich im *Stern* zu bekennen, abgetrieben

zu haben – so begann eine Debatte über das Selbstbestim-
mungsrecht von Frauen über ihren Körper. Alice Schwarzer
und ihre Mitstreiterinnen kämpften damals vehement für
die Streichung des Paragrafen 218 StGB, der die Abtreibung
bestrafte; das ist ein Kampf, der noch immer nicht sein
Ende gefunden hat, sind doch die Widerstände dagegen
groß, wie man erst jüngst in den USA sehen konnte, wo der
Supreme Court das Rad der Straffreiheit von Schwanger-
schaftsabbrüchen wieder zurückgedreht hat trotz des gewaltigen Protestes von amerikanischen Frauen.

Und in Deutschland? Hier ist die Abtreibung nach
wie vor grundsätzlich unter Strafe gestellt. Nach einem
jahrzehntelangen Protest von Frauen, nach der Wiedervereinigung vor allem von ostdeutschen Frauen, ist dieser Paragraf aber immerhin so abgemildert worden, dass
Schwangerschaftsabbrüche unter bestimmten Vorausset-
zungen nun straflos sind. Und nicht zu vergessen: Alice
Schwarzer hat mit ihrem 1975 erschienenen Buch »Der
kleine Unterschied und seine großen Folgen« ein Plädoyer
für die sexuelle Befreiung der Frauen geschrieben, damit
ein Tabu gebrochen und eine heiße Debatte über das Ge-
schlechterverhältnis losgetreten.

Sich nicht unterkriegen lassen

Schwarzer ist keine Rechtsanwältin, sie ist aber die be-
kannteste Anwältin des Feminismus. Sie gehört, weil sie
dazu beigetragen hat, das Recht und die Rolle der Frau im
Recht zu verändern, in eine Reihe mit Marie Juchacz, die
1919 die erste Rednerin im Reichstag war; sie gehört in
eine Reihe mit Maria Otto, die vor hundert Jahren die erste Rechtsanwältin in Deutschland wurde; sie gehört in eine
Reihe mit Maria Johanna Hagemeyer, die vor 95 Jahren
am Amts- und Landgericht Bonn ihr Amt als erste Richterin in Deutschland antrat.

Alice Schwarzer, ob man sie nun mag oder nicht, gehört in eine Reihe mit Frieda Nadig, Elisabeth Selbert, Helene Weber und Helene Wessels. Sie gehört also in eine Reihe mit den nur wenigen Frauen im Parlamentarischen Rat von 1948/49, von denen übrigens nur eine, nämlich Elisabeth Selbert, Juristin war.

Und in dieser Reihe von Feministinnen steht ganz vorne auch eine Frau, die ich besonders verehre – die CDU-Politikerin Rita Süßmuth; sie steht schon deswegen ganz vorne, weil sie noch ein wenig älter ist als Alice Schwarzer. Für mich ist Süßmuth »die« Feministin Deutschlands. Sie war die Frau, die der CDU den Feminismus beibrachte, sie ist die Unbeugsame. Sie hatte und hat die Gabe, sich nicht unterkriegen zu lassen – nicht von Niederlagen, nicht von Bösartigkeiten, nicht von mächtigen Männern, auch nicht von Helmut Kohl.

Sie kämpft heute mit souveränem Eigensinn für Parität in den Parlamenten. Sie war deshalb Gesprächspartnerin in meiner Podcast-Reihe »Woran glaubst Du?«, die ich in der Corona-Zeit zusammen mit Kerstin Humberg als »Sonntagsfrühstück bei Humberg und Prantl« produzierte.

Nur Herren auf Herrenchiemsee

Ein kleiner Dialog aus den Gründungstagen der Bundesrepublik: »Sag mal, Carlo, ich finde in den Herrenchiemsee-Protokollen gar nichts zu der Frage der Gleichberechtigung. Wann habt ihr das denn besprochen?« So fragt Elisabeth Selbert, damals 51, Rechtsanwältin aus Kassel, ihren berühmten SPD-Parteikollegen Carlo Schmid. Die Beratungen auf der Insel Herrenchiemsee, die bis zum 23. August 1948 gedauert haben, sind zu Ende, in Kürze tritt in Bonn der Parlamentarische Rat zusammen, der dann auf der Basis des Herrenchiemsee-Entwurfs das Grundgesetz formuliert. Carlo Schmid und Elisabeth

Selbert sind beide für die SPD Abgeordnete im Parlamentarischen Rat.

Carlo Schmid druckst nicht lange herum:»Wann wir die Gleichberechtigung besprochen haben? Gar nicht, waren ja nur Herren anwesend.« Aber der Staatsrechtler aus Württemberg räumt ein:»Die Frauenrechte sind auf dem Stand der Jahrhundertwende, und wenn sich da was ändern soll, brauchen wir eine neue Formulierung im Grundgesetz. Lass es mich doch bitte wissen, wenn du einen konkreten Entwurf hast.«

Das klingt ein wenig gönnerhaft. Aber Elisabeth Selbert lässt sich nicht lange bitten.»Den habe ich,« sagt sie:»Männer und Frauen sind gleichberechtigt.« Auf Herrenchiemsee, wo 33 Herren getagt und das Grundgesetz vorbereitet hatten, war so ein Satz noch keinem der Herren in den Sinn gekommen. Der Grundsatzausschuss des Parlamentarischen Rats, der anschließend zu Bonn tagte, hatte eigentlich auch keine Lust auf Gleichberechtigung. Ihm wäre eine andere Formel lieber gewesen, etwa die des Staatsrechtlers Richard Thoma:»Alle Menschen sind vor dem Gesetz gleich. Das Gesetz muss Gleiches gleich, es kann Verschiedenes ungleich behandeln.« Wären unter den 65 Räten nicht die genannten vier Frauen gewesen, es wäre bei dieser juristischen Lall-Formel geblieben.

Waschkorbweise

Erst stachelte Elisabeth Selbert ihre drei Kolleginnen im Parlamentarischen Rat an. Da war erstens die Sozialdemokratin Friederike Nadig, Geschäftsführerin der Arbeiterwohlfahrt in Ostwestfalen; da war zweitens die Zentrumspolitikerin Helene Wessel, die in den fünfziger Jahren zu den bekanntesten Frauen im politischen Leben der Bundesrepublik gehörte; sie trat dann später zusammen mit Gustav Heinemann der SPD bei und wurde erbitterte Gegnerin der Wiederbewaffnung. Und da war drittens Helene Weber, die »Mutter der CDU-Fraktion«; sie war bis 1962, als sie 81-jährig starb, Mitglied des Bundestags und galt als Vertraute von Konrad Adenauer. Selbert, Nadig, Wessel und Weber: Zusammen überzeugten die Vier ihre widerstrebenden 61 männlichen Kollegen von der zukunftsweisenden, damals fast abenteuerlichen Gleichberechtigungsformel.

Elisabeth Selbert zog wie eine Wanderpredigerin durchs Nachkriegsdeutschland, sie mobilisierte Frauengruppen, Gewerkschaften, Betriebsrätinnen und die weiblichen Abgeordneten der Landesparlamente, sie organisierte Ende 1948 eine der wenigen öffentlichen Aktionen zur Grundrechtsdebatte. Die Frauen aller Landtage meldeten sich beim Parlamentarischen Rat, nur die aus Bayern nicht. »Waschkorbweise« sollen die Briefe in Bonn eingetroffen sein; sie sind leider nicht erhalten.

Elisabeth Selbert redete den Vätern des Grundgesetzes ins Gewissen: »Die Frau, die während der Kriegsjahre auf den Trümmern gestanden und den Mann an der Arbeitsstelle ersetzt hat, hat heute einen moralischen Anspruch darauf, wie ein Mann bewertet zu werden.« In der ersten Lesung des Grundgesetzes im Parlamentarischen Rat unterlag Selbert noch. Aber am Ende wurde ihr Gleichheitssatz im Parlamentarischen Rat einstimmig verabschiedet. Das war die Sternstunde der Elisabeth Selbert.

Sakko drüber

Als im Parlamentarischen Rat zum ersten Mal der Gleichberechtigungssatz der Rechtsanwältin Selbert zur Diskussion gestanden hatte, war dem FDP-Abgeordneten Thomas Dehler der Satz entfahren: »Dann ist das Bürgerliche Gesetzbuch verfassungswidrig.« Und der CDU-Abgeordnete Hermann von Mangoldt hatte bei den Beratungen gemeint: »Das bisherige Recht würde in sich zusammenfallen.«

Er hatte in gewisser Weise recht damit; genauso war es; und gleichwohl oder gerade deswegen: Es geschah nach der Verabschiedung des Grundgesetzes erst einmal nichts. Der Gleichberechtigungssatz stand im Grundgesetz, er leuchtete schön, und die Männer warfen ihr Sakko darüber. Die Frau wurde in den fünfziger Jahren erst einmal zurückgepfiffen an Herd und Staubsauger.

Das Bundesverfassungsgericht musste eingreifen; erst dann bequemte sich der Gesetzgeber zu einem Gleichberechtigungsgesetz. Die Lehre aus alledem heißt: – Erstens: Recht kann Gleichberechtigung bremsen, Recht kann aber auch Gleichberechtigung fördern. Zweitens: Verfassungsrechtliche Postulate allein helfen gar nichts, wenn sie nicht konkret ins Alltagsrecht übersetzt werden. Das gilt für Ehe und Familie, das gilt in Staat und Gesellschaft, auch in der Justiz, im Rechtswesen also.

Unentwegt gelächelt

Die politischen Männer haben Elisabeth Selbert ihren Kampf für die Frauenrechte nie verziehen. Als einzige der vier Grundgesetzmütter bekam sie kein Bundestagsmandat; sie wurde auch nicht Richterin am neu gegründeten Bundesverfassungsgericht. Richterin dort wurde dann die lange unterschätzte Erna Scheffler, die wegen ihrer Größe von 1,58 Meter despektierlich Klein-Erna genannt wurde, aber eine glänzende, überzeugungsstarke Juristin war und 1959 ihre elf Kollegen vom Ersten Senat vom Gleichberechtigungsurteil überzeugte.

Da der Senatsvorsitzende Gebhard Müller erkrankt war, durfte sie es auch selbst verkünden: Sie erklärte das Gleichberechtigungsgesetz von 1957 in mehreren Punkten für verfassungswidrig, unter anderem wegen des väterlichen »Stichentscheids«. Die *Frankfurter Allgemeine Zeitung* berichtete damals über die Urteilsverkündung, Erna

Scheffler habe dabei unentwegt gelächelt. Die männliche Juristenschaft verhinderte dann jahrzehntelang, dass mehr Frauen als nur eine an das Verfassungsgericht berufen wurden.

Das war der Geist der fünfziger und sechziger Jahre. Er ist nur nach und nach verschwunden. Von den 6120 Stellen der Besoldungsstufen R2 und höher waren 1983 in Deutschland weniger als sechs Prozent mit Frauen besetzt. Das hat sich in den letzten dreißig Jahren verändert. Alle obersten Bundesgerichte außer dem Bundessozialgericht haben oder hatten eine Präsidentin: Jutta Limbach am Bundesverfassungsgericht, Marion Eckertz-Höfer am Bundesverwaltungsgericht, Iris Ebeling am Bundesfinanzhof, Ingrid Schmidt und Inken Gallner am Bundesarbeitsgericht, Bettina Limperg am Bundesgerichtshof. Am Bundessozialgericht gibt es seit Jahresanfang 2022 eine Vizepräsidentin, Miriam Meßling.

Miss Marple in Karlsruhe

Es gab zahmere Feministinnen als Schwarzer und Mabry, Frauen, die sehr erfolgreich und höchst emanzipiert den Weg durch die Institutionen gingen – die Sozialdemokratin und Berliner Justizsenatorin Limbach zum Beispiel, die von 1994 bis 2002 die erste Präsidentin des Bundesverfassungsgerichts war und die ich über alle Maßen schätzte. Sie war Rechtsprofessorin mit einer großen mediatorischen Begabung.

Einer ihrer Kollegen hat einmal gesagt, sie könne »ohne Überlegenheitsgestus Autorität vermitteln«. Das konnte sie wirklich. Bei ihr saß ich gerne, nicht nur weil es Kaffee und Kuchen gab und auf ihrem Tisch immer die gut gefüllten Obstschalen standen; bei ihr fühlte man sich aufgehoben, weil sie zuhören konnte und einem das Gefühl gab, dass es für sie jetzt nichts Wichtigeres gab als dieses Gespräch.

Miss Marple war ihr Spitzname, weil sie ein wenig an die schrullige Jungfer mit dem scharfen Verstand aus den Krimis von Agatha Christie erinnerte, zumal dann, wenn sie ihre Blümchenkleider trug. An dieser Miss Marple biss sich auch ein Otto Schily die Zähne aus. Als der damalige Bundesinnenminister mit ihr wegen des dann gescheiterten NPD-Verbots telefonieren wollte, hat sie ihn nicht einmal durchstellen lassen.

Feministische Spätzünderin

Jutta Limbach kam aus einer sozialdemokratischen und frauenrechtlerischen Familie. Ihre Urgroßmutter hatte einen Arbeiter-, Frauen- und Mädchenverein gegründet; die Großmutter war Mitglied der Weimarer Nationalversammlung, der Vater gleich nach dem Krieg Bezirksbürgermeister von Pankow. Wenn Jutta Limbach ihren Lebensweg schilderte, neigte sie uneitel dazu, ihn als Ergebnis glücklicher Umstände dazustellen. Ursprünglich hatte sie Journalistin werden wollen, studierte dann Jura, sah sich schon als Richterin, entdeckte ihre wissenschaftlichen Neigungen; sie begann mit der Habilitation, als sich gerade das dritte Kind ankündigte – Benjamin Limbach, der im Jahr 2022 grüner Justizminister in Nordrhein-Westfalen wurde.

Jutta Limbach wollte sich aber nie als feministisches Vorbild präsentieren, weil sie »mit geschlechtsspezifischen Widrigkeiten«, wie sie sagte, nie zu kämpfen gehabt habe. Stattdessen erzählte sie von der »partnerschaftlichen Familienorganisation«; ihr Mann war schließlich Profi, er arbeitete im Organisationsreferat des Bonner Innenministeriums. Sie habe, sagte Limbach, ihren Kindern »eine eigenwillige, wechselvolle Lebensweise und mehr Selbstständigkeit als ihren Altersgenossen zugemutet«. Ein Schaden sei es nicht gewesen.

Sie selber hat sich als »feministische Spätzünderin« bezeichnet. Dazu gibt es eine kleine Episode aus den siebziger
Jahren: Die Rechtsprofessorin Limbach besuchte eine Veranstaltung des Deutschen Juristinnenbundes, hörte sich
interessiert Vorträge sowie Diskussionen an und kam mit
der Vorsitzenden Lore Maria Peschel-Gutzeit ins Gespräch.
Diese fragte die Professorin nach ihrem Eindruck und Jutta Limbach, bekannt dafür, geradeaus ihre Meinung zu sagen, erwiderte: »Ach wissen Sie, Frau Peschel-Gutzeit, das
ist ja schön und gut hier, aber in der heutigen Zeit braucht
es doch wohl keine Damen-Kränzchen mehr.«

Die Familienrichterin Peschel-Gutzeit (die später in
Hamburg Justizsenatorin, später in Berlin Limbachs Nach-
folgerin in diesem Amt und dann noch einmal in Hamburg
Justizsenatorin wurde) soll gelassen geantwortet haben:
»Liebe Frau Professorin Jutta, dies hier ist alles andere als
ein Häkelkreis. Setzen Sie sich und ich erzähle Ihnen, wofür der Juristinnenbund steht.« Aus diesem Dialog wurde
eine lebenslange Freundschaft und ein juristisches Bündnis, das viel dazu beitrug, das Familienrecht zu reformieren und überholte chauvinistische Bollwerke zum Einsturz
zu bringen.

Ein jeder im eigenen Namen

Wie diese Bollwerke ausschauten, kann man in den juristischen Lehrbüchern und Kommentaren der fünfziger Jahre anschaulich studieren. Ich habe das getan – als wissenschaftlicher Mitarbeiter am Lehrstuhl von Dieter Schwab,
Ordinarius für Bürgerliches Recht, Familienrecht und
Deutsche Rechtsgeschichte an der Universität Regensburg.

In mein Büro am Lehrstuhl stellte ich mir ein Buch auf
den Schreibtisch, das ich von meinem Großvater mütter-
licherseits, der ein Notariatsoberinspektor war, geerbt
hatte und das mich schon lange begleitete. Es war ein

»Palandt«, ein regelmäßig in neuer Auflage erscheinendes juristisches Kommentarwerk, etwa zwei Ziegelsteine groß und auch etwa so schwer. Das großväterliche Exemplar war die 11. Auflage aus dem Jahr 1953, meinem Geburtsjahr. Wahrscheinlich konnte niemand anderer mit diesem »Palandt« etwas anfangen, zumal es sich um eine schon damals alte Auflage handelte.

Beeindruckt von Gewicht und Umfang der Schrift sowie von der kompletten Unverständlichkeit des Inhalts hatte ich mir schon als Bub diesen »Kommentar zum Bürgerlichen Gesetzbuch« als Bücherstütze neben die Bände von Karl May und Prinz Eisenherz gestellt. Im Lauf der Zeit begann ich, die Menschen zu bewundern, die sich mit diesem Buch und mit Sätzen wie diesem ihr Brot verdienen können: »Tritt der Wille, in fremdem Namen zu handeln, nicht erkennbar hervor, so kommt der Mangel des Willens, im eigenen Namen zu handeln, nicht in Betracht.« Es handelt sich bei diesem Zungenbrecher um den Paragrafen 164 Absatz 2 BGB. Dieser besagt, ins normale Deutsche übersetzt, dass im Zweifel ein jeder im eigenen Namen handelt. Wenn man aber so einen verschraubten Satz nur oft genug gelesen hat, wird er einem so lieb wie »Fischers Fritze fischt frische Fische«.

Bestimmer mit Herrschaftsbefugnis

Ich studierte Rechtswissenschaften; und als das Familienrecht auf dem Lehrplan stand, las ich begleitend im Opa-Exemplar des »Palandt«. Es war dies wie eine archäologische Expedition. Da war als geltende Rechtslage noch das Letztentscheidungsrecht des Ehemanns über seine Ehefrau und die Kinder beschrieben. Der Mann war Bestimmer mit Herrschaftsbefugnis.

Er bestimmte, ob und wo die Frau arbeiten durfte und wie sie mit Geld umzugehen hatte. Er bestimmte Art und

Umfang des Lebensaufwandes, den Ablauf des häuslichen Lebens, die Erziehung der Kinder, Wohnung und Wohnort. Er hatte Verfügungsgewalt über das Frauenvermögen, er konnte nicht nur den Arbeitsplatz der Frau, sondern alle ihre Rechtsgeschäfte ohne ihre Zustimmung kündigen. Und das Vermögen der Frau war »durch die Eheschließung der Verwaltung und der Nutznießung des Mannes unterworfen«. Die Frau musste den Familiennamen des Mannes annehmen, Kinder erhielten den Namen des Vaters.

Die Kinder unterstanden der »elterlichen Gewalt«, die eigentlich »väterliche Gewalt« hätte heißen müssen, denn allein »der Vater hat kraft der elterlichen Gewalt für die Person und das Vermögen des Kindes zu sorgen« – und nach Paragraf 1631 BGB stand ihm sogar das Prügelrecht exklusiv zu: »Der Vater kann kraft Erziehungsrechts angemessene Zuchtmittel gegen das Kind anwenden.«

Stillleben ohne Großmutter

Der Mann hatte das Entscheidungsrecht, die Frau die Folgepflicht. Die Kompetenz der Ehefrau beschränkte sich auf ihre persönlichen Angelegenheiten. So war das, noch viele Jahre nach dem Inkrafttreten des Grundgesetzes. So war das in einer Zeit, in der eigentlich längst dessen Artikel 3 Absatz 2 galt: »Männer und Frauen sind gleichberechtigt.« Aber die Männer hatten erst einmal ihr Sakko über diesen Artikel geworfen und der Gesetzgeber hatte das Bürgerliche Gesetzbuch samt Ehe- und Familienrecht zunächst so gelassen, wie es war.

Recht ist manchmal wie eine Fotografie, es ist fotografierter, es ist paragrafisierter Zeitgeist: Das Ehe- und Familienbild des »Palandt« von 1953 war so wie ein Bild aus dem Fotoalbum meines Vaters aus den dreißiger Jahren des letzten Jahrhunderts: Darauf zu sehen Großvater Adam, Landwirt und Straßenoberaufseher, am Ende

eines gewaltig großen gedeckten Tisches. Er war Vater von
15 Kindern aus seiner zweiten und von vier Kindern aus
der ersten Ehe; nach dem Tod seiner ersten Frau hatte
er meine Großmutter Maria geheiratet. Die Teller stehen
schon auf dem Tisch, gleich wird die Suppe aufgetragen
werden. Und neben dem Teller des Großvaters liegt, als
handele es sich um Besteck, eine lange Gerte. Damit schlug
er, so erzählte es der Vater, den Kindern, die sich nicht an-
ständig verhielten, auf die Finger. Die Großmutter sieht
man auf dem Bild nicht; die stand am Herd. Die Botschaft
dieses fotografischen Stilllebens ist die des »Palandt« von
1953; es ist eine patriarchale Welt.

Oma Maria recherchiert

Aber meine Großmutter stand nicht nur am Herd, sie betrieb zusammen mit Großvater Adam, von Beruf Straßenoberaufseher, eine Landwirtschaft. Und sie las gerne in der
Bibel und schrieb viele Briefe. Letzteres faszinierte mich
besonders. Tagaus tagein saß sie am Küchentisch, tauchte
die Stahlfeder ins Tintenfass, füllte Bogen um Bogen und
kratzte Fehler mit einem scharfen Messer weg. Ich hockte
daneben und durfte nach jeder Seite das Löschpapier auf-
legen.

Gelegentlich kam geheimnisvolle Post aus Amerika:
Großmutter hatte die Familien und Nachfahren aller in die
USA ausgewanderten Verwandten und Bekannten rebellisch gemacht, Auswanderer mit oberpfälzischen Wurzeln,
um das Grab ihres Sohnes, meines Onkels Oskar, ausfindig
zu machen – der im Weltkrieg Matrose war und seit einer
Feindfahrt im Atlantik als vermisst galt.

Die Stunden mit der Großmutter am Küchentisch
waren für mich die ersten Schulstunden, die ersten journalistischen Lehrstunden. Sie suchte also das Grab ihres
Sohnes, der als Oberbootsmannsmaat der Kriegsmarine

der Stolz des Dorfes gewesen war. Sein Unterseeboot U 85 war im Jahr 1942 vor der US-Küste torpediert worden, er galt als vermisst, auf dem Friedhof stand ein Felsengrab für ihn; sein Leichnam war, daran glaubte die Großmutter fest, aus dem Wasser gezogen worden.

So schrieb sie »nach Amerika«, immer und immer wieder. Und es kamen Briefe zurück in schon etwas ungelenkem Deutsch, von Leuten mit oberpfälzischen Wurzeln, die für die Großmutter auf den Soldatenfriedhöfen gesucht hatten. Das war Großmutters Form der Recherche. Ich erlebte also an ihrer Seite das, was auch den Journalismus ausmacht.

Und eines Tages kam ein dickes Kuvert mit Fotos und einem Brief bei ihr an; der Absender hieß Dietl; Großmutter sagte lang nichts, weinte und streichelte nur die Kanten der Bilder. Darauf sah ich einen mir fremden Mann, der Blumen niederlegte vor einem Grabstein, auf dem »Oskar Prantl« stand, der Name ihres Sohnes, der im Krieg umgekommen war. Der Fotograf hatte eigens Urlaub genommen, war 800 Meilen weit gereist, hatte das Grab gefunden und einen Blumenstock hingestellt.

Den Brief hat erst sie immer wieder vorgelesen; und schließlich habe ich ihn gelesen – ich konnte noch gar nicht lesen, aber die Sätze hatten sich mir eingeprägt. Das war mein Initiationserlebnis, das war der Anfang meiner journalistischen Interessen; mit fünfzehn Jahren fing ich dann an, Artikel für die drei Lokalzeitungen zu schreiben.

Pro domo

Dass der Artikel 3 Absatz 2 »Männer und Frauen sind gleichberechtigt« nicht lediglich ein Programmsatz und ein schönes Sprüchlein ist, sondern unmittelbar geltende, alle Staatsgewalten bindende Verfassungsnorm, an der sich die Gesetze messen lassen müssen, hat das Bundesverfassungsgericht in Karlsruhe alsbald nach seiner Konstituierung mit Urteil vom 18. Dezember 1953 klargestellt.

Auch wenn sich mit der Rückkehr der Männer aus Krieg und Gefangenschaft und dem beginnenden wirtschaftlichen Aufschwung erst einmal wieder die Meinung breitgemacht hatte, die Frau gehöre ins Haus zu den Kindern und zurück an den Herd, auch wenn es nochmals heftige politische Auseinandersetzungen über die Frage gegeben hatte, ob das tradierte Ehe- und Familienbild in seiner rechtlichen Fassung nicht doch der gottgegebenen, der natürlichen Bestimmung von Mann und Frau entspreche, läutete die Karlsruher Entscheidung vom Dezember 1953 das Ende ein für die auf Hausherrendominanz abstellende Ehe- und Familienrechtskonstruktion.

1958 erzwang das höchste Gericht das Gleichberechtigungsgesetz. In den fünf folgenden Jahrzehnten erlebten dann Ehe und Familie mehr Änderung als zuvor in fünfhundert Jahren. Die Ehe und die Familie von heute sind eine ganz andere Ehe und Familie als die der dreißiger und auch noch der fünfziger Jahre des letzten Jahrhunderts. Diese Veränderung geht einher mit Gleichberechtigung und Emanzipation.

Verschiedener Zungenschlag, gleiches Ziel

Der Feminismus ist kraftvoll geworden. Frauen wie Hannelore Mabry, Jutta Limbach, Lore Peschel-Gutzeit, Rita Süßmuth und Alice Schwarzer haben dazu beigetragen. Mit Verve wird heute für eine gegenderte Grammatik, für ein gegendertes Deutsch geworben, über das sich einst die Radikalfeministin Mabry lustig gemacht hat. Gleichberechtigung lässt sich nicht unbedingt an der Zahl der Binnen-I, der Gender-Sternchen und Gender-Doppelpunkte abzählen. Wenn die Doppelpunkte und die Sternchen den Weg zu echter Gleichberechtigung pflastern, sollen sie mir recht sein. Aber es kann auch passieren, dass derlei Punktieren nicht das Bewusstsein erweitert, sondern Aggressivität befördert.

Warnungen vor angeblichen Übertreibungen bei Gleichberechtigung und Emanzipation gab es schon immer, sie hatten und haben verschiedenen Zungenschlag, aber das gleiche Ziel. Einmal wurde die Bibel beschworen, wonach die Frau dem Mann untertan sein solle. Ein andermal musste die Natur herhalten, wobei man die natürliche Bestimmung der Frau aus ihrer Gebärfähigkeit herleitete.

Wenn so den Frauen der Weg in den Beruf erschwert und der Aufstieg versperrt wurde, dann geschah das angeblich zu ihrem Schutz. Der erste bundesdeutsche Familienminister Franz-Josef Wuermeling warnte 1953 vor einer »totalen Gleichberechtigung«, die bei Zwangsarbeit für Frauen in Bergwerken enden könnte; davor müsse man Frauen schützen. Die einschlägige Rede ist alt, das einschlägige Denken nicht. Gegen Frauenquoten wird heute angeführt: Das sei Planwirtschaft, Eingriff in die unternehmerische Freiheit, Verstoß gegen das Leistungsprinzip, das sei Diskriminierung von Männern.

In dem nach der Deutschen Einheit überarbeiteten Grundgesetz heißt es freilich seitdem: »Der Staat wirkt auf die Beseitigung bestehender Nachteile hin.« Die Quote ist jedenfalls ein vorübergehendes Vehikel zur Realisierung des Gleichberechtigungsgebots. Und: Sie ist immer eine paradoxe Intervention, weil sie als Mittel zum Zweck letztlich dazu beitragen soll, diesen Zweck zu verändern. Der letzte Zweck der gleichrangigen Teilhabe von Frauen auf dem Arbeitsmarkt darf nicht darin bestehen, dass Frauen im *Rat-Race* einer immer brutaleren Konkurrenz genauso schnell laufen wie die Männer. Gleichberechtigung darf nicht die Gleichheit im Hamsterrad sein, das von der wirtschaftlichen Effizienz angetrieben wird.

Geschlechtergerecht oder menschengerecht

Die Emanzipation der Frauen ist die eine historische Errungenschaft der vergangenen hundert Jahre, die wichtigste; und die Erwerbstätigkeit der Frauen war und ist ein emanzipatorischer Segen. Aber es ist nicht unbedingt ein gesellschaftlicher Segen, dass die bisherige maskuline Art, in Vollzeit und unter Ausschluss von Familienarbeit zu arbeiten, einfach dupliziert und auf Frauen abgepaust worden ist.

Der Markt hat sich die Emanzipation auf diese Weise zunutze gemacht. Viele Familien brauchen inzwischen den Doppelverdienst, um wirtschaftlich über die Runden zu kommen. Die familiäre Sorgearbeit muss ja, wenn beide Ehepartner arbeiten, mit Hilfskräften erledigt und bezahlt werden; oder aber die Frau zieht mit Teilzeitarbeit wieder den Kürzeren, denn irgendwer muss die Familienarbeit ja machen.

Die Spielregeln des Marktes mit ihren alten Vorzeichen für die Erwerbsarbeit wurden also einfach fortgeschrieben und auf Frauen ausgedehnt. Diese Spielregeln sind damit angeblich »geschlechtergerecht« geworden. Wirklich? Richtig und gut für alle Geschlechter wäre es, sie würden menschengerecht werden. Dann bliebe den arbeitenden männlichen und weiblichen und diversen Menschen wieder Zeit für die soziale Sorge – für die Sorge in der Familie und auch für das Ehrenamt in der Gemeinschaft. Kurz: Unserer Art des Arbeitens und des Wirtschaftens fehlt die soziale und fürsorgliche Dimension.

Die alte Robe

Ich habe zwei ganz verschieden wunderbare Töchter, Nina und Anna. Anna liebt das, was ich auch liebe: das Schreiben, das Dichten, das Phantasieren; ihr erstes Buch, sie hat es als Jugendliche unter Pseudonym geschrieben, heißt »Schneeelfenherz«. Sie schreibt besser, als ich in ihrem Alter geschrieben habe.

Und Nina praktiziert das, was ich vor meinem Journalistenleben auch praktiziert habe: Sie war Staatsanwältin, ist jetzt Richterin. Kurz vor der ersten Strafverhandlung, die sie im Münchner Strafjustizzentrum zu bestreiten hatte, fragte sie, ob ich nicht meine alte Robe noch irgendwo hätte; die von ihr bei der Soldan-Stiftung bestellte Robe war nämlich nicht mehr rechtzeitig eingetroffen.

Wir fanden die alte Robe, säuberlich gefaltet, im hintersten Eck des Schlafzimmerschrankes, und es war der Name »Prantl« eingestickt; das passte für sie, nur der Rest passte nicht so richtig, die Amtstracht war viel zu groß; sie war so groß wie mein Stolz, als Nina damit, wie ein schwarzer Vogel, im Wohnzimmer auf und ab flanierte.

Trotzige Beharrlichkeit

Das war am 1. Mai des Jahres 2015. Und mir ist dann beim Sinnieren eine Frau eingefallen, die, keine hundert Jahre früher, Emanzipationsgeschichte geschrieben hatte. Ihr Name: Maria Otto. Sie war die erste Frau, die in Deutschland als Rechtsanwältin zugelassen wurde. Das war im Jahr 1922. Die junge Frau aus Weiden i. d. OPf., also meiner oberpfälzischen Heimat, aus gutbürgerlichem Fabrikantenhaus stammend, war dreißig Jahre alt damals, etwa so alt wie meine Tochter bei der Roben-Anprobe, aber knapp hundert Jahre früher. Sie hatte in trotziger Beharrlichkeit die massiven Hindernisse beiseite geräumt, die ihr und allen anderen Frauen damals den Weg in die Juristerei verbauten.

Maria Otto hatte Glück; der Wandel der politischen Verhältnisse, die Weimarer Verfassung und die erste deutsche Demokratie kamen ihr zu Hilfe; erstmals waren

Frauen in den Reichstag eingezogen – die mit dem nötigen Nachdruck das »Gesetz über die Zulassung der Frauen zu den Ämtern und Berufen der Rechtspflege« erzwangen. Dieses Gesetz datiert vom Juli 1922. Es setzte sich über die damals gängigen Vorurteile hinweg, wonach Frauen wegen ihrer Konstitution, ihrer geistigen Unzulänglichkeit, ihrer Psyche und wegen ihrer natürlichen Bestimmung unfähig seien, Recht zu sprechen oder Rechtsbeistand zu geben.

Seitdem können Frauen nicht nur Jura studieren und das Studium mit dem ersten Staatsexamen abschließen, sondern anschließend auch den Vorbereitungsdienst, das Rechtsreferendariat absolvieren und mit dem zweiten Staatsexamen beenden. Sie haben damit die »Befähigung zum Richteramt«, die Voraussetzung ist für alle juristischen Berufe. 1927 trat dann Maria Johanna Hagemeyer ihr Amt als erste Richterin in Deutschland an – am Amts- und Landgericht Bonn.

Weit gekommen

Ein Jahrhundert später ist die Gleichberechtigung bei den Richterinnen und Richtern weit gekommen – in Berlin beispielsweise ist die Hälfte der Richterämter mit Frauen besetzt. 1327 Richterinnen und Richter gibt es derzeit (Stand März 2022) in der Hauptstadt, 55 Prozent von ihnen sind Frauen. Dazu kommen 121 Richterinnen auf Probe und sechzig Richter auf Probe. »Auf Probe« heißen Richterinnen und Richter, bevor sie auf Lebenszeit ernannt werden. Die Frauenquote bei den Neueinstellungen in Berlin bewegte sich seit 2017 zwischen 58 und 73 Prozent. Unter den letzten fünfzig Ernennungen auf Lebenszeit waren 37 Frauen und 13 Männer.

Auch auf Bundesebene nähert sich die Frauenquote bei den Richterämtern den fünfzig Prozent. Den Anteil an den Arbeitsvolumina geben die Zahlen aber nicht unbedingt wieder, da erheblich mehr Frauen als Männer in Teilzeit arbeiten. In der Rechtsanwaltschaft, im Markt der freien juristischen Berufe, liegt der Frauenanteil ohnehin bedeutend niedriger.

Die Position der Frauen in der Justiz hat sich verändert, nicht unbedingt aber die Einstellung der Männer zu ihnen. Der Journalisten-Kollege Joachim Wagner, früher Leiter der Redaktion von *Panorama*, spricht in seinem Buch »Ende der Wahrheitssuche« von »Effektivitäts- und Qualitätseinbußen zu Lasten der Rechtsgemeinschaft«, der durch den hohen Frauenanteil bei der Justiz drohe. Zu den Effektivitäts- und Qualitätseinbußen zählt er auch die »Vermeidung von Urteilen durch Vergleiche« und die Ersetzung der traditionellen Rechtsprechung durch Mediation und einvernehmliche Konfliktlösung. Man ahnt, wenn man so etwas liest: Auch nach hundert Jahren Frauen in der Anwaltschaft ist patriarchales Denken noch immer präsent.

Für eine menschliche Justiz

Wie wirkt sich eine Feminisierung der juristischen Berufe denn tatsächlich aus? Richten Richterinnen richtiger? Verändern Frauen die dritte Gewalt, verändern sie die juristische Berufspraxis? Folgen Frauen eher einer Fürsorgemoral, wie die amerikanische Entwicklungspsychologin Carol Gilligan in den Achtzigerjahren meinte, Männer aber eher einer abstrakten Gerechtigkeitsmoral – oder sind solche Zuschreibungen von den traditionellen Geschlechterrollen bestimmt?

Jutta Limbach, damals Präsidentin des Bundesverfassungsgerichts, hat solche Fragen bereits auf dem Richtertag 1995 in Mainz in den Raum gestellt: Kommt ein weibliches Element in Gestalt von Empathie und Nachsicht zum Tragen? Oder ziehen das juristische Studium und die Justiz vorzugsweise solche Frauen an, die den Männern ähnlich autoritär strukturiert sind?

Renate Jaeger, auch sie Richterin am Bundesverfassungsgericht, antwortete skeptisch auf solche Fragestellungen: Eine veränderte Justiz, so meinte sie, würden wir daran erkennen, dass wir aufhörten, uns über den Frauenanteil zu vergewissern und über den Frauenanteil zu spekulieren. Wann wird sich die Justiz verändert haben? Jaeger gab eine weise Antwort: Wenn Rechtsanwälte und Rechtsanwältinnen gemeinsam mit Richtern und Richterinnen für eine menschliche Justiz sorgen!

Befreiung von ungerechten Zwängen

Maria Otto, die erste deutsche Rechtsanwältin, zugelassen zu den Landgerichten München I und München II sowie am Oberlandesgericht München, war fünfzig Jahre lang Spezialistin auf dem Gebiet des Familienrechts. Sie wird als zurückhaltend, aber unerschrocken geschildert, als höflich und bestimmt; als eine, die sich selbst nicht in den Vordergrund spielte, aber mit präziser juristischer Argumentation glänzte; bis zu ihrem Tod im Jahr 1977 betrieb sie ihre Münchner Kanzlei, die ihren Sitz sinnigerweise in der Ottostraße hatte.

Sie war eine sehr beharrliche Kämpferin für Recht und Gerechtigkeit – im »Deutschen Juristinnen-Verein«, dem Vorläufer des »Deutschen Juristinnen-Bundes«, und in der »Münchner Rechtsschutzstelle für Frauen«. Solches Engagement zeichnet viele Frauen aus, die Pionierarbeit auf dem Weg der Gleichberechtigung geleistet haben und sich das Recht dafür als Instrument wählten: die bereits erwähnten Elisabeth Selbert und Erna Scheffler zum Beispiel.

Diese Juristinnen haben Emanzipation umfassend begriffen, als Befreiung von ungerechten Zwängen. Nach Maria Otto benannt ist ein Preis, den der Deutsche Anwaltverein seit 2010 verleiht. Im Jahr 2022 hat ihn Margarete Gräfin von Galen erhalten, Fachanwältin für Strafrecht. Sie streitet gegen die soziale Stigmatisierung von Prostituierten. Es ist gut, wenn es Preise gibt, die den Namen von Frauen tragen. Den Namen von Frauen sollten auch viel mehr Straßen in Deutschland tragen.

Dreimal Otto

Im Zentrum von München, in der Maxvorstadt, gibt es zwar eine Otto-Straße. Sie ist aber nicht nach Maria Otto benannt, sondern nach Prinz Otto von Bayern, der im August 1832 von der griechischen Nationalversammlung zum König von Griechenland ausgerufen wurde. 16 Jahre alt war der Wittelsbacher Prinz damals. Dreißig Jahre später wurde er durch eine Militärrevolte gestürzt und zum Verlassen des Landes gezwungen; er kehrte mit seiner Frau nach Bayern zurück, wo die beiden bis zu ihrem Tod in der ehemaligen fürstbischöflichen Residenz zu Bamberg lebten.

Jeden Abend hielten sie dort ihre sogenannten Griechisch-Stunden; zwischen sechs und acht Uhr sprach man griechisch und der aus fünfzig Personen bestehende Hofstaat war in griechische Trachten gekleidet. In der Otto- und Griechenland-Begeisterung der dreißiger Jahre des 19. Jahrhunderts wurde aus Baiern »Bayern«, der Buchstabe i also durch das y aus dem griechischen Alphabet ersetzt; und das Dunkelblau der griechischen Flagge wurde an das Mittelblau des Wappens der Wittelsbacher angepasst.

Die Ottostraße in München heißt also so nach diesem weiß-blauen Abenteuer in Griechenland. Diese Straßenbenennung ist nun nicht gerade ein Fehler, aber sie gehört ins Schema des Üblichen. Origineller und spannender wäre es, die Straße nicht nach dem Herrscher Otto, sondern nach der Rechtsanwältin Maria Otto zu benennen. Ihre Zulassung als Rechtsanwältin erfolgte sechzig Jahre nach dem bayerischen Griechenland-Abenteuer. Zweimal Otto also – Rechtsanwältin Otto, König Otto.

Fußballkenner wissen, dass es neben dem Wittelsbacher Otto noch einen zweiten König Otto gibt: den Fußballtrainer Otto Rehhagel, der Anfang der 2000er-Jahre in Griechenland sehr viel erfolgreicher wirkte als früher dort der Wittelsbacher König; »Rehhakles« nannte man ihn. Er wurde 2004 mit Griechenland Europameister.

Es war dies eine Überraschung so groß wie es heute die Nachricht wäre, dass im neugewählten Bundestag fünfzig Prozent Frauen sitzen. Es gibt Gesetzesinitiativen, die das auf Landesebene erzwingen wollen. Die Landesverfassungsgerichte haben sich quergelegt. Sie wollen keine Quote im Parlament. Aber: Es reicht nicht, wenn Frauen theoretisch alles werden dürfen – auch Abgeordnete in den Parlamenten; sie müssen es praktisch werden können. Eine bloß formale rechtliche Gleichbehandlung führt nicht zur Gleichberechtigung, wenn diese formale Gleichbehandlung auf ungleiche Lebenssituationen von Männern und Frauen trifft. Also müssen Frauenfördergesetze einschließlich Quoten aufgelegt werden.

Gehegt, aber nicht gehätschelt

Den letzten Abschnitt in meinen Gedanken zum Weltfrauentag widme ich meiner Mutter, die eine gläubige katholische Frau war. Sie konnte etwas anfangen mit einem Satz, der über Gott beim Propheten Jesaia steht. Er lautet: »Ich will Euch trösten, wie einen seine Mutter tröstet.« Der Satz führt zu Überlegungen, die den männerbündischen Machtstrukturen in der Katholischen Kirche völlig zuwiderlaufen. Dieser Satz stellt uns Gott nicht als König vor, nicht als Vater, nicht als einen Hirten, nicht als Befehlshaber einer Schar von Engeln; sondern als Frau, als Mutter – als Mutter, die tröstet.

Es ist dies eine faszinierende Vorstellung: Die Mutter hat uns geboren, sie hat uns erzogen, sie hat uns begleitet, sie hat uns gehen und wiederkommen lassen. Nicht jeder hatte eine tröstende Mutter. Meine Mutter war so eine tröstende Frau. Wer eine solche Mutter hat oder hatte, der weiß, welch wunderbare Vorstellung es ist, sich Gott, so es ihn gibt und man daran glauben kann, als tröstende Mutter vorzustellen.

Die Mutter hat mir das Einmaleins beigebracht, sie hat die Englisch- und Lateinvokabeln abgefragt, sie hat mit mir und meinen Geschwistern gebetet, sie hat geschimpft; sie saß am Bett, wenn wir krank waren, sie hat uns die Tränen abgewischt. Und sie war dann auch wieder für uns da, als wir älter wurden und sie schon alt war; sie war da in den Krisen unseres Lebens. Sie hat mit mir gelacht und gebetet, sie hat meinen Ehrgeiz gekitzelt. Sie hat mir und meinen Geschwistern saures Kartoffelgemüse gekocht und süßen Grießbrei. Sie hat die Nächte durchwacht, wenn wir krank waren. Als der Hausarzt ihr sagte: »Der Bub – heut Nacht wird er oder stirbt er«, hat sie gesagt: »Er wird.« Er ist geworden. Sie hat uns den Rotz von der Nase gewischt, und sie hat später unsere pubertären Rotzigkeiten ausgehalten. Die Mutter hat uns gehegt, aber nicht gehätschelt.

Mutter Gott

Eine schöne Vorstellung: ein Gott, eine Gottheit, die Lateinvokabeln abfragt, die uns umarmt, die Tränen abwischt, die uns an ihr Herz drückt, die Rat und Trost gibt. Eine schöne Vorstellung: ein Gott, eine Gottheit, die es später auch erträgt, wenn man sie als etwas nervig empfindet, weil man selbst ja hinaus in die Welt und ins Leben gegangen ist, die Mutter aber einen an das alte Leben und seine Regeln erinnert und daher Fragen stellt, die einem gerade nicht passen.

In ihren letzten Lebensjahren brauchte sie immer mehr Pflege, zuletzt mehr als wir, ihre Familie, ihr geben konnten; sie war im Pflegeheim, genauer in zwei Pflegeheimen. Im ersten Pflegeheim brach sie sich schon in der ersten Nacht den Arm. Im zweiten Heim wurde sie zögerlich heimisch. Manchmal wählte sie die Nummer, die auf ihrem Telefon stand: 110. Dann riefen mich die freundlichen Polizeibeamten in der Redaktion an und sagten, dass mich die Mutter braucht.

An Sonntagen fuhren wir mit dem Auto durchs bayerische Oberland spazieren; und wenn ich ihr zu schnell fuhr, sagte sie: »Langsam, ich will noch länger leben.« Aber dann wurde sie, wie man so sagt, immer weniger. Alle Kräfte ließen nach. Den Weg ins Auto schafften wir nicht mehr. Es war wie bei der Abschiedssymphonie von Joseph Haydn, bei der die Musiker der Reihe nach ihre Noten zuklappen, das Licht am Pult auslöschen und sich von der Bühne verabschieden. So war es mit den Lebensgeistern der Mutter. Sie war dement.

Für uns wie für Gott bedeutet älter werden, den Tod vor Augen zu haben. Das ist das Besondere an der christlichen Religion; das machte sie in ihren Anfängen zu einer Torheit für die hellenistisch-römische Welt: Das Göttliche begibt sich in die Leidensgemeinschaft mit den Menschen. Eine Mutter Gott hat unendlich viele Menschen ins Leben kommen, Kind sein, alt werden, verlöschen und sterben gesehen. Sie nimmt unser Gesicht in ihre Hände und sagt: »Hab keine Angst. Ich will euch trösten, wie einen seine Mutter tröstet.« Das ist feministische Theologie. Sie ist der anspruchsvollste Feminismus.

April

Dieses Kapitel handelt von meiner Beziehung
zu Religion und Kirche; es handelt von Himmel,
Hölle und der Auferstehung, die die tröstlichste
Wundergeschichte der Bibel ist. Gibt es eine
Auferstehung auch für die Kirche, nach den
Missbrauchsskandalen? In diesem Kapitel
beantworte ich zwei Fragen: Warum es eine
neue Reformation braucht. Und warum ich aus
der Kirche noch nicht ausgetreten bin.

Ein Glück, wenn man daran glauben kann

Ostern

E in politischer Journalist, wie ich seit 1988 einer bin, ist deswegen ein politischer Journalist, weil er über Politik schreibt. Dass er über Weihnachten, Ostern und Pfingsten schreibt, über religiöse Mythen und Wundergeschichten, dass er sie mit aktuellen politischen Fragen verbindet, ist nicht ganz normal. Normal ist, dass er Leitartikel über Präsidenten und Kanzler, über Wahlkämpfe und Wahlergebnisse verfasst, Kommentare über neue Gesetze und Verordnungen, Editorials über den Aufstieg und Abstieg von Politikerinnen und Politikern. Es geht um den politischen Alltag, um Gerichtsverhandlungen und Urteile.

An den großen Festtagen ist das anders. Dann interessieren mich nicht so sehr die aktuellen Koordinaten, dann interessiert mich das Koordinatensystem. Und ich suche dann tagelang nach dem Thema, gehe vor meinen Bücherregalen spazieren, lese hier und lese da, reihe die Gedanken – und haue vor Freude auf den Dachbalken über meinem Schreibtisch, wenn ich das Gefühl habe, dass das gelingt.

Vielleicht ist es vermessen, die großen Fragen des Lebens und des Sterbens, des Glaubens und des Nichtglaubens in Leitartikeln und Kolumnen abzuhandeln. Ich habe die Erfahrung gemacht, dass viele Leserinnen und Leser diese Versuche schätzen, das Echo ist groß und oft anrührend persönlich. Ich freue mich, wenn meine religiös-politischen Texte Anregung für Predigten sind, wenn sie den Leserinnen und Lesern Inspiration geben, darüber nachzudenken, ob die alten Geschichten aus der Bibel nur alte Geschichten sind oder mehr – und was sie einem heute noch zu sagen haben.

Hoffnungsgeschichten

Die Weltreligionen stellen den Menschen große Geschichten bereit, in die sie ihre kleinen Lebensgeschichten einschreiben können. Es sind dies allgemein anerkannte Grunderzählungen, in denen sie ihre eigenen Lebenserzählungen miterzählt wissen. Diese großen Geschichten – in der Bibel heißen sie Gleichnisse – handeln vom Alltag kleiner Leute, die dem Leben der Bedeutungslosen Bedeutung geben und dabei Krankheit, Verlorenheit, Angst, Verzweiflung und Tod nicht auslassen.

Die Weihnachtsgeschichte ist ein Beispiel. Sie ist Ouvertüre zu vielen anderen Geschichten, in denen gespeist, gerettet, geheilt und von den Toten auferweckt wird. Es sind Wundergeschichten, Hoffnungsgeschichten, Geschichten, die aus der Todeszone herausführen. Die wundersamste und tröstliche biblische Geschichte ist die von der Auferstehung des gekreuzigten und begrabenen Jesus.

Sie wird zur Generalgeschichte von der Wiederauferstehung nach einer Katastrophe; sie soll besagen, dass diejenigen, die töten und morden, nicht triumphieren, und dass ihre Opfer ins Recht gesetzt werden. »Hinabgestiegen in das Reich des Todes« heißt es im Glaubensbekenntnis. »Und am dritten Tag auferstanden von den Toten.«

Wo das Reich des Todes ist, wusste und weiß man in den Monaten des Ukraine-Kriegs sehr gut. Wie sieht hier der Ausgang aus der Todeszone aus? Wie sieht da ein Heilungswunder aus? Solche Fragen beharrlich zu stellen heißt schon, an die Auferstehung des Lebens zu glauben. Und es ist gut, sich bei der Beantwortung dieser Fragen die Sprachkraft des Reformators Martin Luther zum Vorbild zu nehmen.

Der Mensch Martin

Der Theologe Martin Luther war der wirkkräftigste und wirkmächtigste Journalist, den es in Deutschland je gab. Er war ein Medien- und ein Sprachereignis. Er war ein Publizist von einer Wirkkraft, die alle anderen klugen Wirkkräftigen blass dastehen lässt, Karl Marx ausgenommen. Seine modernen Verehrer sagen, Luther wäre heute ein begnadeter Twitterer und Blogger. Mag sein. Aber man braucht solche Krücken nicht, um die Genialität dieses Mannes zu begreifen. Luther hat das Neue Testament in eine Sprache übersetzt, die es vorher nicht gab; er hat diese Sprache geschaffen. Oder, um es mit Johann Gottfried Herder zu sagen: Er hat »die deutsche Sprache, einen schlafenden Riesen, aufgeweckt und losgebunden«. Im Anfang war das Wort.

Zum fünfhundertjährigen Reformationsjubiläum im Jahr 2017 gab es eine Fülle von Versuchen, auch dem Menschen Martin Luther etwas näherzukommen, in Artikeln, in Bühnenstücken, in Ausstellungen. Dieser Mensch Martin Luther war ein Mensch voller Widersprüche. Ein Angsthase. Ein Todesmutiger. Ein Rechthaber. Ein Depressiver. Ein Zweifler. Ein Besserwisser. Ein Überzeugungstäter. Ein Hartnäckiger. Ein Charismatiker. Ein Choleriker. Ein Lustmensch. Ein Selbstquäler. Ein Judenhasser. Ein Aufrührer. Ein Fürstenknecht.

Der Mensch Martin hatte viele Gesichter. Aber weil er das Glück oder Pech hatte, zu einer Art protestantischem Heiligen zu werden – wie genüsslich würde er darüber spotten – machte und macht man sich ihn so zurecht, wie es am besten zu den eigenen Interessen passt. Den Nationalisten wurde er ein Nationaler, den Anti-Ökumenikern ein Katholikenfresser, den Liberalen ein Freiheitskämpfer, den Verspielten eine Playmobilfigur. Und für die, denen das alles auf den Keks geht, gab es Lutherkekse zu kaufen.

Der Mensch Martin Luther ist uns nicht mehr nah. Er ist uns über fünfhundert Jahre fern, ein Mensch des Mittelalters. Was Martin Luther glaubte, war geprägt von dem Weltbild, von der Teufelsangst, von den Kämpfen seiner Zeit. Die Gläubigen heute müssen das nicht übernehmen. Sie dürfen das nicht übernehmen. Luther war ein Protestant, der gegen eine Kirche protestierte, welche die Seligkeit als Geschäftsmodell handelte. Er wollte keine Reformen, sondern eine Rückbesinnung auf die biblischen Grundlagen des Glaubens. Dieses Anliegen hat er so leidenschaftlich verfolgt wie Jesus, der mit heiligem Zorn im Tempel steht, eine Geißel aus Stricken in der Hand, der die Tische umwirft und das Kerngeschäft der Händler und Geldwechsler aus dem »Haus des Vaters« hinauswirft.

Es werde

Am 31. Oktober 1517 schlug Luther der Überlieferung nach seine 95 Thesen gegen den Ablasshandel an die Tür der Schlosskirche zu Wittenberg. Das war der Beginn einer Reformation, einer Erneuerung, die es immer und immer wieder geben muss. Womit fängt Reformation heute an, über fünfhundert Jahre später? Die gegenwärtigen kirchlichen Reformvorhaben setzen beim Mangel an. Sie setzen an beim Mitglieder- und Kirchensteuermangel. Sie fangen mit der Angst an, mit der Angst vor Bedeutungsverlust.

Sie beginnen mit dem Ziel an, den Mangel zu beheben, den angeblichen Mangel an Geld, den Mangel an Mitgliedern, den Mangel an Religiosität, den Mangel an christlichem Wissen.

Vielleicht ist das der graduelle Unterschied zwischen Reform und Reformation. Die Reformen von heute setzen an beim Mangel und bei der Angst. Eine Reformation aber hat ihren Anfang in der Gewissheit und in der Leidenschaft. Reformation beginnt damit, dass Menschen für etwas brennen, dass der Glaube bei ihnen zündet. »Im Anfang war das Wort.« So steht es beim Evangelisten Johannes. Worte wie Hammerschläge waren auch die Thesen aus Wittenberg, die die Welt veränderten. Wenn das Wort nicht mehr zündet, erlischt die Kirche.

Das Zweite Vatikanische Konzil hat die Katholische Kirche aufgefordert, ihre Hoffnung nicht auf Privilegien zu setzen, die ihr von der staatlichen Autorität angeboten werden. Das gilt immer noch, das gilt auch für die Evangelische Kirche. Im Anfang war das Wort, nicht die Kirchensteuer. Im Anfang war das Wort: Es ist dies die Aufforderung, auf das Wort zu achten und auf das Wort zu setzen, auf die Kraft des Wortes. Im Anfang war das Wort.

Das berühmte Johannes-Evangelium zitiert die ersten Worte der Bibel, die Genesis: »Im Anfang schuf Gott Himmel und Erde; die Erde war wüst und wirr.« Wo Wirrnis ist, schafft Gott also Ordnung – er erschafft den Tag und die Nacht, das Meer und das Land, die Himmelsgestirne, Fauna, Flora und schließlich den Menschen. Geschaffen wird eine bewohnbare Welt. Und jeweils beginnt der Schöpfungsgott sein neues Werk mit dem Wort: »Es werde!«

Es werde. Das ist Reformation. Es werde immer wieder. Die Botschaft dabei ist: Der Mensch braucht Ordnung im Chaos; er braucht eine Lebensgrundlage; er braucht Heimat; die Welt soll ihm solche Heimat sein. Das ist die Reformation – die nicht die Form der Kirche, sondern die Form der Welt erneuert. Es geht um die Bedingungen, die Leben überhaupt möglich machen – nicht nur am Nullpunkt der Zeit, sondern immer und immer wieder: Anfang ist immer wieder. Schöpfung ist ja nicht nur etwas, was einmal war; sie muss tagtäglich neu geschehen, um das Leben in einer Welt von Krieg, Not, Gewalt und Ungerechtigkeit möglich zu machen.

Die Sturheiten ablegen

Die Katholische Kirche steckt, der Missbrauchsskandale wegen, in der tiefsten Vertrauenskrise seit Luthers Reformation; und der Evangelischen Kirche geht es auch nicht sehr berauschend. Wenn in dieser Krise eine Chance steckt, dann die, die Spaltung zu überwinden: Jede Konfession soll zwar ihre verschiedenen Traditionen und Glaubensprägungen bewahren, aber man muss in Respekt, Freundschaft und Gemeinschaft miteinander sein.

Es ist ja nicht simpel so, dass vor fünfhundert Jahren einfach ein Mönch aus Wittenberg die Kirche, die eine, heilige, gespalten hätte. Sie wurde gespalten auch von der Hybris des römischen Katholizismus, von ihrem dogmatischen Stolz und von ihrem feierlichen Anspruch, die einzig wahre Kirche zu sein.

Daraus wiederum leiten viele evangelische Christen ihr eigenes Profil und ihr Selbstverständnis ab, ihr Eigentliches: in der Anti-Papst-Haltung. Reformation ist heute, die katholischen und die evangelischen Sturheiten abzulegen – und gemeinsam die wundersamste und tröstlichste der biblischen Geschichten zu verbreiten und danach zu handeln und zu leben: Es ist dies die Geschichte von der Auferstehung des gekreuzigten und begrabenen Jesus. Sie wird zur Generalgeschichte von der Wiederauferstehung nach einer Katastrophe.

Die Zorn verdienet hat

Die Missbrauchsskandale sind der schier nicht mehr endende Karfreitag der Katholischen Kirche. Sie sind die Dornen in der Dornenkrone des Gekreuzigten. Das Lied »O Haupt voll Blut und Wunden«, es ist das berühmteste Passionslied, beschreibt nicht nur das Leid, das sich in diesem Gesicht widerspiegelt; es stellt auch fassungslos die Frage, wer dieses Leid angerichtet hat.

Diese Frage wird in der vierten Strophe beantwortet. Sie lässt keine Ausreden zu, sie spricht nicht nur von der Vergangenheit, sondern von der Gegenwart. Nicht die Umstände, nicht die Zeitläufte – der Fragende, der Betrachter des Gekreuzigten, der Betende muss sich schuldig bekennen: »Schaut her, hier steh ich Armer, der Zorn verdienet hat.«

Es ist dies eine Zeile, die so manche Gottesdienstbesucher beim Anstimmen des Liedes schier verstummen lassen muss. Ist es denn nicht die Kirche selbst, »die Zorn verdienet« hat? Weil sie den tausendfachen sexuellen Missbrauch Minderjähriger durch Priester so lange verheimlicht und verharmlost hat; weil sie geglaubt hat, sie müsse sich nur ducken, bis der Sturm vorübergeht. Die Katholische Kirche braucht Umkehr zu sich selbst. Die sexuelle Ausbeutung von Wehrlosen ist das Risiko einer zwangszölibatären, autoritären Kirche, die in zweitausend Jahren zwar die Frauen aus allen Machtpositionen vertrieben hat, aber den Menschen nicht die Sexualität austreiben konnte.

Kirche ist Kommunikation

Die Journalistenvereinigung Netzwerk Recherche hat im Jahr 2010 ihren Negativpreis »Verschlossene Auster« für den Informationsblockierer des Jahres an die Katholische Kirche verliehen – es war wenige Monate nach der Aufdeckung des Missbrauchsskandals. Im Januar 2010 hatte der mutige Pater Klaus Mertes als Rektor des Berliner Canisiuskollegs der Jesuiten in einem Brief an 600 ehemalige Schüler die jahrelangen sexuellen Übergriffe durch Lehrkräfte an seiner Schule öffentlich bekannt. Opfer im ganz Land haben von da an den Mut zum Reden gefunden.

Die Erschütterung, die Mertes zu seinem Schritt getrieben hat, hat damals die Mauern der reformpädagogisch orientierten Odenwald-Schule genauso zum Einsturz gebracht wie die des konservativen Klosters Ettal. Die Erschütterung hält an, mit immer neuen Erkenntnissen über Missbrauch und Vertuschung. Ausgerechnet die Kirche als Fachinstitution für das Benennen und Eingestehen von Verfehlungen, als Fachinstitution für Schuldbekenntnis, Buße, Reue und Vergebung musste und muss von Opfern und Medien gezwungen werden, Stellung zu beziehen.

Ich habe damals die Laudatio gehalten und daran erinnert, dass Ritus und Liturgie der Kirche aufbauen auf den Glauben daran, dass Worte eine Kraft haben, die sogar Materie verwandeln kann. Das Wort hat die Kraft zur Wandlung. »Im Anfang war das Wort« – so beginnt denn auch das Johannesevangelium. Das bedeutet unter anderem: Der Evangelist Johannes war der erste Kommunikationswissenschaftler. Und das bedeutet vor allem: Kirche ist Kommunikation. Ohne Kommunikation gibt es keine Mission, keine Klarheit, keine Wahrheit. Unterdrückung von Kommunikation ist daher nicht Mission, sondern Demission.

Bei der Aufarbeitung des Missbrauchsskandals hat die katholische Amtskirche demissioniert; sie hat so unendlich lange geschwiegen. Hat sie nicht eine Garantenstellung dafür, dass ihre Amtsträger die heiligen Räume, die Würde des Amtes und das damit verbundene Vertrauen nicht missbrauchen? Sie muss Vorsorge treffen, dass das nicht geschieht; und sie muss Nachsorge treffen, wenn es geschehen ist. Sie hat das so lange nicht getan. Der Synodale Weg war und ist der Versuch, das Versäumte nachzuholen.

Ein Fiasko

Ich war acht Jahre lang Messdiener, ich war es gerne. Seitdem weiß ich, dass auch dort, wo viel Gold ist, nicht alles gold ist – und das ist eine wertvolle Erfahrung: vorne Gold, gemalter Marmor und Heiligenbilder, hinten die Putzeimer und die Kerzenleuchter, die in der nächsten Ministrantenstunde geputzt und poliert werden. Man muss die Rückseiten der Glanzseiten kennen, nicht nur in den Kirchen, auch in der Politik, auch in der Wissenschaft. Das schützt vor blinder Verehrung und vor kritikloser Verzückung. Auch die Leinwand, auf die Wunder gemalt sind, ist auf der Rückseite staubig. Ich kenne die Sakristeien, die priesterlichen Garderoben, die Abstellräume und Abseiten der Kirche. Mit ihren Abgründen, mit Missbrauch und sexueller Gewalt also, bin ich als Kind und als Jugendlicher nicht in Berührung gekommen. Ich hatte heiliges Glück. Für mich war die Katholische Kirche ein Raum der Geborgenheit, eine heimatliche Sphäre.

Ich weiß noch, wie ich die Geschichten aus dem Alten und Neuen Testament in mich aufgesogen habe, die Geschichten von David und Goliath, von Hiob, von Jona, vom abgeschlagenen Kopf Johannes des Täufers, die Warnungen der Propheten, die Bilder aus der Geheimen Offenbarung. Worte und Orte wie Babylon, Thessaloniki, Ephesus und Korinth, Damaskus und Ägypten waren fremd und vertraut zugleich. Es war die erste Welt-Literatur, mit der ich in meinem Kinderalltag in Kontakt kam in einer recht schlichten dörflichen Welt. Es gab hier die Märchen der Gebrüder Grimm, die Geschichten aus der Bibel und die deutschen Heldensagen.

Ich habe den Weihrauch gemocht und die Rituale des Heiligen, ich mag das immer noch. Es sind die Emanationen der Transzendenz. Aber viel zu lange und zu oft hat sich die Amtskirche selbst beweihräuchert und sich in den Weihrauchnebeln versteckt. Die Katholische Kirche ist kein monolithischer Block. Es gibt eine wunderbare Kirche, die dem Wort Seelsorge Ehre macht. Und es gibt eine Kirche, deren Selbstmitleid größer ist als das Mitleid mit den Opfern; es ist dies eine Kirche, die glaubt, sie habe lediglich ein Problem mit angeblich missliebigen Medien.

Dieser überheblichen Kirche habe ich damals den Negativ-Preis, die »Verschlossene Auster« gewidmet. Ich widmete ihn, pars pro toto, dem damaligen Bischof meiner Heimatdiözese Regensburg, dem späteren Kardinal und Chef der vatikanischen Glaubenskongregation Gerhard Ludwig Müller. Über ihn habe ich damals, in der Laudatio, den bitteren Schlusssatz gesagt: »Im Bistum Regensburg liegt Wackersdorf, der Ort, an dem einst eine Wiederaufbereitungsanlage gebaut und mit aller Macht und Staatsgewalt gegen den Willen der Bevölkerung durchgesetzt werden sollte. Was Wackersdorf für die CSU war, ist Bischof Müller für die Katholische Kirche: ein Fiasko.«

Ecclesia semper reformanda

Ein konstruktives Misstrauensvotum wie in der Politik, mit dem die Gläubigen die schuldig gewordene Hierarchie abwählen und durch eine neue ersetzen könnten, gibt es in der Kirche nicht. Gewiss: Es gibt den Austritt. Ist er konstruktiv? In einer der Sonntagabend-Talkshows bin ich einmal gefragt worden, warum ich eigentlich noch nicht aus der Kirche ausgetreten bin, zumal meine Kritik an ihr doch sehr scharf und sehr grundsätzlich sei. Ich habe geantwortet: »Weil ich aus meinem Leben nicht austreten kann.«

Kirche ist für mich nicht einfach nur eine hierarchisch organisierte Institution. Sie ist das, was es ohne sie nicht gäbe. Es gäbe nicht die Räume der großen Stille und des großen Innehaltens, die ich liebe und in denen ich mich auch in fremden Städten zu Hause fühle. Es gäbe nicht den Raum, in dem Wörter wie Barmherzigkeit, Seligkeit und Gnade ihren Platz haben. Kirche ist fürwahr nicht der Himmel und die wenigsten ihrer Funktionäre sind Heilige. Kirche kann aber ein Ort sein, an dem der Himmel offengehalten wird.

Und: Es gibt den Glauben, es gibt den Glauben an den Ostersonntag. Das Ostern der Kirche, die Auferstehung des Vertrauens, kommt freilich nicht von selbst. Es ist Zeit für eine neue Reformation. Vermutlich aus der Zeit der lutherschen Reformation stammt der Spruch: »*Ecclesia semper reformanda est.* / Die Kirche ist ständig zu reformieren.« Der Satz ist richtig und wichtig, er ist heute ungeheuer wichtig: Der sogenannte Missbrauchsskandal ist ein Jahrtausendskandal. Es braucht daher eine Jahrtausendreform.

Zu den Reformen gehört eine Verbrüderlichung und Verschwesterlichung, also Gleichberechtigung und Enthierarchisierung, zu den Reformen gehört die Ordination von Frauen – zu den Reformen gehört eine neue Sexualmoral. Kyrill I., der Patriarch der russisch-orthodoxen Kirche, hat Putins Angriffskrieg als einen »Krieg gegen die Sünde« bezeichnet. In einer Predigt in der Moskauer Christ-Erlöser-Kathedrale legitimierte er den russischen Angriff so: Dieser diene unter anderem dem Schutz seiner Kirchenmitglieder vor Menschen, deren sexuelle Orientierung nicht den Werten seines Glaubens entspreche, sagte der Patriarch. Er versteht den Krieg in der Ukraine als Krieg des Lichts gegen die sündigen Werte, die den wahren Orthodoxen von den »Weltmächten« aufgezwungen würden.

Diese Sündenschwurbelei, diese Homophobie, diese Aggressivität gegen schwule und lesbische Menschen perpetuiert und verteidigt eine verquere, menschenfeindliche Sexualmoral, wie es auch der Katholischen Kirche so lange eigen war.

Sünden, die keine sind

Zumal in den Wochen vor Ostern, in der Fastenzeit, ist in den Gottesdiensten viel von Umkehr die Rede. Umkehr – das ist die Abwendung von der Sünde, Umkehr, das ist der Weg weg von der Sünde. Um den richtigen Weg zu gehen, muss man also wissen, was Sünde ist. Wenn man Sünde falsch beschreibt, wenn man als Sünde definiert und wenn man als Sünde predigt, was keine Sünde ist, dann besteht die Umkehr darin, die angebliche Sünde zu entsündigen.

Was ist Sünde? Die Kirche hat jahrhundertelang Sünden gepredigt, die keine sind. Das sündige Dogma hieß und heißt immer noch: Sex ist allein in der Ehe von Mann und Frau erlaubt. Und die Ehe, so sagt das Dogma, steht unter der doppelten Forderung der Treue und der Fortpflanzung. Das sei Gottes Schöpfungsordnung. Alles andere: Sünde.

Für eine solche Theologie ist das konkrete Leben ganz offensichtlich keine erkenntnisleitende Kategorie. Man nennt das Dogmatismus. Wenn man dieser dogmatischen Theorie, wenn man dieser Sicht folgt, wird der Irrsinn logisch. Dann wird aus dem, was der menschliche Normalfall ist, dass man also vor der Ehe miteinander schläft, dass viele Menschen homosexuell geboren werden, dass Ehen scheitern, eine kaum beherrschbare »komplexe Situation«.

Unter dieser Überschrift sind die Lebenslagen der Liebe im päpstlichen Schreiben »Amoris laetitia« (2016)

zusammengefasst. Wer das für katholisch, also für all-
gemeingültig hält, wer sein Hirn und Herz in dieses Ge-
dankengebäude einmauert und es auch noch für das ein-
zige Haus hält, in dem Gott und Geist wohnen, muss mit
»Nein« antworten, wenn Menschen, wenn homosexuelle
Paare, wenn Menschen, die angeblich gottlos lieben, um
Segen bitten. Der Synodale Weg in Deutschland hat dieses
»Nein« im März 2023 zerrissen; der Vatikan bleibt dabei.

Einander erkennen

Die Bibel erlaubt es, lustvoll, großzügig und frei über Sexualität zu sprechen. Die biblische Sprache hat ein wun-
dervolles Wort dafür, wenn zwei Menschen miteinander
schlafen. Es heißt: Sie erkennen einander. Sie gewähren
einander Zugang zu dem, was das Persönlichste und Ver-
letzlichste ist: zum eigenen Körper. Dieses Erkennen gehört so selbstverständlich zum Leben wie das Atmen, das
Essen und Trinken. Die Kirchen haben dieses Erkennen
jahrhundertelang verkannt und verketzert, haben Verbote
und Tabus in die Köpfe gepflanzt. Sexualität hatte eine besondere Nähe zu Schmutz und Sünde.

Keine sexuelle Orientierung ist an sich verwerflich.
Verwerflich ist aber jeder unfreiwillige, bemächtigende,
gewalttätige Sex, nicht die Partnerschaft von zwei Männern oder Frauen. Verwerflich sind in der Bibel Ausbeutung, Machtmissbrauch, Erniedrigung und Heuchelei. Die
vatikanische Glaubenskongregation hat ja grundsätzlich
nicht Unrecht mit der Auffassung, dass keine Lebenspra-
xis gesegnet werden darf, die gegen Gottes Pläne ist. Die
Kirche ist keine Anstalt zur Absegnung von Unrecht und
Gewalt; es ist also gut, dass die Segnung von Waffen Geschichte ist.

Die Glaubenswächter sollten aber nicht so töricht sein,
diese Einsicht auf gleichgeschlechtliche Liebe anzuwen-

den. Der Papst tut gut daran, wirtschaftlichen Praktiken, die ausbeuten, erniedrigen und töten, den Segen zu verweigern. Es wird aber Zeit, dass er auch den Praktiken der männerbündischen Verteidiger fundamentalistischer Sexuallehren im eigenen Haus den Segen entzieht, weil sie die Homophobie und weil sie die Unterdrückung von Frauen befördern.

Ohne Zutun männlicher Potenz

Die Kirchenlehrer haben die wunderbare Geschichte von der Jungfrauengeburt fast zwei Jahrtausende lang missbraucht, um die Sexualität zu verdammen, um Jungfräulichkeit und sexuelle Enthaltsamkeit als das große Ideal zu preisen. Aus der Jungfrauengeburt wurde eine Sexuallehre, ein sexuelles Dogma gemacht; es wurde so getan, als sei die Lehre von der Jungfrauengeburt ein Spezialgebiet der Sexualkunde.

Jungfrauengeburt meint aber etwas ganz anderes, nichts Biologisches, sondern etwas Geistliches. Die Wahrheit über diese Jungfräulichkeit findet man nicht bei einer gynäkologischen Untersuchung. Die Evangelisten, die von der Jungfrauengeburt schreiben, sind Theologen, keine Sexologen. Sie sprechen nicht von der menschlichen Fortpflanzung, sondern vom Fortschritt des Menschlichen. Die Jungfrauengeburt ist Chiffre für eine emanzipatorische Idee, sie ist ein Freiheitsbegriff. Die Sprache der Bibel und des Credos ist hier eine mythische, keine historische oder naturwissenschaftliche.

Jungfrauengeburt soll besagen, dass etwas ganz Neues zur Welt kommt, das nicht männlicher Macht entspringt. Die Weihnachtsgeschichte beginnt also mit dem Abschied vom Patriarchat. Das Neue kommt ohne Zutun männlicher Potenz zur Welt – durch die Kraft des Geistes. »Geist« ist in der hebräischen Bibel feminin, eine Die, eine schöpferische, weibliche, pfingstliche Kraft: sie reformiert, sie revolutioniert, sie macht neu. Daher heißt es im Magnificat, im Lobgesang Marias: »Gott stürzt die Mächtigen vom Thron.«

Das ist der Kern der Weihnachtsgeschichte, das ist der Abschied von den klassischen Machtstrukturen; das ist der Aufbruch und der Ausbruch aus den überlieferten Verhaltensweisen, das ist der Neuanfang, das ist die Reformation. Es gab die reformatorischen Neuanfänge, die antipatriarchalen Aufbrüche immer wieder: Franz von Assisi, der sich von seinem reichen Vater lossagte; oder Luther, der zuerst, als er Mönch wurde, seinem Vater den Gehorsam aufkündigte und später dem Papst.

Die Neuanfänge erleiden oft das Schicksal, dass die alten Kräfte sie wieder einholen. Dann wird aus der revolutionären Idee von der Jungfrauengeburt ein sexuelles Dogma. Dann werden aus einst friedensbewegten Menschen Minister, die den Abwurf von Bomben befehlen.

Die wahren Sünden

Die Taufe ist in der christlichen Religion das große Symbol für den Neuanfang. Der »Leib der Sünde« wird vernichtet. Mit diesen Worten beschreibt Paulus, was für eine todernste Angelegenheit die Taufe ist. In den alten Taufritualen wurden die Täuflinge, es waren ja zumeist Erwachsene, drei Mal ganz untergetaucht. Das Untertauchen war kein Badespaß. Es war ein Töten. Der alte Mensch wurde getötet und begraben. Es war dies eine Versinnbildlichung, die für die Täuflinge damals eine sehr leibliche Erfahrung war.

Bei Erwachsenen kann man sich vorstellen, dass sie Sünden auf dem Kerbholz haben. Aber welcher sündige Leib wird vernichtet, wenn, wie heute üblich, kleine Kinder getauft werden? Sind ein paar dreckige Windeln und durchgeschriene Nächte Sünde? Leib der Sünde – ist hier wieder die unselige christliche Feindschaft gegen alles Leibliche am Werk, die alles verteufelt, was mit dem Körper, seinen Bedürfnissen und Begierden zu tun hat? Ist das kleine Kind Produkt eines sündigen Begehrens, wie es Augustinus gelehrt hat? Für den Kirchenvater war Sexualität Ausdruck der süchtigen Eigenliebe des Menschen und Hochmut gegen Gott.

Nein! Der Leib ist gut; er soll gut gepflegt und versorgt werden, er soll genug zu essen bekommen und seine Lust erleben, sich auch anstrengen und arbeiten. Am Leib an sich ist nichts Sündiges. Am Lieben erst recht nicht. Wir lieben nicht zu viel, wir lieben zu schlecht. Sünde ist jedenfalls und ganz gewiss das, was die Liebe und was das Leben kaputtmacht. Sünde ist das Unheilregime einer Welt voller Gewalt, die alle zum Mitmachen zwingt, Angst und Verzweiflung stiftet. Sünde ist all das, was Menschen entzweit und verfeindet, all das, was sie vom guten und sinnvollen Leben entfremdet.

Das ist Sünde. Sünde ist keine Moralformel, sie ist auch nicht nur die aktive Tat. Die Tat ist nur ihr Symptom wie der Husten Symptom einer Lungenentzündung ist. Sünde kann auch jener Fatalismus sein, der sich in alles fügt und nichts unternimmt. Wir haben uns angewöhnt, Sünde als einzelne Übeltat zu sehen, haben sie zur Kaloriensünde, zur Temposünde, zur Steuersünde bagatellisiert.

Sünde ist aber viel mehr. Sünde ist auch das Nichtstun, wenn Tun geboten ist. Es gibt die Formeln, die man gern zur Tarnung der eigenen Bequemlichkeit benutzt. Dazu gehört der Satz: »Alleine kann man ja doch nichts bewirken.« Es sind dies Sätze der Gleichgültigkeit oder Resignation, manchmal auch der Feigheit. Es handelt sich um die Todsünde der Trägheit. In uns allen steckt sie: »Was soll man machen? Da kann man gar nichts machen. Nach uns die

Sintflut.« Nächstenliebe, Barmherzigkeit und Menschenrechte bleiben dann auf der Strecke.

Freispruch von der Macht der Sünde

Kein Kind kommt unschuldig zur Welt, denn es gibt in ihr keinen Ort der Unschuld. Jedes Kind wird in diese unheile Welt hineingeboren, da mag das Kinderzimmer mit Spieluhr und Penatenduft noch so viel heile Welt atmen. Jeder wird in eine Geschichte hineingeboren und ist Träger dieser Geschichte. Und diese Geschichte besteht aus vielen Geschichten, aus der Geschichte der Familie, der Geschichte der Konfession oder der des Volkes.

Eine Lebensgeschichte beginnt nicht mit dem Geburtstag. Sie hat längst vorher begonnen. Es gibt Untersuchungen darüber, wie Kriegserfahrungen bis in die junge Generation weiterwirken und die Persönlichkeiten von Kindern und Enkeln prägen, obwohl die den Krieg gar nicht erlebt haben. Die Erfahrung von Todesangst wirkt weiter in anderen Ängsten, die die Nachkommen haben. Verdrängung, Schuldgefühle, sie wirken weiter auch bei den Kindeskindern.

Mittlerweile weiß man, dass traumatische Erfahrungen von Gewalt sogar die Gene verändern können. Wir kommen nicht in einem Zustand der Unschuld zur Welt. Das ist das, was die Theologie Erbsünde nennt. Und das ist der Grund, warum auch Babys schon Vergebung, das heißt den Freispruch von der Macht der Sünde nötig haben – nicht weil sie bereits Böses angestellt haben, sondern weil sie in Unheilszusammenhänge hineingeboren werden, die sie nicht selbst geschaffen haben.

Das Rätsel der Schuld

In manchen Lebensläufen kann man das in sehr tragischer Weise finden. Im Sommer 2016 wurde das Urteil über

Frank S. gesprochen – 14 Jahre Haft. Das ist der Mann, der der Kölner Oberbürgermeisterin Henriette Reker ein Messer in den Hals gerammt hat. In Berichten wurden seine rechtsradikale Einstellung betont, seine Arroganz und Unbelehrbarkeit. Es sei ein Rätsel, wie jemand so sein könne, so böse und zugleich so rechthaberisch.

Seltener war zu lesen, dass er im Alter von vier Jahren verwahrlost in einer Wohnung gefunden wurde, verlassen von den Eltern. Er hat die jüngeren Geschwister mit Reis gefüttert, bis das letzte Korn weg war. Erst dann hat er bei den Nachbarn geklopft. Er kam in eine Pflegefamilie, wo er verdroschen wurde. Mit 18 verließ er die Familie.

Wer will feststellen, wo und was hier Schuld ist, wenn aus einem kleinen vierjährigen Jungen, der heldenhaft seinen kleinen Geschwistern das Leben rettet, ein Mann wird, der andere umbringen will? Die Psychiater müssen es tun. Die Richterin muss es tun. Aber all ihre Urteile können nur Annäherungsurteile über diesen Menschen sein. Sie sind Urteile über die strafrechtliche Einordnung seiner bösen Tat. Aber sie sind kein Urteil darüber, ob Frank S. ein böser Mensch ist.

Das letztinstanzliche Urteil über eine Person ist darum menschlichem Richten entzogen und nach christlichem Glauben Gott vorbehalten. Das ist auch der Grund, warum jemand, der sich Christ nennt, niemals für die Todesstrafe sein kann. Diese tragische Geschichte vom Verbrecher Frank S. erzähle ich nicht um zu behaupten, dass alles von vornherein festgelegt und man nur Produkt seiner Geschichte sei. Ich erzähle sie, um zu zeigen, wie mächtig der »Leib der Sünde« sein kann, in dem ein Mensch möglicherweise steckt.

Dennoch: Sünde ist kein Verhängnis, kein Fatum, kein Schicksal. Man kann der Herrschaft des Unheils Widerstand leisten, nicht allein und isoliert, aber gemeinsam.

Durch die Taufe erhält der Mensch nach christlicher Lehre einen Freispruch; er wird eingegliedert in eine Gemeinschaft, in der, hoffentlich, Nächstenliebe, Vergebung und Barmherzigkeit praktiziert werden. Es ist ein Glück, wenn man daran glauben, es ist ein noch größeres Glück, wenn man das spüren kann.

Mai

Dieses Kapitel handelt von Glanz und Elend des Grundgesetzes. Es gibt Verfassungen, die sind so etwas wie Liebesbriefe an ein Land. Es gibt aber auch Verfassungen, die sind wie Liebeskummerbriefe, geschrieben in einer Mischung aus Mut und Verzweiflung über den Zustand des Landes. So eine Verfassung ist das Grundgesetz. Es ist entstanden, als Deutschland in Trümmern, Schutt und Elend lag, als das Land zerteilt war und die vierzigjährige deutsche Spaltung begann. In unsicherster Zeit wurden die Grundrechte geschaffen. Später, im sichersten Deutschland, das es je gab, wurden sie revidiert: erst das Grundrecht auf Asyl, weil das »Boot« angeblich voll war; dann das Grundrecht auf Unverletzlichkeit der Wohnung.

Die Würde des Menschen ist unantastbar

Grundgesetzverkündung, 23. Mai 1949

Den 16. August 1991 werde ich nicht vergessen: Ich war damals Bayerischer Innenminister und als solcher auch Verfassungsminister. An diesem Tag passierte etwas, was trotz meines frühen Attributs als ›blondes Fallbeil‹ absolut ungewöhnlich war für mich: Ich erklärte ein Gespräch in meinem Amtszimmer einseitig für beendet und bat meinen Gast, doch bitte den Raum zu verlassen. Dieser Gast war Heribert Prantl.«

Edmund Stoiber, ehemaliger CSU-Vorsitzender und Bayerischer Ministerpräsident von 1993 bis 2007, erinnert sich da an ein Ereignis, an das ich mich anders erinnere. Mit seiner Erinnerung hat Stoiber jedenfalls seine Rede begonnen, als er im Jahr 2014 im Münchner Gasteig mein Buch »Glanz und Elend der Grundrechte« sehr freundlich, ja unerwartet begeistert vorstellte.

Gut miteinander streiten

Das Gespräch in seinem Ministerbüro, so erzählte er, habe sich um das Asylgrundrecht gedreht. Er, Stoiber, habe damals leidenschaftlich auf dessen Änderung gedrängt, und mein grundsätzlicher Widerspruch sei »mindestens genauso leidenschaftlich« gewesen. Der Hinweis auf die Leidenschaftlichkeit ist richtig. In meiner Rückschau war es so, dass er mitten im Interview aufsprang und, in höchster Lautstärke deklamierend, so als probe er einen Auftritt beim Politischen Aschermittwoch, in seinem Ministerzimmer auf und ab rannte. Ich hatte ihn zuvor, weil er das Asylgrundrecht zu einem Gnadenrecht machen wollte, einen »Grundrechtszertrümmerer« genannt. Das wohl war der Auslöser für eine rhetorische Explosion, die keine Rücksicht darauf nahm, dass da ein Tonband das Gespräch aufzeichnete. Ich schaltete das Gerät aus und verstaute es in meiner Tasche.

Über zwei Jahrzehnte später, bei der genannten Vorstellung des Buches über die Grundrechte im Münchner Gasteig, lobte Stoiber den Autor dafür, dass er die »aktuellen politischen Themen von den Grundrechten her« denke, dass er »immer deduktiv, niemals induktiv« vorgehe. Darum, so meinte er, fühle er sich »durchaus verbunden«. Und er fügte hinzu:»Vielleicht deshalb konnten wir immer so gut miteinander streiten.«

Zum Beispiel in zehntausend Meter Höhe, beim Rückflug von Berlin nach München: Ich kam von einem Interviewtermin, Stoiber kam von den Beratungen der Föderalismuskommission zur Reform des Grundgesetzes, die er zusammen mit dem SPD-Politiker Franz Müntefering leitete. Stoiber, ganz erfüllt von der geplanten Neuverteilung der Kompetenzen von Bund und Ländern, riss die Aktenkoffer aus der Gepäcklage, verscheuchte seine Beamten und breitete auf deren Sitzplätzen die Pläne für die geplanten Reformen aus – und war entzückt, als ich da und dort einhakte und, beispielsweise, kritisierte, dass der Strafvollzug künftig Ländersache werden sollte.

Härteres Hinlangen auf bayerische Art

Es war in der Tat ein oft erbittertes, aber zugleich respektvolles Streiten. Beim Defilee zum ersten Neujahrsempfang, zu dem Stoiber als Bayerischer Ministerpräsident in die Münchner Residenz einlud, stellte ich mich in der langen Schlange der Gratulanten an; als ich an der Reihe war, Stoiber die Hand zu schütteln, zeigte sich, dass er nicht nur leidenschaftlich und exzessiv juristisch, sondern auch witzig sein kann. Er wandte sich seiner Frau zu und sagte: »Karin, darf ich dir meinen Lieblingsfeind vorstellen ...«

Diese Lieblingsfeindschaft hatte im Juli 1992 begonnen, in der Zeit des Weltwirtschaftsgipfels in München und der friedlichen, aber der CSU höchst lästigen Proteste dagegen. Die Sicherheitsbehörden, Innenminister Stoiber an der Spitze, hatten eine »niedrige Eingriffsschwelle« für die Polizei als Devise ausgegeben, im Jargon der mobilen Einsatzkräfte heißt das: »Fertigmachen zum Abferkeln«.

Das sah dann so aus: Die Proteste wurden niedergeknüppelt; die Polizei drängte die Demonstranten mit Gewalt zusammen, hielt sie im »Münchner Kessel« viele Stunden lang fest, ohne Verpflegung, ohne Toiletten. 491 Personen wurden verhaftet und in Gewahrsam genommen. Ministerpräsident Max Streibl (CSU) erklärte das, wie er es formulierte, »etwas härtere Hinlangen« als »bayerische Art« und tat so, als seien Polizeiprügel so etwas wie die Fortsetzung des Schuhplattelns mit anderen Mitteln. Stoiber verunglimpfte die Demonstranten pauschal als »reisende Politkriminelle«.

Ich kommentierte auf der Meinungsseite der *Süddeutschen Zeitung* in einem Editorial: »Nicht die harmlosen Münchner Demonstranten gehören in Gewahrsam, sondern jene, die für ihn verantwortlich sind.« Verantwortlich waren Stoiber und der Einsatzleiter, Polizeipräsident Roland Koller. Bei der Pressekonferenz im Bayerischen Innenministerium fragte ich den Minister dann, welche Bedeutung für die Demokratie er denn dem Grundrecht der Versammlungs- und Demonstrationsfreiheit beimesse.

Stoiber antwortete mit langen und verschlungenen
Sätzen, die darauf hinausliefen, dass der staatliche Kampf
um Recht und Sicherheit den Rechtsstaat auszeichne. Es
klang dies, wenn man es zartbitter kommentieren will, wie
das »Lied der Partei«; so wurde einst die Hymne der SED,
der Sozialistischen Einheitspartei der DDR bezeichnet, in
der eine Zeile lautet: »Denn wer kämpft für das Recht, der
hat immer recht.«

Der Staat ist wie der liebe Gott

Es war und ist dies ein Denken, das sich zur bundesdeutschen Innenpolitik fügt, ein Denken, das die Politik der
inneren Sicherheit vor und nach der Wiedervereinigung
kennzeichnet. Die Sicherheitspolitik von Bundesinnen-
ministern wie Friedrich Zimmermann (CSU), Manfred
Kanther (CDU), Wolfgang Schäuble (CDU) und Otto Schily
(SPD) fußt auf einem sehr gläubigen Staatsverständnis.
Der Staat ist hier wie der liebe Gott, er kann also nichts
Böses tun; und tut er doch etwas vermeintlich Böses, dann
ist es zum Guten der Menschen – die das aber, befangen in
ihrer Blindheit, nur nicht immer zu erkennen vermögen.

Dieser Grundglaube an die prinzipielle Richtigkeit all
dessen, was der Staat zur Bekämpfung des Verbrechens, des
Kommunismus, der organisierten Kriminalität oder des
Terrorismus tut, prägt die bundesdeutsche Innenpolitik.
Dieser Grundglaube war und ist Hintergrund für den gro-
ßen Lauschangriff, für Kommunikationsüberwachung und
Rasterfahndung, für deren kontinuierliche Ausweitung und
für deren sehr sparsame rechtsstaatliche Kontrolle.

Der Grundglaube an den fürsorglichen Staat verbindet
sich mit der Forderung an die Bürgerinnen und Bürger,
doch bitte das Zutrauen zu haben, dass der Rechtsgebrauch
durch den Staat in einem rechtsakzeptablen Rahmen geschieht.

Grundwerte unter Generalverdacht

Zumal Wolfgang Schäuble, der zweimal Bundesinnenminister war, hat den Umbau des freiheitlichen Rechts- und Sicherheitssystems in ein Präventionsregime betrieben. In seiner ersten Amtszeit als Innenminister war die »organisierte Kriminalität«, OK genannt, die Gefahr, deretwegen zahlreiche Gesetze geändert wurden. Für Schäuble in seiner zweiten Amtszeit als Bundesinnenminister (er folgte da auf Otto Schily, SPD) galt ihm dann der fundamentalistische Terrorismus als die potenzierteste Form der OK; und der Terror war für ihn nicht etwas, wozu sich religiöse Fanatiker spontan entschließen, sondern eine globale Verschwörung zur Zerstörung der Weltordnung.

Für Schäuble war die freiheitliche Demokratie eine palinurische Demokratie. Palinurus, der sagenhafte Steuermann des Aeneas, war am Ruder eingeschlafen und musste diese Fahrlässigkeit mit dem Leben bezahlen: Im Schlaf wurde er von Bord gespült und dann von den Einwohnern an Land erschlagen. Seit dem 11. September 2001 redeten und handelten die Politiker der inneren Sicherheit so, als sei freiheitliche Demokratie eine palinurische, eine fahrlässig unachtsame Demokratie. Sie behaupten, und Wolfgang Schäuble gehörte zu den eindringlichsten Verkündern dieser Lehre, die westliche Gesellschaft habe es mit der Freiheit und Offenheit, der Liberalität, der Toleranz und dem Rechtsstaat übertrieben und erhalte nun die Quittung in Form des islamistischen Terrorismus. Die zivilisatorischen Grundwerte gerieten unter Generalverdacht und die Grundrechte galten als Fremdkörper.

Im fürsorglichen Präventionsstaat, wie ihn Schäuble und seine Nachfolger bis heute propagieren, sind die Grenzen zwischen Unschuldigen und Schuldigen, zwischen Verdächtigen und Unverdächtigen aufgehoben. Bis dahin

hatte das Recht hier sehr genau unterschieden. Im Präventionsstaat aber gilt zunächst einmal jeder Einzelne als
Risikofaktor, jeder Einzelne muss es sich daher gefallen
lassen, dass er, ohne einen konkreten Anlass dafür ge-
liefert zu haben, »zur Sicherheit« überwacht wird. Wenn
sich dann ergibt, dass der so Beobachtete, Registrierte, Be-
lauschte und Geprüfte nicht gefährlich ist, wird er wieder
zum Bürger.

Jeder Einzelne gilt also als potentiell verdächtig – so
lange, bis sich durch die Kontroll- und Überwachungsmaßnahmen seine Entlastung ergibt. Zuvor war das anders:
Wer keinen Anlass für staatliches Eingreifen gibt, wird
in Ruhe gelassen. Jeder konnte also durch sein eigenes
Verhalten den Staat auf Distanz halten; man nannte das
Rechtsstaat.

Maßlos ist die Politik

Es geht der Politik, welche die neuen Sicherheitsgesetze
schafft, nicht mehr um die Verfolgung begangener Straftaten, auch nicht mehr primär um die Verhinderung einzelner krimineller Handlungen. Es geht vielmehr darum,
ein Frühwarnsystem zu errichten, um Risiken krimineller
oder terroristischer Art schon im Vorfeld ihrer Realisierung zu erkennen und zu bekämpfen. Zwischen Polizei
und Geheimdienst wird dabei nicht mehr unterschieden.
Es entsteht ein einheitliches vernetztes Sicherheitssys-
tem, in dem geheimdienstliche, also rechtsstaatlich kaum
kontrollierte Ermittlungsmethoden allgemeiner Standard
werden.

Es werden, und das ist der Preis dieses Frühwarn-
systems, Mittel und Methoden angewendet, nämlich heim-
liches Abhören und heimliche Kontrollen, die im Strafrecht nur gegen Verdächtige möglich sind. So werden
Grundrechte banalisiert. Der neue Präventionsstaat zehrt

von den Garantien des Rechtsstaats; der Präventionsstaat entsteht, indem er diese Garantien verbraucht. Wolfgang Schäuble war viele Jahre lang der Chefpropagandist dieser Politik und er berief sich dabei auf ein ungeschriebenes »Grundrecht auf Sicherheit«.

Ich habe ihn immer wieder auch dazu befragt (19 Interviews hat das Archiv der SZ gezählt), ich habe in Kommentaren und Leitartikeln dagegengehalten: »Prävention ist es, das Land und seine Bürger vor Gesetzen des Innenministers Schäuble zu bewahren.«

Als die Bundesverfassungsrichterinnen Renate Jaeger und Christine Hohmann-Dennhardt im Jahr 2007 beim Urteil des höchsten Gerichts zum Großen Lauschangriff erklärten, es sei heute bei staatlichen Grundrechtsverletzungen nicht mehr den Anfängen, »sondern einem bitteren Ende zu wehren«, haben das viele Kritiker als maßlos empfunden. Aber es zeigte sich: Maßlos ist die Politik. Schäuble verlangte »die nötigen Freiheiten im Kampf gegen den Terrorismus«, bis hin zur Rettungsfolter und zum Abschuss von entführten Zivilflugzeugen durch die Bundeswehr; das Bundesverfassungsgericht hat dann ein solches Abschuss-Gesetz für verfassungswidrig erklärt. Wer wie Schäuble & Co. Sicherheit mit solchen Mitteln gewährleisten will, stellt alles zur Disposition, was der Rechtsstaat an Regeln zur Vorbeugung, Aufklärung und Verfolgung von Straftaten eingeführt hat.

In einem so maßlosen Staat gibt es vielleicht ein wenig mehr Sicherheit, aber ganz sicher sehr viel weniger Freiheit. Ein Staat, der ständig sein Recht verkürzt und in dem Grundrechte dem Bürger nur noch dem Grunde nach zustehen, ist nicht stark, sondern schwach. Er hat keine Autorität mehr, sondern verliert sie in dem ständigen Versuch, sie legislativ zu beweisen. In der inneren Sicherheit gilt, wie bei der Gentechnik, der Satz: Es darf nicht alles

gemacht werden, was gemacht werden kann. Sicherheits-
politiker sagen darauf, dass sich der Staat nicht künstlich
dumm halten dürfe. Diese nur vermeintliche Dummheit
aber heißt – Rechtsstaat.

Achtung und Respekt

Ich war politisch selten Schäubles Meinung; aber vor wenigen Politikern habe ich so viel Achtung wie vor ihm und
seiner Lebensleistung, zu der die Architektur der Deutschen Einheit gehört. Er ist der dienstälteste Abgeordnete
seit 1848. Seit Beginn der deutschen Parlamentsgeschich-
te in der Frankfurter Paulskirche war niemand so lang Abgeordneter wie er – über fünfzig Jahre, mehr als ein halbes
Jahrhundert.

Ich habe Respekt vor seiner Disziplin, vor seinen preußischen Tugenden; ich habe erlebt, wie souverän der Mann
mit seiner Behinderung umgeht. Es war beim CDU-Parteitag im Dezember 1991 in Dresden, dem ersten Parteitag,
den er nach dem Attentat auf ihn besuchte. Ich kam ein
wenig verspätet zum Parteiabend, der den Parteitag eröffnete, und suchte nach einem Stuhl. Da rief mir Schäuble,
im Rollstuhl sitzend, zu: »Herr Prantl, soll ich Ihnen meinen Platz anbieten?«

Später habe ich ihn »Minister Dr. Wolfgang Maßlos«
genannt, als er sich in Überlegungen verirrte, ob man Terroristen nicht gezielt töten sollte. Wahrscheinlich habe
ich ihn nicht immer maßvoll kritisiert, weil ich ihn so oft
nicht als Innenminister, sondern als Angstmach-Minister
erlebte. Gleichzeitig rief er aber auch die Islamkonferenz
ins Leben, um die Integration der Muslime in Deutschland
zu verbessern.

Schäuble wollte die Bundeswehr als Notpolizei bei
Gefährdung der inneren Sicherheit einsetzen; und als
Oppositionschef im Bundestag konnte er gar nicht genug

von nationaler Identität und von Leitkultur reden; er trug 1999 die wilde Kampagne seiner Partei gegen die doppelte Staatsbürgerschaft mit. Aber dann stellte er als Innenminister auch die Weichen für eine neue, bessere Ausländer- und Integrationspolitik.

Nicht überschreitbare Grenzlinien

Mit Horst Herold, dem legendären Präsidenten des Bundeskriminalamts in der RAF-Zeit, diskutierte ich immer wieder über Exzesse in der Sicherheitspolitik. Er war die Symbolfigur im Kampf gegen den Terror der Rote Armee Fraktion gewesen und in der langen Zeit seines weltabgeschiedenen Ruhestandes ein grundfreundlich-grübelnder, ein weltweiser Kriminal- und Staatphilosoph geworden.

»In der Abwehr des Terrorismus muss der Rechtsstaat bereit sei, bis an die Grenzen des Rechtsstaats zu gehen,« sagte er mir, »stets mit dem Vorbehalt, zulässige Maßnahmen in ihrem praktischen Ausmaß zu dosieren, wenn sie psychologisch abträglich sind oder aus anderen Gründen mehr Schaden als Nutzen bringen.«

Das klang so, als ob auch Herold dem Staat fast alles erlauben wollte. Doch dann machte der alte Polizist, der genialste, den Deutschland wohl je hatte, eine fundamental wichtige Einschränkung: »Um dem Terrorismus kein weiteres Terrain zu überlassen, ist der Staat von vornherein gezwungen, feste, an keiner Stelle überschreitbare Grenzlinien des rechtsstaatlich Möglichen zu ziehen.« Daran fehlt es.

Wo ist der Rubikon?

Die Sicherheitsapparate eines Polizeistaats dürfen alles, was sie können; die Sicherheitsapparate eines Rechtsstaats können alles, was sie dürfen. Sie dürfen und können ziemlich viel, aber das hat eine Grenze. Das galt vor den islamistischen Terroranschlägen, und das muss auch nachher so sein und bleiben. Das galt vor dem Putin-Krieg gegen die Ukraine, und das muss auch in und nach Kriegszeiten so sein.

Diese Grenze zu zeigen ist die Aufgabe der Politik der inneren und äußeren Sicherheit, es ist die Aufgabe des Bundesverfassungsgerichts, es die Aufgabe der gesamten Gesellschaft. Und diese Grenze zu befestigen – das ist Prävention.

Minister wie Schäuble und Schily haben, wenn es um Terrorbekämpfung ging, alles in Frage gestellt, statt die alles entscheidende Frage zu stellen: Wo ist der Rubikon? Welche Linie darf auch in Zeiten der allergrößten Not nicht überschritten werden?

Die Antwort darauf ist notwendig, weil sie dann, wenn ein terroristischer Anschlag die Gesellschaft schüttelt, nur noch schwer zu finden ist. Dann tritt an die Stelle der sicher geglaubten Freiheit ganz schnell eine rechtsfreie Sicherheit, eine Sicherheit, die wie mit einer Walze alles plattmacht – und behauptet, auf der gewalzten Fläche wachse dann schon wieder etwas. Sicherheit rollt aber nicht der Freiheit voraus. Sicherheit ist die gut ausbalancierte Freiheit aller.

Präludium tiefgreifender Veränderungen

»Gibt es nicht ganz andere Wege, das alles zu vermeiden?«, hat sich der Kriminalphilosoph Herold in den Gesprächen mit mir in seinem Versteck in der Grenzschutzkaserne Rosenheim immer wieder gefragt. Seine Pflicht als oberster Fahnder, als oberster Polizist und oberster Kriminalist des Landes habe ihm damals, in der Zeit des RAF-Terrors keinen anderen Weg erlaubt als diesen: »Fahnden, verhaften, einsperren«.

Hätte es einen anderen Weg gegeben? Was wäre gewesen, wenn der Staat die Weichen ganz frühzeitig anders gestellt hätte? Wenn er Deeskalation nicht qualvoll hätte lernen müssen? Wenn es so etwas wie die Versöhnungsinitiative des damaligen Bundesjustizministers Klaus Kinkel nicht erst 1992 gegeben hätte? Vielleicht wäre die RAF gar nicht erst entstanden, vielleicht wäre die linke Journalistin Ulrike Meinhof nicht Terroristin, sondern irgendwann später Familienministerin oder Innenministerin geworden, so wie der Steinewerfer Joschka Fischer Außenminister wurde?

In seiner Lehre vom Terrorismus, niedergelegt in einem unveröffentlichten Manuskript, das er mir schenkte, erklärt Herold »alle bisherigen Terrorismusformen als Präludium, Signal, Ankündigung von tiefgreifenden Veränderungen vom Ausmaß eines Bebens.« Und die Meinhof-Schriften, heute noch einmal gelesen, ließen sich, so meinte der alte Privatgelehrte Dr. Herold, »wenn auch in verwaschener Form als die Beschreibung von Gefahren deuten, die in der Zukunft lagen und die erste heute real geworden sind« – die Ablösung der Nationalstaaten durch einen imperialistischen Kapitalismus und die Globalisierung.

Die Verpflichtung aller staatlichen Gewalt

Für solche Überlegungen würde man Herold, der 2018 im Alter von 95 Jahren verstarb, heute als »Terror-Versteher« beschimpfen. Die Linie der nationalen und internationalen Sicherheitspolitik geht nämlich in eine ganz andere Richtung. Der einstige britische Premier John Major hat das Motto dieser Linie so beschrieben: *to condemn more and to understand less.*

Es mehren sich Stimmen, auch unter Juristen, die für eine Relativierung des absoluten Folterverbots plädieren, also die Menschenwürde in besonderen Ausnahmesituationen antastbar machen wollen – dann etwa, wenn durch die Folterung eines mutmaßlichen Terroristen womöglich eine bevorstehende Bombenexplosion verhindert und Menschenleben gerettet werden könnten. Wer die Menschenwürde als absolut verteidige, so schreibt der Rechtsprofessor Mathias Herdegen im Grundgesetzkommentar Dürig/Herzog, sei »in der menschlichen Sehnsucht nach einfachen Gewissheiten« befangen.

Solche Sätze sind Pfeile ins Herz des Artikels 1 des Grundgesetzes: »Die Würde des Menschen ist unantastbar. Sie zu achten und zu schützen ist Verpflichtung aller staatlichen Gewalt.« Die Diskussionen über die Zulassung von Rettungsfolter oder von extralegalen Tötungen zeigen, wie wichtig es ist, sich selbst dieser Unantastbarkeit immer wieder zu versichern. Es genügt nicht, eine heroische Gelassenheit für die Zeiten der Not zu beschwören; solche Gelassenheit braucht auch einen Anker, den Anker der absoluten Gewissheit: Die Würde des Menschen ist nicht antastbar, nie und unter gar keinen Umständen.

Zu dieser Würde gehört auch die Achtung des Kerns der privaten Lebensgestaltung. In der Corona-Zeit hat sich die Politik von diesem Anker losgerissen – das Bundesverfassungsgericht hat leider kaum etwas dagegen getan.

Fremdschämen

Die Grundrechte des Grundgesetzes sind nicht von allein stark geworden. Sie hatten kluge, nachhaltige juristische Hilfe. Das Bundesverfassungsgericht hat die Grundrechte stark gemacht, auch wenn das Gericht dabei nicht immer so mutig und stark war, wie man es sich gewünscht hätte – nicht beim Schutz des Asylgrundrechts, nicht beim Schutz der Menschen vor unverhältnismäßigen Anti-Corona-Maßnahmen. Gewiss: Grundrechte sind einschränkbar. Aber ihr Wesensgehalt darf nicht angetastet werden.

Haben die Kita- und Kindergarten-, die Schul- und Betriebsschließungen, die Kontaktverbote und Ausgangssperren den Wesenskern unberührt gelassen? Ich glaube nicht. Aber das Verfassungsgericht scheute eine solche Feststellung. Seine Corona-Beschlüsse vom Dezember 2021 las ich ein ums andere Mal. Und ich war, in dieser Reihenfolge, ungläubig, empört und zornig.

Wenn man das Bundesverfassungsgericht so schätzt, wie ich es tue, weil es sich große und größte Verdienste erworben hat – dann hat man ein Fremdscham-Gefühl. Ich habe mich gefragt, wo die intellektuelle Kraft dieses Gerichts geblieben ist, und fühlte mich wie ein enttäuschter Liebhaber.

Wacker dagegengehalten

Die Entwicklung der Bundesrepublik und das Verhältnis des höchsten Gerichts zur Politik konnte man nämlich bis Corona im großen Bogen so beschreiben: Das Bundesverfassungsgericht kümmert sich um die Grund- und Freiheitsrechte, Regierung und Bundestag kümmern sich um deren Einschränkung. Der Gesetzgeber tut auf dem Gebiet der inneren Sicherheit so, als müsse er mit Vorratsdatenspeicherung, Computerdurchsuchung und sonstigen Überwachungsmaßnahmen eher den Staat vor dem Bürger schützen als den Bürger vor dem Staat. Das Bundesverfassungsgericht hat oftmals wacker dagegengehalten.

Ohne dieses Gericht wäre die Bundesrepublik eine andere Republik. Sie wäre eine Republik, in der das Recht weniger Bedeutung und die Grundrechte weniger Glanz hätten. Deutschland wäre ein Land mit niedrigerer Rechtsqualität. Die Bundesrepublik wäre eine Republik, in der die Parteien noch mehr Macht, die Bürgerinnen und Bürger dagegen weniger Freiheit und die Minderheiten weniger Rechte hätten.

Vor allem den Minderheiten ginge es schlechter: den Strafgefangenen, den Pazifisten, den Homo- und Trans-

sexuellen, den nichtehelichen Kindern, den Armen dieser
Gesellschaft. Die Grundrechte des Grundgesetzes wären
blass geblieben, wenn das Gericht in Karlsruhe sie nicht
an- und ausgemalt hätte. Das Grundgesetz, so wie es vom
Bundesverfassungsgericht interpretiert und fortentwi-
ckelt wurde, war der Motor für die geglückte Modernisie-
rung der Gesellschaft.

Im Kopf und unterm Herzen

In der Corona-Krise haben mir Leute immer wieder gesagt und geschrieben: »Übertreiben Sie es nicht mit Ihrem
dauernden Rumreiten auf Demokratie und Grundrechten,
lieber Prantl.« Ich habe geantwortet: »Kann man es als Demokrat mit der Demokratie übertreiben?«

Ein guter Bekannter meinte zu den von mir heftig
kritisierten Grundrechtseinschränkungen der Corona-
Zeit, dass einst mein Oberpfälzer Landsmann Hermann
Höcherl als Bundesinnenminister im Kabinett von Konrad
Adenauer schon recht gehabt habe mit seinem Satz, dass
seine Beamten »nicht den ganzen Tag mit dem Grundgesetz unter dem Arm herumlaufen« könnten. »Ob sie es unterm Arm tragen«, antwortete ich, »ist mir gleich. Aber im
Kopf und im Herzen müssen die Politiker und die Beamten
das Grundgesetz haben.«

Zu Weihnachten bekam ich dann von einer liebenswür-
digen Leserin, wunderbar eingepackt, ein Grundgesetz geschenkt. Das klingt nun nicht besonders originell. Und es
ist ja auch so, dass ich schon ganz viele Grundgesetzbücher
und Grundgesetzbüchlein besitze – in allen denkbaren
Ausgaben: großformatige und kleinformatige, bebilderte
und unbebilderte, kommentierte und unkommentierte,
schön gebundene und billig zusammengeklebte. Da gibt es
Exemplare, die, es ist ein schöner Gag, kaum größer sind
als eine Briefmarke.

Und da gibt es Exemplare, die haben, und das ist kein Gag, sage und schreibe 16 498 Seiten. Bei letzterem Grundgesetz handelt es sich um den respektheischenden Großkommentar, der die Namen der Herausgeber Dürig/Herzog/Scholz trägt und der bei C. H. Beck in sieben Leinenordnern als Loseblattsammlung derzeit in der 99. Auflage erscheint; renommierte Staatsrechter kommentieren die einzelnen Grundgesetzartikel und analysieren die Rechtsprechung des Bundesverfassungsgerichts dazu.

Stolz auf die Grundrechte

Mein Weihnachtsgeschenk-Grundgesetz war zwar nur ein Taschenbüchlein, aber es ist gleichwohl ein sehr besonderes Exemplar. Auf der Vorderseite sieht man einen Menschen mit dem Kopf des Bundesadlers; dieser Mensch lässt gerade die Hosen runter und steht mit nacktem Hintern da. Auf Rückseite des Büchleins sieht man, wie dieser Adlermensch dick und bräsig auf den Schultern einer kleinen Person hockt und sich tragen lässt. Die Beschriftung dazu lautet: »Die Bürde des Menschen ist unantastbar.« Darunter, klein gedruckt, die Warnung: »Wer das Grundgesetz nachmacht oder das Grundgesetz verfälscht oder nachgemachte oder verfälschte Grundgesetze sich verschafft und in Verkehr bringt, wird mit Freiheitsstrafe nicht unter zwei Jahren bestraft.«

Dieses Exemplar ist kein juristisches, sondern ein satirisches Werk. Es stammt von F. K. Waechter, der ein begnadeter Zeichner, Karikaturist, Cartoonist und Autor war, der zu den Protagonisten der Neuen Frankfurter Schule gehörte und vor Jahrzehnten zu den Gründungsmitgliedern des Satiremagazins *Titanic*. Das von ihm kommentierte und illustrierte Grundgesetz ist nicht mehr auf dem neuesten Stand; mein Weihnachts-Exemplar stammt aus dem Jahr 1982, also aus der Zeit lange vor der Wiedervereinigung und vor diversen Grundrechtsänderungen. Es enthält daher auch keinerlei Anspielungen auf Corona, auf die Pandemie und auf die Grundrechteinschränkungen zu ihrer Bekämpfung.

Aber das besonders Schöne an dem von Waechter illustrierten Grundgesetz ist der Stolz auf die Grundrechte, den man auch in seinen bittersten und bissigsten Zeichnungen spürt. Die Pandemie-Politik hat dazu geführt, dass dieser Stolz gelitten hat, dass es gar einen Stolz darauf gibt, Grundrechte dem Virus zu opfern. Mir war und ist bei einer Haltung unwohl, die so tut, als sei das Virus die Neuausgabe einer archaischen Gottheit, die man durch symbolhafte Opfergaben und Verzichtsgehorsam befriedigen muss. Die generellen, pauschalierenden Eingriffe in die Grundrechte durch Verbote, Ausgangssperren, Schul- und Betriebsschließungen waren heikel. Sie wurden nicht weniger heikel dadurch, dass man sich den Zutritt zu den verschlossenen Grundrechten – aktuell durch eine Impfung – wieder erwerben konnte.

Mit Mut beschützen

Verfassungen sollen dabei helfen, dass die Bürgerinnen und Bürger in guter Verfassung bleiben und ihren Rechten nicht die Luft ausgeht. Das Ergebnis ist innere Sicherheit. Das Grundgesetz und die Grundrechte müssen dafür sorgen, dass Deutschland Heimat bleibt und Heimat wird für die Menschen, die darin wohnen, für die Altbürger und die Neubürger. Das nennt man Integration und das ist das Gegenteil von Ausgrenzung.

In einer Einwanderungsgesellschaft bedeutet Integration das Lernen von Demokratie, weil Integration nichts anderes als ein Miteinander bedeutet. Politiker, die gegen Integration arbeiten, Autoren, die gegen Integration schreiben, Religionen, die gegen Integration predigen – sie sind demokratiefeindlich. Heimat ist ein Land dann, wenn die Menschen Rechte haben und sich auf diese Rechte verlassen können.

Meine Vorträge beende ich bisweilen mit einem Zitat des römischen Dichters Ovid: »Glücklich ist, wer das, was er liebt, auch wagt, mit Mut zu beschützen.« Es passt an den Schluss meines Kapitels über das Grundgesetz. Wir lieben die Grundrechte. Wir lieben unsere Verfassung. Wir lieben die Freiheit, die Solidarität, das friedliche und europäische Miteinander. Wir lieben unsere Heimat. »Glücklich ist, wer das, was er liebt, auch wagt, mit Mut zu beschützen.« Gönnen wir uns dieses Glück.

Juni

.

Dieses Kapitel handelt von der Migration, es handelt von den Flüchtlingen: »Handeln wir so, wie wir selbst behandelt werden wollten, wenn wir Flüchtlinge wären.« Die Konsequenz aus dieser goldenen Regel waren und sind die Flüchtlingskonventionen, die Charta der Menschenrechte, die Europäische Grundrechte-Charta. Aber das Papier allein schützt die Flüchtlinge nicht. Ich schreibe daher in diesem Kapitel darüber, wie die Verteidigung dieser Regel zu einem meiner journalistischen Lebensthemen geworden ist – und was ich dabei erlebt habe.

Handeln, als wenn wir Flüchtlinge wären

Weltflüchtlingstag, 20. Juni

Durch die Briefe meiner Großmutter an die Familien und Nachfahren der in die USA ausgewanderten Verwandten und Bekannten hatte ich als Kind zum ersten Mal Kontakt mit dem, was Migration heißt und was mich später als Journalist so intensiv beschäftigte. Jahre später, es war 1970, kam es dann zum zweiten Kontakt mit der Migration. Es war Volkszählung und wir Gymnasiasten konnten uns ein schönes Geld verdienen, wenn wir mit den Fragebögen in die Haushalte gingen. Ich bekam unter anderem die Straße zugeteilt, in der das alte Krankenhaus lag, in dem ich geboren worden war. Dort wohnten jetzt die ersten Gastarbeiter im Dorf: Türken. Und ich hatte eine Vorlage dabei, auf der die Volkszählungs-Fragen in türkischer Sprache standen, und ich begann schon im Hausflur laut zu deklamieren.

An die zwanzig Leute wohnten wohl im Haus, und ich mühte mich redlich; für jeden sollte ein Bogen ausgefüllt werden: Geburtsdatum, Schulbildung und so weiter. Ich lernte erstaunt, dass nicht jeder Mensch sein genaues Geburtsdatum kennt – erst verlegen, dann später lachend haben wir uns auf ein Jahr geeinigt. Und dort, in meinem Geburtskrankenhaus, aus dem ein Gastarbeiterheim geworden war, habe ich mein erstes türkisches Wort gelernt, das auf den Fragebögen immer wieder anzukreuzen war: *Ekil okul* – Volksschule.

Irritation und Irrgarten

Einem Pfarrer der Evangelischen Kirche und einem Bundesinnenminister von der CSU verdanke ich es, dass das Ausländer- und Asylrecht schon früh zu einem meiner journalistischen Lebensthemen wurde. Der Minister hieß Friedrich Zimmermann, er war ein politischer Haudegen und Haudrauf nicht nur im Auftreten, sondern auch in der Art, wie er Gesetze machte. Und der evangelische Pfarrer war Jürgen Micksch; er war der Gründer der Flüchtlingshilfsorganisation *Pro Asyl* und Ausländerreferent der Evangelischen Kirche Deutschlands, arbeitete damals als Vizedirektor der Evangelischen Akademie in Tutzing am Starnberger See.

Eines Tages, ich war erst seit zwei Monaten *SZ*-Journalist, stand der freundliche Pfarrer bei mir im Büro der *Süddeutschen Zeitung* an der Münchner Sendlinger Straße. Kurz vorher hatte ich eine Nachricht über *Pro Asyl* publiziert; das war wohl der Grund, warum er den Kontakt zu mir suchte. Micksch zog einen Packen Papier aus seiner Aktentasche, einen sehr vertraulichen Packen, wie er sagte. Es war der Referentenentwurf zu einem neuen Ausländerrecht vom 1. Februar 1988 aus dem Hause des genannten CSU-Ministers Friedrich Zimmermann. Jürgen Micksch war in tiefer Sorge. Diese Sorge trug er zu mir in die *SZ*-Redaktion, in der ich seit zwei Monaten arbeitete. Damals begann ich, angeleitet und angestoßen von Jürgen Micksch, mich in das Ausländer- und Asylrecht einzuarbeiten; es ist zu einem meiner großen Themen geworden.

Ich setzte mich ein ganzes Wochenende lang über die Paragrafen samt Begründung, arbeitete mich ein in ein Gebiet, das im Studium keine Rolle gespielt hatte, vollzog die Paragrafenketten des geplanten Gesetzes nach, verglich sie mit dem bisher geltenden Recht – es war eine Arbeit, die ich gewohnt war aus meiner Zeit als Richter, Staatsanwalt, als Uni-Assistent und Leiter von Arbeitsgemeinschaften für Rechtsreferendare. Ich studierte also ein Recht, das damals auch gern »Fremdenrecht« genannt wurde. Aus den dabei gewonnen Erkenntnissen wurde mein erster Aufmacher auf Seite 1 der *Süddeutschen Zeitung* und ein kräftiger Kommentar. Das Studium dieses Gesetzes war ein großes Irritations- und Initiationserlebnis. Ich lernte über das Migrationsrecht, dass es ganz bewusst als juristischer Irrgarten angelegt ist – vor dem Betreten wird gewarnt! Und der Zorn darüber war ein Antrieb, diesen Irrgarten juristisch aufzudecken und publizistisch anzuprangern.

Rüpelhaftigkeit in Gesetzesform

Der Zimmermann-Entwurf zu einem neuen Ausländergesetz war schon zwei Jahre vor der Deutschen Einheit Experimentierfeld für einen neuen deutschen Nationalismus. Der Ausländer wurde als Störer begriffen, gegen den die deutsche Kultur verteidigt werden muss. »Die ungelöste nationale Frage der Deutschen« konnte damals noch als Begründung dafür herhalten, warum »die Bewahrung des nationalstaatlichen Charakters« notwendig sei. Wenige Jahre später wurde die Begründung einfach umgedreht. Nach der Deutschen Vereinigung, so hieß es dann allenthalben, müsse man nun den Deutschen Zeit geben, sich zu finden.

Dieser Gesetzentwurf, der dann 1990 zurechtgeschliffen, abgerundet und umgestaltet Gesetz wurde, bereitete die Agitation vor, die dann in den folgenden Jahren zur Änderung des Asylgrundrechts führte. Der Gesetzentwurf bestand aus zwei Teilen: kleines Zuckerbrot und große Peitsche. Siebzehn Paragrafen beschäftigten sich mit der

Integration der Arbeitskräfte, die vor 1973 als Gastarbeiter angeworben worden waren. Zweiundachtzig Paragrafen widmeten sich der Frage, wie man die Ausländer wieder los wird.

Die Botschaft lautete erstens: Der Aufenthalt des Ausländers soll künftig nur noch dann erlaubt werden, wenn irgendein öffentliches Interesse daran besteht. Und zweitens: Es besteht ein öffentliches Interesse daran, dass möglichst wenige Ausländer da sind.

Die Gesetzesbegründung kleidete solche deutsche Rüpelhaftigkeit in folgende Worte: »Die Interessen der Bundesrepublik beschränken nicht, sondern rechtfertigen die Aufenthaltsgewährung, so dass ein Aufenthalt, der nicht im Interesse der Bundesregierung liegt, ohne weiteres versagt werden kann.« Ausländern wurde der Aufenthalt im Bundesgebiet nur erlaubt, »weil und soweit das im deutschen Interesse liegt«. Deutsche Interessen, davon ging der Entwurf augenscheinlich aus, können nur gegen Ausländer durchgesetzt werden.

»D'Leut wollen es so!«

Es war in diesen bösen Zeiten der Bundesrepublik, in den Zeiten, in der das Wort »Asylschwindler« politische Alltagssprache geworden war. In dieser Zeit erklärte mir der CSU-Politiker August Richard Lang, genannt Gustl, ein oberpfälzischer Landsmann, bei einer Tagung in der Evangelischen Akademie von Tutzing, warum die ohnehin scharfen Gesetze gegen Ausländer im Allgemeinen und die gegen Flüchtlinge im Besonderen noch viel schärfer werden müssten: »D'Leut wollen es so!« Es sei »das Akzeptanzproblem«, das die Politik zu solcher Härte greifen lasse: Würde die Ausländerzuwanderung nicht streng gesteuert, schlage »in vielen Bevölkerungskreisen die gegenüber Ausländern an sich aufgeschlossene Einstellung in Reserviertheit um«. Das Ergebnis dieses Konzepts zeigte sich dann bei den Anschlägen von Mölln und Rostock-Lichtenhagen.

Geist und Gesinnung der Gesetzgebung von damals sind immer noch nicht verschwunden. Dieser Geist und diese Gesinnung haben Auswirkungen bis heute; sie sind noch spürbar in jedem Gesetz zur Beschleunigung der Asylverfahren. Das letzte Gesetz dieser Art hat nicht die CSU, sondern die Ampel zu verantworten, die in ihrem Koalitionsvertrag versprochen hatte, Asylverfahren »fair, zügig und rechtssicher« zu gestalten. Die verantwortliche Innenministerin heißt Nancy Faeser, SPD. Die in ihrem Haus entworfenen Paragrafen klingen allerdings sehr nach Horst Seehofer, ihrem CSU-Vorgänger: Es gehen die Bestrebungen weiter, das Asylrecht als rechtsverdünntes Sonderrechtsgebiet zu betrachten – und es noch mehr zu verdünnen.

Das Asylverfahren bleibt, was es geworden ist in den unseligen Zeiten des »D'Leut wollen es so«: Ein Verfahren, in dem die normale Prozessordnung, die sonst vor Gericht geltenden Verfahrensabläufe, nicht gelten; sie sollen in Zukunft, so das Faeser-Gesetz, noch weniger gelten als bisher. Es gibt also zweierlei Recht: Ein Recht für normale Rechtsuchende, also für Menschen, daneben ein Recht für Flüchtlinge. Hinzu kommt noch etwas sehr Ungutes: Die neuen Paragrafen atmen ein Misstrauen nicht nur gegen Flüchtende, sondern auch gegen die Rechtsanwaltschaft, die diese vertritt. Die neuen Paragrafen behandeln Anwälte wie Störer. Deshalb gibt es im Asylverfahren nicht, wie in jedem anderen Verwaltungsgerichtsverfahren, eine Berufung wegen »ernstlicher Zweifel an der Richtigkeit des Urteils«. Ursprünglich wollte man den Anwälten im Anhörungsverfahren gar einen Maulkorb umbinden: Sie hätten dann künftig erst am Schluss der Anhörung des Flüchtlings fragend eingreifen dürfen.

Ein herzloser Schmarrn

Und hier sind wir wieder bei Gustl Lang: Er war erst Bayerischer Justizminister, dann Innenminister gewesen, nach dem Tod von Strauß Wirtschaftsminister. Nach dem Ausscheiden aus dem Kabinett wurde er wieder Rechtsanwalt in seiner Kanzlei zu Weiden in der Oberpfalz. Und in diesem Zusammenhang begegneten wir uns wieder. Genau gesagt – es war keine Begegnung, es war ein Telefonat.

Rechtsanwalt Lang, CSU-Minister a. D., bat um publizistische Unterstützung für einen Mandanten, der abgeschoben werden sollte. Wir diskutierten seinen Fall, und der konservative Ex-Minister redete sich in Rage. Es sei ja, so knurrte und brummte er in dem mir vertrauten oberpfälzischen Sound, furchtbar, »was für einen unglaublichen und herzlosen Schmarrn« man da in seiner politischen Zeit in die Gesetze geschrieben habe.

Dieses Bekenntnis nun war schon etwas Besonderes: Aus dem Saulus war ein Paulus geworden. Gustl Lang, ehemaliger politischer Hardliner, warb als Rechtsanwalt nicht nur bei Journalisten, sondern auch bei seinen Parteifreunden darum, die oft erbarmungslosen Mechanismen des deutschen Ausländer- und Asylrechts zu ändern. Aber um da Erfolg zu haben, hätte er wohl alt wie Methusalem werden müssen; Gustl Lang ist 2004, im Alter von 75 Jahren, gestorben.

Verzweifelt an der Politik

An Gustl Lang und seinen ebenso späten wie vergeblichen Kampf mit den Tücken und Abgründen des Migrationsrechts musste ich denken, als ich im August 2019 eine Bekanntmachung auf der Homepage des Grazer Rechtsanwalts Ronald Frühwirth las – nein, kein Todesfall, aber trotzdem schlimm.

Der Advokat, einer der besten und engagiertesten Asyl- und Migrationsanwälte Österreichs, gab bekannt, dass er nach 14 Jahren seine Kanzlei schließe. Er schließe sie, und das ist das Traurige und Elende an seinem Fall, weil seine Verbundenheit mit dem Rechtssystem ins Wanken geraten, weil ihm der Glaube an den Rechtsstaat abhandengekommen sei: »Zu viele meiner Mandantinnen und Mandanten wurden in Elend, Lebensgefahr und Not abgeschoben.« Als Rechtsanwalt sei er Teil dieses Rechtssystems: »Das möchte ich nicht mehr sein.«

Frühwirth galt unter den Anwaltskolleginnen und Anwaltskollegen als ein juristisches Ass, als ein Meister in der Kunst, formal und inhaltlich tadellose Beschwerden an die Höchstgerichte zu formulieren; die Wohlfahrtsverbände, Caritas und Co., kannten ihn als einen unermüdlichen Kämpfer für die Menschenrechte.

Aber: Er verzweifelte an der Politik, er verzweifelte an der immer härteren Linie der Gerichte, die Menschen ins Messer rennen lassen: Seit 2015 seien, so der Anwalt, fast alle seiner Rechtsmittel im Asylrecht zurückgewiesen worden. Fast alle. Einer der letzten Erfolge Frühwirths war es, die Abschiebung eines siebenjährigen Mädchens nach Georgien zu verhindern; das Kind wäre dort gestorben, weil die Behandlung ihrer schweren Autoimmunerkrankung dort nicht möglich war.

Hänschen klein oder Kunst der Fuge

Die Kollegin Edith Meinhart vom Wiener Magazin *Profil* fragte daher in ihrem Kommentar: »Was ist, wenn Anwälte wie Frühwirth aufgeben, weil sie nicht mehr glauben, dass ihre Rechtsmittel einen Sinn haben? Was ist, wenn Höchstgerichte ihre Aufgabe, schlechte Bescheide aufzuheben, nicht mehr zuverlässig wahrnehmen, weil immer mehr Richterinnen und Richter insgeheim auch finden, das Recht habe der Politik zu folgen?« Diese Fragen, so die Kollegin, »schreien zum Himmel«.

Dazu fällt einem der bitter-ironische Satz des einst in die USA emigrierten jüdischen Schriftstellers Felix Pollak ein: »Macht geht vor Recht – damit könnte man sich zur Not noch abfinden. Aber dass das Recht auch noch hinter der Macht geht, das ist traurig.«

Die Fachanwälte für Migrationsrecht gehören zu den Helden des Alltags; sie müssen sich, wenn sie gut sind, nicht nur im immerzu hektisch geänderten nationalen Recht, sondern auch in den Details des EU-Rechts profund auskennen, etwa im Arbeitserlaubnisrecht. Sie brauchen interkulturelle Kompetenz, müssen also Land und Leute kennen – das verhindert, wie es der Frankfurter Asylspezialist Victor Pfaff sagt, das »schädliche Helfersyndrom« und auch »die einseitige Sicht durch die Asylbrille«, das führt »zu kritischer Empathie«.

Der gute Fachanwalt muss seinen Mandanten gegebenenfalls auch vor einem falschen Sachvortrag bewahren, den diesem womöglich Verwandte oder Freunde eingeblasen haben im Glauben, auf diese Weise zu helfen. Der gute Fachanwalt ermittelt in langwierigen, oft durch Sprachschwierigkeiten erschwerten Gesprächen die vielleicht doch erfolgversprechenden richtigen Fakten. Und ein guter Fachanwalt ist sich auch nicht zu schade, in einem Gemeindesaal, in dem sich ein paar ehrenamtliche Helferinnen und Helfer zusammenfinden, deren Fragen zu beantworten.

Das Migrationsrecht sei mit der Tastatur eines Flügels vergleichbar, meint Rechtsanwalt Pfaff: »Man kann darauf mit einem Finger Hänschen klein spielen, aber auch mit beiden Händen die Kunst der Fuge.« Der Grazer Fachanwalt Ronald Frühwirth beherrschte die Kunst der Fuge; aber das half ihm nichts, weil der Gesetzgeber und die Justiz Hänschen klein klimperten.

Enorme Frustration

Ich sprach seinerzeit mit dem Wiener Rechtsanwalt Georg Bürstmayr, der seit langer Zeit im Migrationsrecht tätig ist. Er konnte die Verzweiflung seines Grazer Kollegen gut nachvollziehen und schilderte, wie er sich selbst davor schützt: »Ich habe einst als Zivildiener in einem Altersheim gelernt, dass meine eigene, möglichst gute Arbeit nichts daran ändert, dass die von mir mit betreuten sehr betagten Patienten womöglich am nächsten Morgen nicht mehr da, weil sie einfach gestorben sind. Ich habe mir also die Haltung zugelegt, dass es darauf ankommt, ob ich selbst im Rahmen meiner Möglichkeiten alles getan habe, was möglich war. Diese Grundhaltung ist mir auch im Anwaltsberuf hilfreich.«

Die Anwälte seien, so Bürstmayr, im Asylbereich allzu oft von Fürsprechern zu bloßen Trostspendern, von Vertretern von Interessen zu Verwaltern des Leids geworden. »Das erzeugt schon enorme Frustration.«

An vielen Universitäten gibt es seit einigen Jahren die unentgeltliche studentische Rechtsberatung für Asylsuchende, die einer breiteren Öffentlichkeit als *Refugee Law Clinic* bekannt ist. Da lernen die Studenten nicht nur mit dem Asylrecht, sondern auch mit der Frustration umzugehen, damit zum Beispiel, mit Vorurteilen und behördlichen Textbausteinen beworfen zu werden.

Es geht um Menschenleben

Nachdem 1988 der radikale Zimmermann-Gesetzentwurf in der *Süddeutschen Zeitung* publiziert worden war, wurde er der öffentlichen Empörung wegen zurückgezogen; aber der Geist des Gesetzentwurfs blieb präsent. Der nächste Bundesinnenminister, es war Wolfgang Schäuble, CDU, musste 1990 das neue Gesetz schreiben; es war besser als der Zimmermann-Entwurf, aber nicht gut.

Die Politik der Regierung Kohl sperrte sich gegen jeden Versuch, Einwanderung mittels eines Einwanderungsgesetzes gut und klar zu regeln. So blieb das Asyl für Menschen, die nicht EU-Bürger waren, die einzige Tür nach Deutschland; davor und dahinter stauten sich die Migranten. Es begann die Zeit der furchtbaren Ausschreitungen gegen Flüchtlinge.

Die Reaktion darauf? Die alte große Tür wurde per Grundgesetzänderung durch eine neue kleine Tür ersetzt. Der Asylartikel 16 Absatz 2 Grundgesetz wurde abgeschafft. Ich habe dagegen angeschrieben; immer und immer wieder. Ich tue es immer noch. Was hat es geholfen? Konnte ich die Kritikerinnen und Kritiker des Asylrechts und einer klugen Integrationspolitik überzeugen?

Vielleicht konnte ich diejenigen, die sich für Flüchtlinge einsetzen und Integrationsarbeit leisten, stärken und bestärken – die Besatzungen der Rettungsschiffe, die Kirchenasylgemeinde, die Wohlfahrtsverbände, die vielen Menschen, die sich bei *Pro Asyl* engagieren. Es geht ja um nicht weniger als um Leben und Tod. Es ging, es geht um Menschenleben.

Der heilsame Schock

Wie ernst es war, haben wir erst begriffen, als wir die Fernsehbilder von den Toten sahen. Vorher war das alles weit weg und ging uns nichts an – dachten wir, wenn wir überhaupt daran dachten. Aber dann kamen die Berichte aus Italien, und wir sahen die grauenhaften Aufnahmen von dort: Sarg an Sarg, ganze Alleen von Särgen. Und in jeder dieser Holzkisten, die eine wie die andere aussahen, lagen unverwechselbare Menschen mit einer unverwechselbaren Geschichte. Sie waren gestorben, waren erstickt, einsam, verloren, verzweifelt. Ihre Lieben konnten nicht bei ihnen sein. Und jetzt konnten sie ihnen nicht einmal das letzte Geleit geben.

Man kann sie nicht wieder lebendig machen, so gern man möchte. Aber wenn diese vielen Toten in Italien eines vermocht haben durch ihr Sterben, dann dies: einen heilsamen Schock auslösen. Sie haben uns aus unserer Gleichgültigkeit geholt. Es ist bitter, dass es oft erst Tote braucht und drastische Bilder, um zu verstehen, was nötig ist. Nicht nur einige, die man Gutmenschen nennt, haben es verstanden, sondern die Politik, quer durch alle Parteien, hat begriffen: Wir müssen handeln. Es geht um Leben und Tod. So etwas können, so etwas wollen wir in Europa nicht zulassen.

Hätte irgendjemand gedacht, dass das möglich sein würde? Dass die Politik sich ganz auf eines konzentriert: Menschenleben retten, ohne Wenn und Aber? Hätte irgendjemand gedacht, dass die Interessen der Wirtschaft auf einmal nicht mehr zählten, sogar um den Preis einer riesigen Rezession? Hätte irgendjemand gedacht, dass die Fabriken und Betriebe schließen, dass die Produktion umgestellt würde auf andere Güter, dass Gebäude, Zelte, Betten quasi aus dem Nichts beschafft würden? Hätte irgendjemand gedacht, dass in den Krankenhäusern Operationen verschoben werden und Betten geräumt, um Platz für die Rettung Schwerkranker zu schaffen?

Und vor allem: Hätte irgendjemand es im Entferntesten für möglich gehalten, dass die Politiker, die so etwas tun, dafür regelrecht geliebt werden, dass ihre Umfragewerte explodieren? Hätte irgendjemand gedacht, dass die Kirchen sogar ihre Gottesdienste ausfallen lassen, dass sie sich voll und ganz den Schutzmaßnahmen verpflichten und dass alle das gut finden und fast keiner meckert? Hätte irgendjemand gedacht, dass den Kritikern dieser Maßnahmen sehr schnell Empathie und Verantwortungsbewusstsein und Menschlichkeit abgesprochen wird? Hätte irgendjemand gedacht, dass eine ganze Gesellschaft sich einig ist darin, dass wir die Schwachen und Gefährdeten nicht im Stich lassen dürfen, dass jetzt Solidarität das Gebot der Stunde ist?

Wir verzichten auf viel, wenn nur eines geschieht: dass das Sterben aufhört, dass Leben gerettet werden, dass wir nie wieder so viele Särge sehen, hier, mitten in Europa. Nie wieder. Manchmal sind die schlichtesten Sätze die überzeugendsten: Es geht um Menschenleben. Es geht um Leben und Tod. Jedes Leben zählt. Man kann viel, wenn man nur will. Hätte irgendjemand gedacht, dass diese Erkenntnis so eine Rettungslawine auslösen würde? Gewiss nicht.

Und es ist auch nicht passiert. Es ist nicht passiert damals, im Jahr 2013, als die Sargalleen mit den Körpern der ertrunkenen Flüchtlinge im italienischen Lampedusa aufgereiht standen. Es ist nicht passiert, als die Boote, in denen sich die Flüchtlinge drängten, auf dem Mittelmeer untergingen. Es ist nicht passiert, als die Leichen ertrunkener Kinder an den Küsten der Türkei und der griechischen Inseln angespült wurden.

Die genannten Rettungsaktionen gab es erst im Jahr 2020, als Corona begann und sich in Bergamo Sarg an Sarg reihte. Es gab sie nicht für Flüchtlinge, nicht für die Opfer von Diktatur, Gewalt und Hunger, sondern für die Opfer von Corona.

Das große Flüchtlingsbuch

Stellen wir uns vor, es gäbe ein großes Flüchtlingsbuch; darin verzeichnet alle Schicksale, alles Leid, alles Elend, alle Hoffnung, alle Zuversicht. Stellen wir uns vor, es gäbe in diesem großen Flüchtlingsbuch eine Seite für jeden Flüchtling, eine Seite für jeden Vertriebenen, eine Seite für jeden, der seine Heimat verlassen und anderswo Schutz suchen musste. Eine Seite nur für jeden; für alle Sehnsucht, für alle Enttäuschung, für alle Ängste, für das Leben und für das Sterben und für alles dazwischen.

Stellen wir uns vor, wie ein solches Buch aussähe: Die aktuelle Ausgabe hätte hundert Millionen Seiten. So viele Flüchtlinge gibt es derzeit auf der Welt. Ende 2021 waren 89,3 Millionen Menschen auf der Flucht. Seitdem hat vor allem der russische Krieg gegen die Ukraine ihre Zahl nochmals erhöht auf mehr als 100 Millionen Menschen. Mehr als die Hälfte aller Flüchtenden fliehen innerhalb des eigenen Landes und zählen damit zur Gruppe der Binnenvertriebenen. Über 70 Prozent der Menschen auf der Flucht bleiben in den Nachbarländern. Somit nehmen Entwicklungsländer 83 Prozent der Flüchtlinge auf. Die Flüchtlinge aus der Ukraine und die Flüchtlinge, die über den Balkan und Österreich nach Deutschland kommen, sind ein kleiner Bruchteil der gigantischen Gesamtflüchtlingszahl.

All diese Flüchtlinge wären notiert in diesem Buch: diejenigen, die vor dem Krieg in Syrien fliehen; diejenigen, deren Heimat von Putin zerbombt wird; diejenigen, die dem Terror des »Islamischen Staates« mit knapper Not entkommen sind; diejenigen, die es nach Europa schaffen und dort von Land zu Land geschickt werden; diejenigen, die im Mittelmeer ertrunken sind; diejenigen, die durch die Wüsten Afrikas gelaufen sind und dann in Ceuta und Melilla, an der Grenze zu Europa, vor einem Stacheldrahtzaun stehen; diejenigen, die zu Millionen in ihrem Nachbarland in Notlagern darauf warten, dass die Zustände im Heimatland besser werden; diejenigen auch, die nach dem Verlassen ihrer Heimat verhungert und verdurstet sind, die verkommen sind in der Fremde; die Kinder wären genauso verzeichnet in diesem Buch wie ihre Mütter und Väter, die Kinder also, für die es keinen Hort und keine Schule gibt. Es stünden in diesem Flüchtlingsbuch auch diejenigen Menschen, die aufgenommen worden sind in einer neuen

Heimat – und wie sie es geschafft haben, keine Flüchtlinge mehr zu sein.

Eine Seite für jedes Schicksal

Es stünde da die Geschichte von Abu Kurke Kebato, einem jungen Mann aus Eritrea, der in Libyen ein Schiff nach Lampedusa bestieg, zusammen mit 71 anderen Schutzsuchenden, darunter zwanzig Frauen und zwei Kleinkindern. Das Schiff wurde auf hoher See manövrierunfähig. Es kam ein Hubschrauber, der warf Wasserflaschen und Kekse ab; das war die erste und letzte Unterstützung, die die Schiffbrüchigen sahen. Tage später wurden sie in die Nähe eines Flugzeugträgers getrieben. Zwei Jets starteten und flogen niedrig über das Schiff. Die Menschen standen an Deck, hielten Benzinkanister und die zwei verhungernden Kinder in die Höhe. Sie blieben ungehört.

Nach 15 Tagen strandete das Totenschiff an der libyschen Küste und spie die Flüchtlinge dort aus, woher sie geflohen waren. Nur elf Menschen lebten noch. Einer von ihnen starb, da hatten sie gerade Land erreicht. Ein anderer starb kurz darauf im Gefängnis, in dem sie sogleich festgesetzt wurden. Abu Kurke Kebato überlebte, indem er seinen Urin trank und sich von zwei Tuben Zahnpasta ernährte.

Es stünde in diesem Buch auch die Geschichte von Yusra Mardini, einer jungen Frau aus Syrien. Sie wurde 2017 zur jüngsten Botschafterin des UNHCR ernannt, der Flüchtlingsorganisation der Vereinten Nationen. Sie war in einem Vorort von Damaskus aufgewachsen, war Landesmeisterin im Freistil-Schwimmen. Das Haus der Familie wurde im Bürgerkrieg zerstört, die Schwimmhalle von einer Bombe getroffen, zwei Schwimmkollegen starben.

Yusra und ihre Schwester, ebenfalls eine Nationalschwimmerin, flohen über Beirut nach Istanbul, setzten in Izmir mit weiteren 18 Menschen in einem für sieben Personen ausgelegten Schlauchboot auf die griechische Insel Lesbos über. Während der Überfahrt versagte der Außenbordmotor, das überfüllte Schlauchboot drohte zu sinken, die beiden Schwestern zogen mit Hilfe zweier weiterer Flüchtlinge das Boot mit den Insassen über mehrere Stunden schwimmend bis ans rettende Ufer der Insel Lesbos.

Schließlich kam Yusra Mardini nach Wien, München und Berlin; dort startete sie für die *Wasserfreunde Spandau* bei Schwimm-Wettkämpfen. Im Jahr 2016 trat sie für das erste olympische Flüchtlingsteam bei den Olympischen Spielen in Rio de Janeiro an, 2020 war sie für dieses Team Fahnenträgerin bei der Eröffnungsfeier der Olympischen Spiele in Tokio.

Eine Seite nur im großen Flüchtlingsbuch, eine Seite nur für jedes dieser Schicksale, eine Seite nur für alles Elend, für alle Hoffnung. Es wäre dies nicht ein einzelnes Buch; es wäre ein Buch bestehend aus vielen Bänden. Wenn jeder dieser Bände fünfhundert Seiten hätte – das Flüchtlingsbuch bestünde aus zweihunderttausend Bänden. Es wäre dies eine gewaltige Bibliothek. Wenn man die Bände stapelte, wäre der Bücherturm höher als der höchste Berg der Erde. Es gibt dieses Buch nicht. Es gibt die Menschen, die der Inhalt dieses Buches wären: Flüchtlinge, Geflüchtete nennen wir sie.

Was würden Sie tun?

Wenn Sie Mutter wären in der zerbombten syrischen Stadt Idlib, was würden Sie tun? Und wenn Sie als Familienvater mit Ihren Kindern in einer der windigen Zeltstädte hausen müssten? Sie sind vor der vierhundert Kilometer langen Betonmauer entstanden, die der türkische Präsident Erdoğan hat bauen lassen, um Flüchtlinge aufzuhalten.

Die Böden sind matschig von Regen und Schnee. Um sich vor dem Frost zu schützen, heizen die Flüchtlinge in ihren Zelten. Es sind nicht wenige erstickt an Kohlendioxidvergiftung. Kriminalität grassiert, Prostitution. Wenn Sie als Vater mit Ihren Kindern dort wären, was würden Sie tun?

An mehreren Stellen wurden Tunnel unter die Betonmauer gegraben. Schmuggler nehmen 300 Euro pro Person. Was würden Sie machen, so fragte und frage ich, wenn Sie noch Geld hätten? Aufgeben, umkehren? Was würden Sie machen, wenn Sie es als Vater oder Mutter, als Großvater oder Großmutter, mit Kindern und Enkelkindern schon in den letzten Jahren in die Türkei geschafft hätten?

Was würden Sie machen, wenn Präsident Erdoğan Sie nun aus dem Land weisen, wenn er die Grenzen Richtung Griechenland, Richtung Europa öffnen würde? Was würden Sie machen, wenn russische Soldaten im Nachbarort Menschen erschossen, gefoltert, vergewaltigt oder zu Tode geknüppelt hätten? Wenn Kinder entführt und umerzogen würden? Wenn es keine funktionierende Infrastruktur, kein Wasser und keinen Strom mehr gäbe? Würden Sie bleiben?

Die Goldene Regel

Sie würden vielleicht doch versuchen, der Not und Perspektivlosigkeit zu entrinnen, irgendwie. Und wenn Sie es versuchen, nachdem Ihnen Schmuggler das letzte Geld, das Handy und die Schuhe abgenommen haben, was würden Sie tun: aufgeben, umkehren?

Was würden Sie tun, wenn griechische und europäische Sicherheitskräfte Sie mit Tränengas beschießen? Wenn scharf geschossen wird, um Sie am Überqueren der Grenze zu hindern? Und was würden Sie hoffen, wenn Sie auf der Flucht Ihre Kinder verloren haben? Was würden Sie hoffen, wenn Sie Kinder irgendwo in dreckig-unsicherer Sicherheit glauben, in einem Lager auf den griechischen Inseln Lesbos, Kos, Samos? Was wären Ihre ersten Gedanken, wenn Sie überhaupt nicht mehr wüssten, ob und wo Ihre Kinder leben? Was wären Ihre letzten Gedanken, wenn Sie, als Familie zersprengt, spüren, dass es mit Ihnen selbst zu Ende geht nach all den Strapazen?

Die Antwort auf diese Frage ist eine Schlüsselantwort: Handeln wir, wie wir behandelt werden wollten, wenn wir Flüchtlinge wären. Es ist dies eine Ur-Regel, die *aurea regula*, die Goldene Regel. Als Sprichwort lautet sie so: »Was du nicht willst, dass man dir tu, das füg auch keinem andern zu.« Niemand würde es wollen, dass man auf ihn oder seine Kinder mit Tränengas schießt. Niemand würde es wollen, dass er oder seine Kinder in Flüchtlingslagern auf griechischen Inseln verkommen.

Handeln wir so, wie wir behandelt werden wollten, wenn wir Flüchtlinge wären: Die Konsequenz aus dieser Regel waren und sind die Flüchtlingskonventionen, die Charta der Menschenrechte, die Europäische Grundrechte-Charta. Aber das Papier allein schützt die Flüchtlinge nicht. Europa lebt nicht nur vom Euro; es lebt von seinen Werten, von der Glaubens- und Gewissensfreiheit, der Freiheit der Person, der Gleichheit der Menschen vor dem Gesetz und der Freizügigkeit.

Europa lebt davon, dass es die Menschenwürde schützt. Die Menschenwürde ist nicht aus Seife, sie nützt sich nicht ab, nur weil es angeblich zu viele sind, die sich auf sie berufen. Handeln wir so, wie wir selbst behandelt werden wollten, wenn wir Flüchtlinge wären.

Menschen sind keine Späne

Im Jahr 2019 habe ich im Friedenssaal zu Osnabrück die Laudatio auf *Sea Watch* halten dürfen; die Seenotrettungs-

Organisation erhielt den »Erich-Maria-Remarque-Frie-
denspreis«. Jemand hat mir anschließend gesagt, ich sei
kein neutraler Laudator. Das stimmt. Ich wollte und will
auch nicht neutral sein, wenn es um Humanität geht – und
ich bin froh, dass *Sea Watch, Sea Eye* und Co. nicht neutral
sind, dass diese privaten Flüchtlingsrettungsvereine auch
strafrechtliche Verfolgung riskieren, um Flüchtlinge zu
retten.

Ich war und bin dagegen, dass Asylpolitik gemacht
wird nach dem Motto »Wo gehobelt wird, da fallen Späne«; Menschen, Flüchtlinge, Flüchtlingsfamilien sind keine Späne. Ich war und bin dagegen, dass über Menschen
mit juristischen Fiktionen entschieden wird; zu den juristischen Fiktionen gehörte und gehört das Modell der
angeblich sicheren Herkunftsstaaten. Ich war und bin
immer noch gegen die Änderung des Asylgrundrechts im
Jahr 1993, unter anderem deshalb, weil schon die elende
Debatte darüber elende Auswirkungen hatte, zum Beispiel die Attentate in Rostock-Lichtenhagen, in Hoyers-
werda und in Solingen.

Ich war und bin auch deshalb gegen diese Änderung,
weil das alte, das kompromisslose Asylgrundrecht eine
notwendige Mahnung war, nicht die Augen zu verschlie-
ßen vor dem Leid der Welt. Das alte Asylgrundrecht war
eine Mahnung zur Fluchtursachenbekämpfung. Es machte kompromisslos klar: Wir können uns einmauern oder
unseren Reichtum teilen. Ich war und bin dagegen, Flüchtlinge absichtlich schlecht zu behandeln, um auf diese
Weise vermeintliche »Anreize« zu begrenzen; Flüchtlinge
sind keine Pawlowschen Hunde. Ich war und bin dagegen,
Flüchtlinge als Menschen dritter Klasse zu sehen. Solche
politische Rohheit ist ansteckend; sie trifft dann alsbald
auch andere Gruppen.

Fluchtursachen und Fliehkraft

Es gibt den Knopf nicht, um das Flüchtlingsproblem auszuschalten. Darum war ich gegen die Änderung des Asylgrundrechts von 1993 und bin es immer noch; Gesetzes-
änderungen ändern nichts an den Fluchtgründen. Das alte
Asylgrundrecht war auch eine Mahnung zur Fluchtursachenbekämpfung. Migration ist Tatsache in einer Welt,
in der Kriege und Globalisierung Lebensräume und mate-
rielle Existenzen zerstören. Natürlich ist Fluchtursachenbekämpfung das Allerwichtigste; man darf die Zerstörun-
gen und Verwüstungen nicht als gottgegeben hinnehmen.
Natürlich muss man alles tun, um Fluchtländer wieder zu
Ländern zu machen, in denen Menschen leben können.

Hunderttausende Kinder in den Flüchtlingslagern des
Nahen und Mittleren Ostens sind im Schulalter. Sie sind
unterversorgt, weil Hilfsgelder ausbleiben. Je länger diese
Kinder nicht in die Schule gehen, desto mehr verdüstern
sich ihre Zukunftschancen, desto größer ist auch die Wahr-
scheinlichkeit, dass die Kinder und Jugendlichen Gewalt
ganz gut finden und lernen, mit Bomben statt mit Büchern
ihr Selbstbewusstsein zu stärken.

Für sie Schulunterricht zu organisieren – das ist Fluchtursachenbekämpfung und Terrorprävention. Zur Fluchtursachenbekämpfung gehört eine restriktive Waffenexport-
politik und eine neue Handelspolitik. Wir lassen unsere
Kleidung unter erbärmlichen Umständen in Asien herstellen, was der deutschen Textilindustrie nicht eben guttut.
Die in Asien billigst hergestellte Kleidung geht dann später
als Second-Hand-Spende nach Afrika, wo dann wiederum
die dortige Textilindustrie den Bach hinuntergeht. Ist das
nicht pervers?

Es gäbe ein Mittel, die Verhältnisse in den Hunger-
staaten Afrikas zu verbessern: gerechten Handel. Solange

zum Beispiel EU-Butter in Marokko billiger ist als die einheimische, solange muss man sich über den Exodus aus Afrika nicht wundern. Die EU-Subventions- und Freihandelspolitik ist eine Politik, die Fluchtursachen schafft. Gegen diese falsche Politik helfen keine Flüchtlingsauffanglager.

Die Flüchtlinge fragen nicht danach, ob die Deutschen ihr Grundgesetz geändert haben, ob sie es womöglich noch mal ändern und noch mal einschränken wollen; sie fragen nicht danach, ob EU-Staaten sich aus der Genfer Flüchtlingskonvention hinausschleichen. Die Flüchtlinge fliehen, weil sie in ihrer Heimat nicht mehr leben können. Sie fliehen, solange sie noch fliehen können, weil sie nicht warten wollen, bis sie es nicht mehr können. Es fliehen diejenigen, die noch das Geld zusammenkratzen können und noch nicht am Verhungern sind. In dieser perversen Welt ist selbst die Fliehkraft ein Privileg.

Das ist es, was ich als Journalist immer wieder sagen wollte und sagen will: Mit Mauern und Stacheldrahtzäunen sind noch nie Probleme gelöst worden. Der Schweizer Schriftsteller Max Frisch hat ein Drama geschrieben, das »Die Chinesische Mauer« heißt: Der Kaiser von China verkündet an einem Festtag – »zur Friedenssicherung«, wie er sagt – den Bau der Chinesischen Mauer. Die soll, so erklärt er, den Zweck erfüllen, »die Zeit aufzuhalten« und die Zukunft zu verhindern. Der Kaiser von China hat in Europa seine Kommissare.

Beleidigt, bedroht

Besonders bei meinen Texten zum Ausländer- und Asylrecht konnte ich erfahren, wie klug, wie begierig, aber auch wie bösartig und aggressiv Leserinnen und Leser sein können. Die erste körperliche Attacke auf mich habe ich in den Zeiten der Asylrechtsänderung in Stuttgart erlebt. Mein

Zug war gerade in den Hauptbahnhof Stuttgart eingefahren, ich war beim Aussteigen, als eine Frau mittleren Alters auf mich zustürzte und mich anblaffte: »Sind Sie Heribert Prantl?« Als ich »Ja« sagte, schrie sie mich an: »Sie verbreiten nur Lügen, Sie sind der Untergang Deutschlands« – und begann auf mich einzuprügeln. Mir kam sofort Adelheid Streidel in den Sinn, also die Frau, die im Jahr 1990 bei einer Wahlkampfveranstaltung Oskar Lafontaine ein Messer in den Hals gestochen hatte. Ich schob die Frau mit beiden Händen weg und schaute, dass ich wegkam. Sie rief mir noch etwas von Umvolkung hinterher, und dass ich mit »meinen Asylanten« Deutschland ruiniere.

So etwas kommt glücklicherweise sehr selten vor. Drohungen und verbale Gewalt gibt es öfter. Bei einer Veranstaltung zum Thema Asyl und Flüchtlinge an meinem Wohnort hatten sich, das war schon lange vor Pegida und AfD, Rechtsextremisten strategisch im Saal verteilt und störten massiv. Höhenpunkt der Störung war der Satz: »An Ihrer Stelle würden wir aufpassen, Herr Prantl. Wir wissen, wo Ihre Kinder in die Schule gehen!«

Ich habe die Veranstaltung daraufhin abgebrochen. Diese Art von verbaler Gewalt hat massiv zugenommen. Bis Ende 1990 kamen die Schreiben an »Vaterlandsverräter«, »Sudeljournalisten« und »Drecksäue« von der *Süddeutschen Zeitung* stets anonym, auch das große Kuvert mit Dreck und Scheiße samt beigelegtem Zettel: »Das sind Sie!«

Nach der Deutschen Einheit, als 1992/93 die politische Kampagne gegen das Asylgrundrecht in die letzte Runde ging, wurden die Absender radikaler. Sie meldeten sich mit Namen und Anschrift: »Die Waffen sind schon vorbereitet.« Mit dem Internet haben sich Beleidigungen und Drohungen potenziert. Beleidigung, Bedrohung und Volksverhetzung sind dort zu Hause. Es gibt, zumal in der rechtsextremen Szene, gewohnheitsmäßige Beleidiger.

Sie betrachten die Zurückhaltung der Staatsanwaltschaft
bei Beleidigungsdelikten als Aufforderung zu rassistischer
Hetze und verbaler Gewalttätigkeit.

Zum Glück gab und gibt es auch andere Reaktionen
auf meine Texte, zugeneigte und begeisterte, auch halb-
verliebte. Im Februar 2012 schwenkte meine Assistentin
feixend und prustend die Seiten mit den Bekanntschafts-
anzeigen der *SZ*-Wochenendausgabe. Dort stand in der Ru-
brik »Sie sucht ihn« eine Chiffreanzeige wie folgt: »George
Clooney ist auf Dauer vermutlich langweilig, Heribert
Prantl dagegen eher nicht... Attraktive, lebhafte Frau
(55, lange dkl. Haare, br. Augen, 1,69, Gr. 36/38, Akad.,
NR, vielseitig interessiert, warmherzig) freut sich auf die
Begegnung mit einem analytisch denkenden, sozial enga-
gierten, linksliberalen, erfolgreichen, kommunikations-
fähigen, humorvollen, genussfreudigen, sich und die Welt
reflektierenden Mann, der sich ebenso wie sie eine ver-
trauensvolle Beziehung voller Liebe, Austausch, gegens.
Verständnis, sinnlicher Erotik und Bezogenheit wünscht.
Zuschriften unter ...«

Die Kollegen meinten, ich solle mich doch bei der Frau
melden. Das habe ich natürlich nicht getan. Ich fand die
Anzeige sympathisch, offen und zutraulich. Ich habe sie
mir eingerahmt und ins Regal gestellt.

Was hat es genutzt?

»Und was hat es geholfen?«, fragen mich meine Journa-
listenschüler, wenn ich von meinen vielen vielen Kommentaren zur Verteidigung des Asylrechts rede. »Warum
schreiben Sie eigentlich Kommentare?« Ja warum? Politik
analysieren, Parteitage beleuchten, Strategien erläutern.
Viele hundert Kommentare zum Asylrecht. »Und was hat
es gebracht?«, fragen die Studenten. Die Gefahren des
Rechtsextremismus habe ich angeprangert. Man wurde da-

mit lange nicht ernst genommen. Vor der Verwanzung der Grundrechte habe ich gewarnt. Sie ist weiterhin im Gang. In der Corona-Krise wurden die Grundrechte sehr schnell abgeräumt. Das Verhältnismäßigkeitsprinzip, dem ich so oft das Wort geredet habe – es wurde wenig geachtet.

Die Suche nach dem gültigen Wort

Kommentare sind wie Tagesbucheintragungen: Wenn man sie nach zehn, zwanzig Jahren wieder liest, fragt man sich: Was hat sich eigentlich geändert? Warum schreibe ich Kommentare? Die einfachste Antwort: In der *SZ* gibt es eine ganze Seite, die mit »Meinung« überschrieben ist, und in meinen Arbeitsverträgen stand oder steht »Politischer Kommentator« oder »Politischer Kolumnist«. Das verpflichtet – wozu? Zum Beispiel dazu: Sich nicht zu drücken vor einer klaren Meinung; sich die gegebenenfalls zu erarbeiten, und dazu, sie so hinzuschreiben, dass möglichst jeder sie versteht und dass es, wenn es gutgeht, ein Vergnügen ist, sie zu lesen – und zwar auch für den, der sie nicht teilt.

So ein Kommentar schreibt sich nicht schnell zwischen Tagesschau und Wetterkarte, er erfordert Fachwissen und die Fähigkeit, dieses Wissen zu übersetzen in eine möglichst klare und packende Sprache. Der Kommentar darf und soll pointieren und kolorieren, bisweilen auch ziselieren. Er darf viel, aber er darf nicht langweilen. Die Suche nach dem gültigen Wort ist manchmal zäh und langwierig; vielleicht findet man es nie. Aber man darf das dem fertigen Kommentar nicht anmerken.

Es ist ja ein seltsamer Widerspruch – gültige Worte finden zu wollen in einem Metier, in dem kein Gedanke, keine Wahrheit allgemeingültig ist. Natürlich verändert Journalismus nicht die Welt; Gesprächslagen und Gesprächsthemen sehr wohl. Manchmal werden aus aktuel-

len Kommentaren Vorträge, Talkrundenbeiträge, Predigten, Schulaufgabentexte, Abituraufgaben – auch Bücher.
Mit Leuten, die aus Kommentaren Bücher machen, so hat
einmal der Germanist Gerd Ueding in einer Laudatio gesagt, »verlängert sich die Autorität einer flüchtigen Tages-
zeitung in eine etwas festere Form«.

Guter Journalismus deckt Missstände auf; aber er
muss darüber hinausgehen, weil Aufdeckung nicht Selbst-
zweck ist, Aufdeckung ist nicht Kikeriki-Journalismus.
Guter Journalismus ist Moderator und Motor für Veränderungen, welche die aufgedeckten Missstände abstellen.
Das ist so wichtig wie das Aufdecken. Das ist Pressefreiheit. Das gehört zur Demokratie.

Dann verändert sich etwas. Etwas Schöneres kann
einem politischen Journalisten und Kommentator nicht
passieren.

Juli

Dieses Kapitel handelt vom großen Widerstand in der Diktatur und vom kleinen Widerstand in der Demokratie. Der kleine Widerstand ist eine Kraft, die der Rechtsstaat braucht, er ist ein demokratischer Wirkstoff, er ist so etwas wie der Blütenhonig der Demokratie. Man darf ihn nicht zum Gift erklären, nur weil er einem gerade zu klebrig ist. Mein Blick auf den kleinen Widerstand ist ein heimatlicher Blick, er ist geprägt von der WAA, von der atomaren Wiederaufbereitungsanlage, die in meiner oberpfälzischen Heimat, in Wackersdorf, gebaut werden sollte; mein Blick ist geprägt vom Protest dagegen.

Der große und der kleine Widerstand

Gescheiterte Erhebung gegen Hitler, 20. Juli 1944

Wenn Sie sich zwei Absätze aus dem Grundgesetz auswählen sollen, die für Sie am wichtigsten und am wertvollsten sind – welche würden Sie aussuchen? Ich würde den Artikel 1 Absatz 1 und den Artikel 20 Absatz 4 wählen. Diese beiden Absätze sind die Grundlage des Gemeinwesens, sie sind Alpha und Omega des demokratischen Rechtsstaats. Da ist zum einen also der ebenso schlichte wie großartige Satz: »Die Würde des Menschen ist unantastbar.« Und da ist zum anderen das Widerstandsrecht: »Gegen jeden, der es unternimmt, diese Ordnung zu beseitigen, haben alle Deutschen das Recht zum Widerstand, wenn andere Abhilfe nicht möglich ist.«

Es gibt Staatsrechtler, die diesen Widerstandsartikel für ein pathetisches Larifari halten: Wenn der Widerstand erfolgreich sei, so sagen diese Staatsrechtler, dann brauche man doch hinterher keine große Rechtfertigung durch ein ausdrückliches Recht; und wenn der Widerstand scheitere, dann helfe so ein Recht auch nichts mehr. Eine solche Bewertung ist falsch. Sie verkennt die Kraft des Symbols. Und sie verkennt, dass in diesem Artikel 20 Absatz 4 eine Forderung und eine Mahnung stecken. Er ist die Aufforderung, nicht so lange zu warten, bis »andere Abhilfe nicht mehr möglich ist«. Der Widerstandsartikel appelliert an die Courage der Demokratinnen und Demokraten, es nicht so weit kommen zu lassen, dass man den großen Widerstand braucht, wie er in Artikel 20 Absatz 4 benannt ist.

Wenn Steine reden könnten

Der große Widerstand: Wir denken an den Widerstand gegen Hitler und die Nationalsozialisten. Wir denken an Claus Schenk Graf von Stauffenberg, an den Aufstand des schlechten Gewissens am 20. Juli 1944, wir denken an die *Weiße Rose*, wir denken an einen journalistischen Märtyrer wie Fritz Gerlich, der Chefredakteur der *Münchner Neuesten Nachrichten* war, den die Nazis zu Tode folterten. Der Name seiner Zeitung, der *Münchner Neuesten Nachrichten*, steht heute als Untertitel meiner Zeitung, der *Süddeutschen Zeitung*, vom Montag bis Freitag auf der Seite 1.

Wir denken an den Weg Deutschlands zum Grundgesetz, der durch die Abgründe der Geschichte führt. Er führt vorbei an den Konzentrationslagern, er führt vorbei an den Orten, denen man das Unrecht heute nicht mehr ansieht, an Gerichtsgebäuden zum Beispiel. Der Münchner Justizpalast zum Beispiel war von 1933 bis 1945 ein Palast des Unrechts. Wenn Steine reden könnten, sie würden reden davon, wie am 22. Februar 1933 der eigens aus Berlin angereiste Roland Freisler den kurzen Prozess gegen Sophie Scholl, Hans Scholl und Christoph Probst führte, wie er tobte, brüllte, die Angeklagten niederschrie der Flugblätter wegen, die sie geschrieben hatten. Es war dies die angebliche Lügenpresse von damals. Wenn Steine reden könnten.

Zum 75. Jahrestag des Todesurteils gegen die *Weiße Rose* saß ich in eben diesem Schwurgerichtssaal und führte mit Charlotte Knobloch, der Präsidentin der israelitischen Kultusgemeinde, ein Gespräch vor den Mitgliedern der deutsch-israelischen Juristengesellschaft. Wir redeten über den Rechtsextremismus damals und über den Rechts-

populismus, den Rechtsradikalismus und den Rechtsextremismus von heute. Charlotte Knoblochs Vater war
Rechtsanwalt. Und die damaligen Präsidenten des Ober-
landesgerichts, in dem wir nun saßen, hatten die Juden-
verfolgung erleichtert, bestärkt und verschärft. Die Nationalsozialisten waren ja nicht heimlich hineingeschlichen
in den Justizpalast, sie hatten die Justiz nicht undercover
infiltriert. Das Gericht hatte, die Gerichte hatten den Nazis
die Tore aufgerissen, sie hatten bereitwilligst die braunen
Teppiche ausgerollt. So war das.

Auf den Flugblättern der Geschwister Scholl standen
unter anderem diese Sätze: »Wenn jeder wartet, bis der andere anfängt, wird keiner anfangen.« Diese Sätze begleiten
mich, seitdem ich im Jahr 1994 in der Aula der Münchner
Universität den »Geschwister-Scholl-Preis« entgegennehmen durfte. Ich habe diese Sätze damals zum Thema meiner Dankesrede gemacht: Sie haben ihre eigene Bedeutung
in jeder Zeit, auch in der gegenwärtigen. Jeder und jede
muss für sich nachdenken, was ihm und was ihr das heute
sagt und wozu es ihn und sie verpflichtet. Die Gefahr, be-
quemer Anpassung zu erliegen, wie sie die *Weiße Rose* angeprangert hat, gibt es heute so wie damals.

»Wenn jeder wartet, bis der andere anfängt, wird keiner anfangen.« Das war und ist ein Appell, der immer gilt,
ein Appell an mich selbst und ein Dank an meinen Vater,
der mit Mama und meinen Geschwistern in der ersten Reihe der Universitätsaula saß – und der mir das durch sein
eigenes Beispiel gelehrt hat. Im Jahr 1965, zwölf war ich
damals, bin ich mit ihm und dem Verein, den er so lange
geleitet hat, der Kolpingfamilie Nittenau, zur Eröffnung
der KZ-Gedenkstätte Dachau gefahren. Die Fotos von den
ausgemergelten Häftlingen, die in der Gedenkstätte auf-
gestellt waren, sind mir im Kopf geblieben. Und als ich
später Alfred Rosenbergs »Mythus des 20. Jahrhunderts«

und Adolf Hitlers »Mein Kampf« las, habe ich zwischen den
Zeiten und Zeilen die Bilder von damals gesehen.

Mein Vater war kein Widerständler, er war nur ein Ver-
einsmensch in der Zeit der jungen Bundesrepublik, ein
Kümmerer, ein Gemeinschaftsarbeiter; von ihm hab ich
gelernt, dass man nicht lang fragt, sondern zupackt, dass
man sich etwas zutraut, dass man zäh sein muss und aus-
dauernd, und dass es nichts bringt, alles Mögliche anzu-
fangen, wenn man es nicht fertig macht. Er war einer, der
»es« gemacht hat, einer, der bei anderen bitten und betteln
konnte, er war, in seiner kleinen Welt in der Oberpfalz, ein
begnadeter Akquisiteur. Das ist nicht Widerstand, auch
kein kleiner; aber das ist die Voraussetzung dafür, dass
man merkt, wenn er notwendig wird. Mein Vater war, das
habe ich fast zehn Jahre später in meiner Totenrede auf
ihn gesagt, »ein großer Mann in einer kleinen Stadt«.

Virus der Gleichgültigkeit

Es gibt, damals wie heute, die Formeln, die man gern zur
Beschwichtigung oder zur Tarnung der eigenen Bequemlichkeit benutzt. Dazu gehört der Satz: »Allein kann man
ja doch nichts bewirken.« Es sind Sätze der Gleichgültigkeit, Sätze der Trägheit, der Apathie, der Resignation,
manchmal auch der Feigheit. In uns allen stecken solche
Sätze: »Was soll man machen? Da kann man gar nichts
machen.« Und: »Nach uns die Sintflut.«

Eine Demokratie kann man aber mit solchen Sätzen
nicht bauen. Einen guten Rechtsstaat auch nicht. Und die
Menschenrechte bleiben, wenn man solchen Sätzen nach-
gibt, papierene Rechte. »Zerreißt den Mantel der Gleichgültigkeit, den Ihr um Euer Herz gelegt!« Dieser Satz aus
den Flugblättern der Geschwister Scholl ist ein Satz der
Anklage in einer Zeit, in der die Gleichgültigkeit globali-
siert ist und in der Tausende von Flüchtlingen im Mittel-

meer sterben. Sie verdursten auf dem Wasser. Sie gehen unter. Sie erfrieren in der Kälte der europäischen Flüchtlingspolitik.

Papst Franziskus nennt die Gleichgültigkeit »ein Virus, das lähmt, das unbeweglich und unempfindlich macht«. Wer vom Mut der Widerständler gegen Hitler spricht, wer diesen Mut vor Augen hat – der tut sich allerdings schwer, dieses Wort in einer Gegenwart zu gebrauchen, in der Mut wenig kostet. Ist der Mut von damals aber nicht umso mehr Mahnung und Verpflichtung?

Es waren Menschen aus allen politischen Lagern und weltanschaulichen Gruppen, die Widerstand gegen Hitler leisteten, es waren Menschen aus allen Schichten des Volkes – Offiziere, Gewerkschaften, Adlige, Bischöfe. Neben den meist aristokratischen Namen vom 20. Juli und dem Generaloberst Ludwig Beck stehen die Namen der linken Widerständler, von denen so viele in den Konzentrationslagern umkamen; die Namen der Roten Kapelle zum Beispiel; dazu die Namen der *Weißen Rose* und die des Nationalkomitees Freies Deutschland, dazu der Name des einsamen Attentäters Georg Elser, der schon 1939 im Münchner Bürgerbräukeller eine Bombe gegen Hitler gezündet hatte; dazu die Namen der christlichen Widerständler, des Kardinals Graf von Galen etwa, des Jesuiten Alfred Delp und des evangelischen Theologen Dietrich Bonhoeffer sowie des katholischen Karlsruher Rechtsanwalts Reinhold Frank.

Gemeinsam war ihnen die radikale Ablehnung von Totalitarismus, Rassenwahn und Menschenverachtung. Ihnen allen – das wünsche ich mir – ist das Grundgesetz zu widmen. Es wäre der Sinn und das Verdienst einer solchen großen Widmung im Grundgesetz, sie alle, alle Widerständler gegen Hitler, in einem großen Atemzug zu nennen – als Märtyrer für ein besseres Deutschland. Es wäre dies die Ökumene des Widerstands.

Die Gewissheit, dass etwas Sinn hat

Der 20. Juli ist der große Gedenktag des Widerstands. Der 17. Juni ist es auch. Am 17. Juni 1953 wagten eine Million Menschen in 700 Orten der DDR den Aufstand: »Wir wollen freie Menschen sein.« Das war der Ruf der Aufständischen. Arbeiterklasse gegen Arbeiterstaat. Es ging erst gegen gestiegene Arbeitsbelastung, dann gegen die miesen Lebensverhältnisse, schließlich um freie Wahlen und gegen die SED.

Der Publizist Sebastian Haffner schrieb vier Tage später im britischen Observer: »Ein totalitäres Regime, fast vier Jahr lang im vollen Besitz aller Macht und Mittel, die eine moderne Diktatur braucht, war binnen nicht einmal zwölf Stunden zu vollkommener Machtlosigkeit verdammt und gezwungen, hinter Panzern einer fremden Armee Schutz zu suchen. Und so weit ist es nicht etwa durch eine innere Spaltung oder eine bewaffnete Verschwörung in seiner Mitte gekommen, sondern durch einen spontanen Volksaufstand im klassisch-revolutionären Stil von 1789 und 1848.«

1789 steht für die Französische Revolution und die Abschaffung des feudalistisch-absolutistischen Ständestaats in Frankreich. 1848 steht für die gescheiterte demokratische Revolution in Deutschland, für die Erhebung gegen die Fürsten, für das erste deutsche Parlament in der Frankfurter Paulskirche. Haffner hat den revolutionären Volksaufstand zu Recht in diese Reihe gestellt, auch wenn die russischen Panzer den Aufstand schnell und brutal niederwalzten.

Es gilt hier der bereits einmal zitierte Satz von Václav Havel, dem tschechoslowakischen Menschenrechtler und späteren Präsidenten: »Hoffnung ist nicht die Überzeugung, dass etwas gut ausgeht, sondern die Gewissheit, dass etwas Sinn hat, egal wie es ausgeht.« Der 17. Juni 1953 ging nicht gut aus. Erst der nächste Aufstand, der Aufstand der Kinder des 17. Juni, ging gut aus – das war im November 1989.

Neuauflage eines Feiertages?

Roland Jahn, der Bundesbeauftragte für die Stasi-Unterlagen, hat 2017 den Vorschlag gemacht, an den Volksaufstand von 1953 wieder durch einen gesetzlichen Feiertag zu erinnern. Ein solcher Feiertag, ein etwas komischer, war der Tag schon einmal – in der alten Bundesrepublik, von 1954 bis zur Wiedervereinigung; dann wurde er durch den zum Einheitstag erklärten 3. Oktober abgelöst. Der 17. Juni-Feiertag war ein seltsamer, aber sehr präsenter West-Feiertag: Die Abgeordneten im Bundestag zu Bonn hörten Gedenkmusik, die Wähler fuhren zum Baden; und im Osten herrschte an diesem Tag Schweigen.

Eine Neuauflage dieses seltsamen Feiertags? Wirklich? Ja! Der Vorschlag ist richtig und gut, weil dieser Feiertag kein seltsamer Feiertag war; er ist nur seltsam begangen worden. Der Tag gehört zu den stolzen, zu den großen Tagen der deutschen Geschichte Der 17. Juni 1953 ist ein Tag des Widerstands. Er lehrt Mut. Er lehrt, dass es Freiheit nicht zum Nulltarif gibt.

Dieser Aufstand ist deshalb nicht einfach »gescheitert« oder »unvollendet«. Er fügt sich ein in die Geschichte der europäischen Befreiung: 1953 in der DDR, 1956 in Ungarn, 1968 in Prag, 1970 und 1980 in Polen; zu dieser europäischen Befreiungsgeschichte gehört im letzten Drittel des 20. Jahrhunderts die Überwindung der Diktaturen in Spanien, Portugal und Griechenland, dazu gehören die Revolutionen in Osteuropa 1989 ff. Der Heidelberger Zeitgeschichtler Edgar Wolfrum hat zu Recht die Überwindung von Diktaturen als Gründungsmythos bezeichnet.

Aufforderung zum kleinen Widerstand

Der europäische Gründungsmythos ist eine Befreiungs-geschichte, die im 18. Jahrhundert beginnt und zu deren Marksteinen der 17. Juni 1953 gehört – und auch das Jahr 1948, das Jahr also, in dem das Grundgesetz geschrieben wurde. Dieses Grundgesetz ist ein Zeugnis des Wider-stands und der Kraft der Hoffnung. Es gibt kaum Denk-mäler für die deutschen Widerstandskämpfer und Revolu-tionäre. Nicht für die von 1848/49, nicht für die von 1953, nicht für die von 1989. Denkmäler müssen aber nicht un-bedingt aus Stein oder Bronze sein. Denken und Geden-ken kann man auch ohne Denkmal – zum Beispiel mit dem Artikel 20 Absatz 4 des Grundgesetzes.

Der 20. Juli 1944 steht Pate für diesen Artikel, in dem »das Recht auf Widerstand, wenn andere Abhilfe nicht möglich ist«, formuliert ist. Dieser Satz stand nicht von Anfang an im Grundgesetz, er kam erst 1968/69 mit der Notstandsverfassung hinein – als Kompromissformel an-geblich, um der SPD die Zustimmung zu den Notstands-gesetzen zu erleichtern. Wenn es wirklich so war, dann war dieser Artikel das Beste, was die Notstandsgesetze zu-stande gebracht haben.

Die Zeilen über den Widerstand haben ihren Platz eher zufällig ausgerechnet im Artikel 20 Absatz 4 gefun-den. Es ist dies aber ein vielsagender Zufall. Der 20. April, der Geburtstag Hitlers, und der 20. Juli 1944, der Tag des Widerstands gegen ihn – diese beiden Tage sind die Klam-mern für den Artikel 20 Absatz 4 des Grundgesetzes. In die-sem Widerstandsartikel steckt die Aufforderung, es nicht so weit kommen zu lassen, dass es den großen Widerstand braucht – dieser Artikel ist auch die Aufforderung zum klei-nen Widerstand. Der Gedenktag des 20. Juli lehrt, schon den Anfängen von Menschenverachtung entgegenzutreten.

Was der Mensch dem Menschen schuldet

Kleiner Widerstand: So hat das mein Lehrer, der 2001 verstorbene Münchner Rechtsphilosoph Arthur Kaufmann genannt. Der kleine Widerstand sei die bewegende Kraft, der das Recht und der Rechtsstaat zu ihrer fortwährenden Erneuerung und damit zur Verhinderung ihrer Entartung bedürfen. Gemeint sind Widerspruch und Zivilcourage, gemeint sind die Whistleblower, gemeint ist das, was oft als Gutmenschentum belächelt und denunziert wird. Der kleine Widerstand hat die Namen all derer, die Missstände kennen und gegen Unrecht nicht nur im Eigeninteresse anrennen – sei es in Pflegeheimen oder in Flüchtlingsheimen. Aus der Korrespondenz, die ich dazu mit Arthur Kaufmann geführt habe, ist nach seinem Tod ein kleines Büchlein entstanden: »Was der Mensch dem Menschen schuldet.«

Es gehört zu den Perversitäten des neuen Rechtsextremismus, dass ausgerechnet er sich auf diesen Widerstandsartikel beruft. Rechtsextremisten versuchen seit geraumer Zeit, diesen Artikel für sich zu kapern. Sie berufen sich darauf, um missliebige Politik zu verleumden, um Rassismus, Menschenverachtung und Gewalt zu legitimieren, um Flüchtlingsheime anzuzünden und zum Bruch mit dem »System«, also mit der rechtsstaatlichen Demokratie aufzufordern. Das ist geschichtsvergessen, das ist verrückt.

Bundespräsident Frank-Walter Steinmeier rückte diese Verrücktheit in seiner Rede zur Lage der Nation im Oktober 2022 wieder gerade, er leistete Widerstand gegen den Missbrauch des Widerstands; er versuchte zu deklinieren, wie Widerstand in der Demokratie aussieht: Er propagierte den Widerspruch, die Zivilcourage, den aufrechten Gang. »Widerstandsfähige Bürger«, so Steinmeier, »treten ein für ihre Meinungen und äußern ihre Sorgen – aber sie lassen sich nicht vereinnahmen von denen, die unsere Demokratie attackieren. Widerstandskräftige Bürger unterscheiden zwischen der notwendigen Kritik an politischen Entscheidungen – und dem Generalangriff auf unser politisches System. Widerstandskräftige Bürger halten Unsicherheit aus und lassen sich nicht verführen von denen, die einfache Lösungen versprechen.«

Das alles war und ist richtig. Aber es fehlte etwas: Es fehlte der Appell, solchen Widerstand zu achten und nicht als Unverstand zu diskreditieren. Auch Politik muss widerstandskräftig sein: Sie muss den demokratischen Widerstand respektieren. Das sagt sich leicht, ist aber schwer, wenn es um die großen Themen, wenn es um die Corona- oder die Ukraine-Politik geht. Da gilt ein Einspruch schnell als unverantwortliche Systemkritik und als verfassungsfeindlicher Generalangriff. Diejenigen, die anders denken als die Andersdenkenden, müssen also das Andersdenken achten. Es ist Missachtung, wenn demokratische Kritik dadurch verunglimpft wird, dass man ihr vorwirft, sie spiele Extremisten in die Hände.

Wenn Insider auspacken

Der kleine demokratische Widerstand hat nichts mit Revolution, aber viel mit Evolution zu tun. Er verlangt Geduld, aber nicht Schafsgeduld, sondern geduldige Ungeduld. Der Widerstand ist eine Kraft, die der Rechtstaat braucht und von der die Demokratie lebt. Solcher Widerstand ist ein demokratischer Wirkstoff, so etwas wie der Blütenhonig der Demokratie. Man darf ihn nicht zum Gift erklären, nur weil er einem gerade zu klebrig ist.

Für den Einzelnen kann so ein kleiner Widerstand durchaus ein großer sein, weil er nicht selten mit großen Risiken verbunden ist. Die sogenannten Whistleblower haben das erlebt und durchlitten: Der LKW-Fahrer Miroslaw Strecker, der die Behörden informierte, als er verdorbene Schlachtabfälle zur Fleischfabrik fahren musste, wurde vom Bundesverbraucherminister mit einer goldenen Plakette geehrt. Ein stabiler Kündigungsschutz wäre ihm lieber gewesen, denn: Sein Arbeitgeber, der 150 Tonnen Abfall an Dönerbetriebe weiterverkauft hatte, setzte ihn, rechtswirksam, vor die Tür.

Wenn Insider auspacken, können sie einpacken. Das ist die bittere Lehre aus den vergangenen Jahrzehnten. Das Hinweisgeberschutzgesetz, das im Dezember 2022 im Bundestag beschlossen wurde, will das ändern: Whistleblower sollen vor Repressalien, Diskriminierung, Mobbing und anderen Vergeltungsmaßnahmen geschützt werden. Es ist dies der Versuch, den Widerstand im Alltag zu schützen und zu stärken.

Bestraft, entlassen, verbannt

Das neue Recht kommt zu spät für den Steuerfahnder Klaus Förster, der 1976 die illegalen CDU-Parteispenden aufdeckte und damit den Flickskandal auslöste. Förster wurde gemobbt und aus dem Dienst gedrängt. Das neue Recht kommt auch zu spät für Rudolf Schmenger und Marco Wehner. Das waren die hessischen Finanzbeamten, die in den 90er-Jahren die Millionen-Schwarzgelder der hessischen CDU aufgespürt haben, die als »jüdische Vermächtnisse« getarnt waren. In der Folge des Skandals gelangte die spätere Bundeskanzlerin Angela Merkel an die Spitze der CDU. Die Finanzbeamten aber gelangten an den Rand des Wahnsinns; sie wurden mit psychiatrischen Gutachten traktiert, die ihnen eine »paranoid-querulatorische Entwicklung« attestierten.

Das neue Recht kommt zu spät für die Tierärztin Margrit Herbst, die nicht zuschauen wollte, wie ihr Betrieb

Tierkörper trotz Seuchen-Verdachts verarbeitete; sie wurde entlassen. Für den Innenrevisor Erwin Bixler kommt das neue Recht auch zu spät; er brachte vor 2002 ein System manipulierter Statistiken bei den Arbeitsämtern zu Fall, wurde deswegen mit schlechten Beurteilungen degradiert, krank und berufsunfähig gemacht.

Der Altenpflegerin Brigitte Heinisch ging es ähnlich; sie prangerte Missstände in ihrem Heim an, wurde gekündigt, klagte vergeblich bei deutschen Gerichten und bekam erst 2011 beim Europäischen Gerichtshof für Menschenrechte recht. Martin Porwoll, kaufmännischer Leiter einer Großapotheke in Bottrop, deckte auf, dass sein Chef Krebsmedikamente bis zur Unwirksamkeit verdünnte. Der Apotheker wurde wegen seiner kriminellen Profitgier zu zwölf Jahren Haft verurteilt. Porwoll stürzte in die Arbeitslosigkeit; Schadenersatz oder Entschädigung hat er nicht erhalten.

So ergeht es Widerständlern. Und wie es einem widerständlerischen Whistleblower ergeht, der der ganz großen Politik in die Quere kommt, davon kann Edward Snowden in seinem Moskauer Asyl ein Lied singen. Es ist das Lied einer traurigen Realität. Vergeblich haben Snowdens Anwälte schon 2018 »an die politischen Führer der EU-Staaten« appelliert, den Whistleblower aufzunehmen. Snowden habe einen »immensen Beitrag zum Schutz unserer Freiheiten« geleistet und verdiene eine »echte Zuflucht«. Es gab keine nennenswerten Reaktionen. Diese Realität ist demokratieschädlich. Da braucht es noch viele Präsidentenreden. Da braucht es einen neuen Geist.

Die Kernfäule der CSU

Mein eigener Blick auf den Widerstand ist ein heimatlicher Blick, er ist geprägt von der WAA und den Protesten dagegen. WAA – es war dies das Kürzel für das politisch

umstrittenste Bauprojekt der 1980er-Jahre, das, nicht
weit entfernt von meinem Heimatort Nittenau, in der
Oberpfalz gebaut werden sollte. Die Wiederaufbereitungsanlage Wackersdorf war das Vorzeigeprojekt der CSU, das
Symbol für die Atompolitik der Bayerischen Staatsregierung.

Den Bau dieser »Anlage zur Wiederaufarbeitung abge-
brannter Kernbrennstäbe« zu verhindern, war ein Projekt
und ein Erfolg der kleinen Leute, die sich auflehnten, als
die CSU ihre Heimat zur strahlenden Heimat machen wollte. Wenn man heute nach den Wurzeln für die Kernfäule
der CSU in Bayern sucht, dann stößt man auf die WAA. Damals, mit Blendschockgranaten, Gummischrotgeschossen
und der »Pfingstschlacht« von 1986 gegen die Demonstranten begann die partielle Entfremdung der Volkspartei
CSU von ihrem Volk. Dutzende von Beamten schieden
nach der Pfingstschlacht freiwillig aus dem Polizeidienst
aus, weil sie das brutale Vorgehen gegen WAA-Kritiker
nicht mehr mitmachen wollten.

An Wackersdorf habe ich mich erinnert, als 2018 der
Hambacher Forst geräumt wurde: Dort, im großen Wald
bei Köln, wurden, nach dem Willen eines Energiekon-
zerns, Menschen von den Bäumen gepflückt, die für ihren
Forst kämpften, der zur Braunkohlegewinnung gerodet
werden sollte. Sie wurden geräumt, samt ihren Bauern-
häusern. An Wackersdorf habe ich mich auch erinnert, als
2023 in Lützerath Klimaaktivisten den Braunkohleabbau
blockierten.

Wackersdorf: Zum »Anti-WAAhnsinns-Festival«, einem der größten Rockkonzerte der deutschen Geschichte,
kamen 100000 Menschen. Und am 1. Oktober 1988 demonstrierten 600 Ärzte aus Deutschland und Österreich
gegen die WAA; sie marschierten in ihren weißen Kitteln
vom Marktplatz in Wackersdorf zum WAA-Gelände.

Das wüste, raue Land

Ich war damals Staatsanwalt in Regensburg; diese Staatsanwaltschaft war zuständig für die »weiblichen Inhaf-
tierten«, die am stählernen Bauzaun von Wackersdorf
(4,8 Kilometer lang, 15 Millionen Mark teuer) festgenom-
men worden waren. Da demonstrierten junge Leute aus
den Großstädten zusammen mit alten Bäuerinnen aus der
Oberpfalz. In der Nähe des Bauzauns, am Marterl, hielt
mein früherer Religionslehrer Andachten, meine Freunde
aus Kindertagen bevölkerten das Hüttendorf, ich besuchte
sie dort am Wochenende; und ausgerechnet mein Bruder
arbeitete als junger Chemiker für die Gesellschaft, die die
WAA baute. Der Streit über die WAA ging in der Oberpfalz
mitten durch die Familien, auch durch meine.

Einmal hatte ich die Anklage gegen eine Frau zu vertreten, die angeblich während der Proteste gegen die WAA
in ihrer Handtasche Pflastersteine zu den Demonstranten
getragen hatte. Viele Jahre später, bei einer Sonntagsma-
tinee in Berlin, Jahrzehnte später, im *Deutschen Theater*,
habe ich im Gespräch mit Gregor Gysi davon erzählt. Der
Kollege Hans-Dieter Schütt hat zugehört, darin einen
Grund für meinen Wechsel von der Justiz zum Journalismus erkannt und dann in der Zeitung *Neues Deutschland* so berichtet: »Der Bürgersinn der Großmutter. Der
Widerstand im Hausfrauenrequisit. Prantl plädiert auf
Einstellung des Verfahrens. Telefonischer Stafettenlauf bis
ganz nach oben – und wieder zurück zu Prantl. Nein! ›Da
kam ich ins Grübeln‹ – die Tage solcher Staatsdienerschaft
waren gezählt.«

Drei Tote gab es damals bei den Kämpfen im Wackers-
dorfer Wald. Es gibt einen Kinofilm dazu, aus dem Jahr
2018: Er heißt schlicht und einfach »Wackersdorf«. Es ist
ein grandioser Film, ein Heimatfilm im besten Sinn des

Wortes, ein Film über den kleinen Widerstand, der manchmal ein großer ist. Der Film beginnt mit Bildern einer kargen nächtlichen Landschaft, über der Nebelschwaden liegen. Der Aufklärer Johann Christoph Gottsched hat diese Oberpfalz vor 250 Jahren in seiner »Zornigen Ode« als das »wüste, raue Land« beschimpft. Das gilt immer noch ein wenig.

Und rau ist auch die Sprache, die dort gesprochen wird. Man redet nicht so viel; man redet dann, wenn es was zu sagen gibt – so wird ein Münchner Politiker im Film vom Schwandorfer SPD-Landrat Hans Schuierer belehrt. Der frühere SPD-Politiker und Fraktionsvorsitzende Ludwig Stiegler, der in seiner aktiven politischen Zeit den Wahlkreis Weiden/Oberpfalz vertrat, schwärmt: »Ich liebe Homer, weil der so oberpfälzisch ist.« Stiegler, ein gelernter Jurist und ein leidenschaftlicher Altphilologe, meint, dass die lautmalerische Sprache Homers etwas Ländlich-Bäuerliches hat. Aber diese Dinge hört man wohl nur dann, wenn man selber ein Oberpfälzer ist.

In der Oberpfalz leben jedenfalls Menschen, die nicht schwadronieren und schwätzen, sondern zupacken und arbeiten, die sich nicht schnell einschüchtern lassen – Leute wie Hans Schuierer. Er ist die Hauptfigur des Wackersdorf-Films, prächtig verkörpert vom Schauspieler Johannes Zeiler; man kann ihm beim Nachdenken zuschauen. Man lernt in diesem Film, wie aus einem ordentlichen Landrat, dem die horrende Arbeitslosigkeit von zwanzig Prozent im Magen liegt, ein ordentlicher Widerständler wird. Sigi Zimmerschied spielt den Umweltminister.

Aufgeregte Zeiten

Wie gesagt, ich war damals Staatsanwalt. Natürlich gab es Straftaten in Wackersdorf. Aber es gab noch sehr viel mehr Zivilcourage, die kriminalisiert wurde – weil die Politik sich anders gegen die Solidarisierung der Einheimischen mit den auswärtigen Kernkraftgegnern nicht zu helfen wusste. Vor den Wirtshäusern, in denen sich WAA-Gegner trafen, schrieben Polizisten die Auto-Kennzeichen auf.

Aus einem Protest von WAA-Gegnern wurde da schnell ein krimineller Landfriedensbruch. Rustikale Kleidung galt als »Passivbewaffnung«. Und wenn ein Demonstrant von der Polizei weggetragen werden musste, wurde er wegen »Widerstand« angeklagt, weil er sich dabei »schwer gemacht« hatte.

Wenn sich in der Gerichtsverhandlung aber alles im anderen Lichte darstellte, durfte der Staatsanwalt nicht einfach Freispruch beantragen und auch nicht einer vom Richter angeregten Einstellung des Verfahrens zustimmen. Der sonst so souveräne Sitzungsstaatsanwalt, der bei jedem Kapitalverbrechen die Freiheit hat, je nach dem Gang der Hauptverhandlung ganz selbstständig und nach Gutdünken auf Freispruch oder auf Lebenslänglich oder sonst eine Strafe zu plädieren, war strikt gehalten, bei seinem Vorgesetzten nachzufragen. Und der Oberstaatsanwalt fragte dann beim Generalstaatsanwalt nach, und der General sagte dann natürlich, dass es kein Pardon, keinen Freispruch und keine Einstellung gibt. So war das. Es waren aufgeregte Zeiten.

Pionier des Ausstiegs

Hans Schuierer, SPD-Landrat von Schwandorf, war das Gesicht des Widerstandes; er war der Gegner des CSU-Chefs und Ministerpräsidenten Franz Josef Strauß, der den Leuten weismachen wollte, so eine Wiederaufarbeitungsanlage sei »nicht gefährlicher als eine Fahrradspeichen-Fabrik«. Nach anfänglichem Zögern, weil ihn die in Aussicht gestellten Tausende von Arbeitsplätzen freuten, wurde Schuierer zum Atomgegner, unterstützte die Bürgerinitiativen, trat als Gegner bei Protestveranstaltungen auf, stellte sich als Chef der Genehmigungsbehörde quer, legte sich mit der atombegeisterten Staatsregierung an, die gegen die Demonstrantinnen und Demonstranten von Hubschraubern aus sogar CS-Reizgas einsetzen ließ. Der Landrat verweigerte die Baugenehmigung für die WAA, demonstrierte gemeinsam mit seiner Frau Lilo gegen das Projekt und unterstützte die Demonstranten beim Bau eines Hüttendorfes.

Das kam für die Regierungspartei CSU einem Landesverrat gleich. Die Landtags-CSU verabschiedete ein Gesetz, das dem Staat über den Kopf des Landrats hinweg bei Genehmigungsverfahren ein »Selbsteintrittsrecht« sicherte. Man versuchte also, den Landrat politisch zu entmündigen. Und man versuchte auch, ihn mit Klagen vor dem Gericht zu disziplinieren, weil Schuierer kein Blatt vor den Mund genommen hatte, weil er von der »Ein-Mann-Demokratie Strauß'scher Prägung« geredet hatte und von der »Großmannssucht der CSU-Demokratur«.

Das Gericht hielt das zwar für ehrverletzend, sah jedoch von einer Bestrafung ab wegen der sonst »untadeligen Amtsführung« Schuierers. Der kündigte daraufhin an, dass er zwar auch in Zukunft klar gegen die Atompolitik in Bayern Stellung beziehen wolle, dabei aber »gewählter formulieren« werde. Solch trockenen Spott beherrschte der Oberpfälzer Landrat wunderbar. Er beherrschte die diversen kleinen und größeren Formen des Widerstands – und wurde so zu einem Pionier des Ausstiegs aus der Atomkraft.

Landrat Schuierer hatte viel durchgestanden – und er hatte Erfolg: Die WAA wurde nicht gebaut. Es stünde besser um die Demokratie in diesem Land, wenn mehr Politikerinnen und Politiker so wären, wie der Landrat Hans Schuierer es war. So kleine große Widerständler braucht die Demokratie.

Ein Stück aus dem Bauzaun in Wackersdorf, ein kleines Monument, ein Geschenk der Lehrlingswerkstatt, das
damals angefertigt wurde, als das Projekt WAA abgeblasen
und der Bauzaun abgebrochen worden war, liegt als Skulp-
tur auf meinem Schreibtisch: fingerdicke Längs- und Quer-
streben aus Stahl, grün lackiert, eingelassen in einen stählernen Sockel. Es steht neben meinem Laptop, wenn ich
über den demokratischen Widerstand nachdenke: »In einer Demokratie« so schrieb ich 2023, als es unter anderem
um die Proteste der *Letzten Generation* ging, »ist das letzte
Wort nie gesprochen«. Demonstranten wie die in Wackersdorf, im Hambacher Forst und in Lützerath sind deshalb
ein Glück für die Demokratie, weil »nur mit Langweilern
und Duckmäusern kein kreativer Staat zu machen ist«.

August

Dieses Kapitel handelt vom Spiegel-Urteil des Bundesverfassungsgerichts vom 5. August 1966, es handelt davon, warum ich 22 Jahre später Journalist geworden bin und wie es mir dann dabei erging. Das Verfassungsgericht hat die Pressefreiheit als »ein Wesenselement des freiheitlichen Staates« beschrieben. Sie war und ist für mich das Grundrecht, das mich begleitet. Der Tag, an dem ich 1988 meine Arbeit als politischer Redakteur der Süddeutschen Zeitung begann, war für mich noch wichtiger als sechs Jahre vorher der Tag, an dem ich bei der Bayerischen Justiz vereidigt wurde.

Pressefreiheit ist wie ein großer Strom

Leiturteil des Bundesverfassungsgerichts,
5. August 1966

Also, das war so: Das Gewehr mit dem abgesägten Lauf stellte ich wieder zurück in den Schrank und sagte zu meinem damaligen Staatsanwalts-Kollegen Clemens Prokop: »Zwölf Jahre!« Diese zwölf Jahre waren die höchste Strafe, die ich als Staatsanwalt jemals beantragt hatte, und das abgesägte Gewehr gehörte zu den Beweisstücken in einem Prozess wegen schweren Raubes, Geiselnahme und Menschenhandel. Die zwei Angeklagten hatten unter anderem die Bischöfliche Kasse in Regensburg und einen Oktoberfestwirt in München überfallen. Mein Plädoyer vor der Großen Strafkammer beim Landgericht Regensburg lag hinter mir, die Urteilsverkündung war auf 15 Uhr angesetzt. Es war Mittagspause beim Gericht.

Das Telefon läutete. Der Kollege nahm das Gespräch an, es meldete sich »Heigert, *Süddeutsche Zeitung*, Chefredaktion«, verlangte »den Staatsanwalt Dr. Prantl« zu sprechen. Anrufe von Zeitungsredaktionen kamen damals viele, denn nebenbei war ich damals Pressesprecher für das Landgericht Regensburg. Dieser Anruf freilich war ziemlich ungewöhnlich. Heigert fragte nämlich alsbald: »Wie alt sind Sie eigentlich?« Die *Süddeutsche Zeitung* suchte einen Nachfolger für den rechtspolitischen Kommentator Robert

Leicht, der schon geraume Zeit vorher zur Wochenzeitung *Die Zeit* nach Hamburg gegangen war. Ich war damals zweiunddreißig, und das stellte den Alt-Chefredakteur Hans Heigert offenbar zufrieden: »Das könnte passen,« meinte er. »Passen wofür?«, fragte ich. »In die Altersstruktur,« sagte er. Ich sei so einer, der gut passen könnte. So begann meine journalistische Laufbahn bei der *SZ*.

»Den Prantl müssen Sie verhindern!«

Als »so einer« stand ich also am ersten Arbeitstag, am Montag, 4. Januar 1988, morgens um acht, also viel zu früh und mit tränenden Augen vor dem Zimmer des damaligen Chefredakteurs Dieter Schröder im alten Gebäude an der Sendlinger Straße. Die tränenden Augen hatten nicht die Ursache, dass ich mit der Entscheidung über den Berufswechsel unglücklich gewesen wäre, sondern damit, dass ich aus diesem Anlass auch meine Brille abgelegt und mir stattdessen Kontaktlinsen hatte verpassen lassen; die waren, wie damals noch üblich, hart und daher schmerzhaft und ich trug sie nur drei Tage lang.

Chefredakteur Schröder, damals neu im Amt, hatte mich angeworben gegen den Willen der Redaktion; ich sollte, das wünschte er sich nicht nur insgeheim, das innenpolitische Ressort, das ihm zu links und zu aufmüpfig war, auf einen neuen Kurs bringen. Michael Stiller als Wortführer der Kritiker hatte den innenpolitischen Ressortleiter Christian Schütze vergeblich beschworen: »Den Prantl müssen Sie verhindern!« Ich galt den Kolleginnen und Kollegen als »ein beinharter Rechter und provinzieller Finsterling«, wie das der Kollege Hermann Unterstöger später einmal formulierte.

Als Schütze in Wolfratshausen drei Jahrzehnte später seinen neunzigsten Geburtstag feierte, hat er schmunzelnd davon erzählt – und dass es dann nicht so schlimm gekommen sei wie von Stiller und Co. befürchtet. Schütze hat mich damals nicht nur nicht verhindert; er hat mir gezeigt und mich gelehrt, was ein guter Ressortchef ist und wie ein solcher mit seinen Leuten umgeht: zugewandt und offen; ein guter Ressortleiter ist einer, der seinen Leuten vertraut. Ich habe es ihm später nachzumachen versucht.

Der vermummte Kronzeuge

Mit Datum vom 31. Oktober 2016 erhielt ich von ihm per Post einen Kartengruß, den ich mir dann gerührt und gerahmt in mein Bücherregal stellte: »Lieber Herr Prantl, zum dreißigsten Jahrestag Ihres Vorstellungsgesprächs in der *Süddeutschen* sende ich Ihnen diesen Gruß. Am 3. November 1986 saßen wir – Dieter Schröder, Sie und ich (als Ressortleiter der Innenpolitik eine Fehlbesetzung) – in einem kleinen Restaurant am Unteranger zusammen. Sie, sehr korrekt gekleidet und diplomatisch. Michael Stiller hatte mich bearbeitet: ›Ein Staatsanwalt fehlt uns gerade noch, das müssen Sie verhindern.‹ Aber ich hatte Ihre Dissertation zum Urheberrecht an der Nachricht gelesen und sagte ihm, wenn ein bayerischer Staatsanwalt zur *SZ* will, dann führt er etwas im Schilde. Und so kam es dann auch, zum Segen für die Zeitung. Herzlichen Gruß und Dank von Christian Schütze.«

So war er, mein wunderbarer erster Ressortleiter und Vor-Vor-Vorgänger, der mich an das Metier des Kommentierens freundlich und bestimmt heranführte; er war der erste deutsche Umweltjournalist, er gilt als Erfinder des Wortes »Umweltschutz«. Sein Buch »Das Grundgesetz vom Niedergang« aus dem Jahr 1989 ist ein ökologisches Grundsatzwerk.

Der amtierende Chefredakteur Dieter Schröder, als er mich in der großen Konferenz vorstellte, wies werbend

darauf hin, dass der neue Kollege, also ich, auch schon
wissenschaftlich über den Journalismus gearbeitet und
einen Wissenschaftspreis erhalten habe – was freilich
niemanden sehr beeindruckte, obwohl meine schon erwähnte Doktorarbeit einen eindrucksvoll langen und
zeitungsaffinen Titel trägt: »Die journalistische Information zwischen Ausschlussrecht und Gemeinfreiheit. Eine
Studie zum sogenannten Nachrichtenschutz, zum mit-
telbaren Schutz der journalistischen Information durch
§ 1 UWG und zum Exklusiv-Vertrag über journalistische
Informationen.«

Die Skepsis der Redaktion begann sich glücklicherweise bald zu legen, dafür regte sie sich aber bei Chefredakteur Dieter Schröder. Das hing mit den ersten Kommentaren des neuen Kommentators »pra« zusammen. Der
allererste Artikel trug den Titel »Der vermummte Kron-
zeuge«, geschrieben am vierten Arbeitstag, und er war eine
vernichtende Kritik am damals heiß diskutierten Vermum-
mungsverbot und der geplanten Kronzeugenregelung.
Vier Stunden Recherche in der juristischen Universitäts-
bibliothek und eine lange Nacht am Küchentisch habe ich
damals gebraucht, um die 44 Zeilen zu schreiben. Und an
diesem zeitlichen Aufwand hat sich lange nichts geändert.
Meine Frau fragte mich nach den ersten durchgeschriebe-
nen Nächten, ob ich denn wirklich glaube, dass der neue
Beruf der richtige für mich sei.

Kapitän in der Badewanne

Ich halte seit langem Seminare zum Thema »Der Kommentar« an den Journalistenschulen in München, Hamburg und Luzern. Meinen Journalistenschülerinnen und
-schülern erzähle ich ganz gern von dieser Plackerei der
Anfangszeit und lasse sie dann die journalistischen Ergeb-
nisse von damals, die trotz aller Anstrengung bisweilen

mager waren, zerlegen – weil man die eigenen Fehler den Anderen am besten erklären kann. Wer für die Meinungsseite schreibt, der sollte eine eigene Meinung haben; und wenn er zu einem aktuellen Thema noch keine hat, muss er sie sich erarbeiten.

Eine gute Handbibliothek hilft einem dabei; und in den ersten Wochen und Monaten bei der *SZ*, als ich dort noch keine Bücher und Zeitschriften zur Hand hatte, ging ich bisweilen mittags statt in die Kantine zur nahe gelegenen Buchhandlung Hugendubel, um dort in der juristischen Abteilung ein paar Dinge nachzulesen. Später war meine Büro-Bibliothek größer als die des Landgerichts Regensburg und der eine oder andere meiner Kollegen und meiner Besucher frotzelte deswegen. Gleichwohl: Ich fühlte mich wohl, ich fühlte mich wie der Kapitän in der Badewanne.

Ich wollte eine pointierte Meinung in einem Nest von Fachliteratur ausbrüten. Deshalb habe ich mir im Lauf der Zeit eine stattliche Literatursammlung zugelegt und mir in einem Raum, in dem bis dahin die Papiermüllcontainer standen, ein eigenes Archiv eingerichtet. In dem Hochhaus an der Hultschiner Straße am östlichen Stadtrand Münchens, in das die *SZ* im Jahr 2008 umgezogen ist, wäre so etwas nicht möglich gewesen; dieses neue Haus hat zwar 28 Stockwerke, aber der Platz war und ist dort knapp und penibel zugemessen.

In der alten *Süddeutschen Zeitung* an der Sendlinger Straße, wo die *SZ* groß geworden ist, ging das gut; dort konnte man im kreativen Chaos und in einem Gewirr von Zimmern, Kammern, Stockwerken und Zwischenstockwerken werken. Es war ein richtiges Haus – ein Haus also im Sinn des Dichters Guiseppe Tomasi di Lampedusa. Der hat einmal geschrieben, dass ein Haus, von dem man weiß, wie viele Zimmer es hat, gar kein richtiges Haus sei.

Wolf im Schafspelz

Chefredakteur Schröder war von meinen ersten Texten verdutzt: Vom Staatsanwalt aus Regensburg hatte er sich ein flammendes Plädoyer für den starken Staat und die scharfen strafrechtlichen Neuheiten erwartet. Stattdessen lieferte der Kommentator »pra« flammende Plädoyers für den liberalen Rechtsstaat. Schröder soll damals in der sogenannten Vorkonferenz der Ressortleiter, an der teilzunehmen ich ein paar Jahre später auch die Ehre hatte, gesagt haben, man habe da möglicherweise einen »Wolf im Schafspelz« ins Haus geholt.

»So war das wohl«, meinte später der Kollege Hermann Unterstöger, der jahrzehntelang das *Streiflicht* der *SZ* betreut hat, in einer Rede bei einem Redaktionsfest; aber ich hätte danach den Schafspelz sofort ausgezogen und hinter meine Tür gehängt. Seitdem gehe »der Heribert als Wolf – andere sagen auch: als Agitator, als Richter und Henker zugleich, als neuer Robespierre.« Der Kollege Kurt Kister verpasste mir daher den Titel »Blutrichter«.

Die *SZ-Kostprobe* war gnädiger mit mir: In dieser Restaurantkritik der *SZ*, die seit 1975 erscheint, schrieb damals ein Dutzend kulinarisch bewanderter Kolleginnen und Kollegen aus sämtlichen Ressorts über die Gastronomie der Stadt München – unter Pseudonym. Ich durfte mitmachen und bekam, wohl wegen meines gesunden Appetits, den Decknamen »Wally Waran« und schrieb meine Gastro-Kritik über das Restaurant des Kaufhofs am Münchner Marienplatz.

In einer Rede zu meinem fünfzigsten Geburtstag legte Hermann Unterstöger dar, wie es mit dem Schafspelz weiterging: »Der war eines Tages verschwunden, und es geht das Gerücht, dass er in einer geheimen Asservatenkammer liegt, die nur wenige Kollegen kennen. Die freilich gehen gelegentlich hinein und schlüpfen in den Schafspelz, in der Hoffnung, sie würden danach für Wölfe gehalten …«

Vorbilder? Hatte ich welche? Wenn ein junger Mensch und Jurist in den siebziger Jahren darüber nachdachte, ob nicht Journalismus ein schöner Beruf sein könnte, dann war es gut möglich, dass er dafür vor allem einen Grund hatte: Der hieß Ernst Müller-Meiningen junior. Den Leserinnen und Lesern der SZ war dieser Junior, wie mir, ein Inbegriff dessen, was sie sich unter unabhängigem Journalismus vorstellten. Die rechts- und innenpolitische Liberalität des Blattes ist von diesem sprachmächtigen Juristen geprägt worden. Er war schon lange weg, als ich zur Zeitung kam, aber ich wurde von ihm zur Vorstellung seines galgenhumorigen Buches »Orden, Spießer, Pfeffersäcke« eingeladen, dessen Titel sich nicht zuletzt auf die SZ-Verleger bezog.

Keine Schande machen

Der gebieterische Greis, der da im verrauchten Wirtshaus in Schwabing stand und über sein Buch erzählte, kam mir vor wie der König Artus der journalistischen Tafelrunde; und ich, der gewesene Richter aus Regensburg und nun SZ-Journalist, kam mir vor wie der junge Parzival nach dem Auszug aus den heimischen Wäldern. Im Lauf dieses Abends, der eine Art Verschwörungsabend gegen die befürchtete Rechtsdrift der SZ war, nahm mich König Artus zur Seite, erkundigte sich nach meinem beruflichen Vorleben und gab mir dann eine Mahnung mit auf den Weg, von der ich in Erinnerung behalten habe, dass ich ihm »keine Schande machen« solle.

Er hat diese Worte später, als ich ihn schon »Wamse« nennen durfte und er mir, quasi als Ritterschlag, das letzte Exemplar seiner Anti-Nazi-Schrift »Die Parteigenossen« geschenkt hatte, energisch bestritten. Aber es ist halt so wie bei einer Firmung: Der Firmpate und der Firmling haben da so jeweils ihre eigenen Erinnerungen. Als er im Jahr 2006, fast 98-jährig, starb, durfte ich die Trauerrede halten und davon erzählen, wie Müller-Meiningen sich nicht hat beeindrucken lassen von der wirklichen oder auch nur eingebildeten Bedeutung all der wichtigen Persönlichkeiten, mit denen ein Journalist umzugehen hat.

Das Koordinatensystem unserer Gesellschaft

Wie es für mich im Journalismus weiterging? Am Anfang waren die Juristen-, Richter- und Anwaltstage Fixpunkte des Jahres, dann wurden es die Parteitage. Zu den rechtspolitischen kamen mehr und mehr die innenpolitischen Beiträge. Es gilt als die hohe Schule des Kommentierens, einen Leitartikel oder eine Kolumne über die Kanzlerschaft von Helmut Kohl, Gerhard Schröder, Angela Merkel oder Olaf Scholz zu schreiben; dabei erfordert es gewiss nicht weniger Wissen, ein pointiertes Meinungsstück über die Tücken eines Strafprozesses, über Fehler bei einem polizeilichen Großeinsatz oder über Steuerhinterziehung mittels Cum-Cum-Geschäften verständlich hinzukriegen.

Normalerweise geht es in den Leitartikeln der Zeitungen um den politischen Alltag, um Minister, Gesetze, Gerichtsurteile. An den großen Festtagen war das, ist das in der *Süddeutschen Zeitung* anders; dann interessieren mich nicht so sehr die Koordinaten der Politik, sondern das Koordinatensystem unserer Gesellschaft. Irgendwann, genauer gesagt im Jahr 1998, begann ich daher, Weihnachts- und Osterleitartikel, also Meinungsartikel zu den christlichen Festtagen zu schreiben.

Vielleicht war und ist es vermessen, die großen Fragen des Lebens und Sterbens, des Glaubens und des Nichtglaubens in Leitartikeln abzuhandeln. Aber ich habe die Erfahrung gemacht, dass viele Leserinnen und Leser diese Versuche schätzen, dass diese Versuche für sie Anregung sind, selber darüber nachzudenken, ob die alten Geschichten aus der Bibel nur alte Geschichten sind oder mehr – und was sie einem heute noch zu sagen haben.

Leuchtturmgesetz ohne Leuchtkraft

Mein allererster Leitartikel stand am 2. Mai 1988 auf der Seite 4 der *SZ*. Er handelte von der Art und Weise, wie die Gesellschaft mit alten und dementen Menschen umgeht; er trug die Überschrift »Betreuen statt entmündigen« und begann so: »Noch immer gibt es archaisches Recht in der Bundesrepublik Deutschland. Da sind Menschen, die ein Leben in Pflichterfüllung gelebt haben. Und dann schließen wir sie aus: Sie dürfen nicht mehr wählen. Sie dürfen nicht mehr heiraten. Das Testament, das sie schreiben, ist unbesehen ungültig. Nicht einmal über Taschengeld lassen wir sie verfügen; denn das Gesetz macht selbst den Kauf von Kaffee und Kuchen unwirksam. Wir murmeln ›altersschwach‹ oder ›ausgeklinkt‹ und ziehen diese Menschen aus dem Verkehr, lösen ihre Wohnungen auf, verfrachten sie in Heime. Gar nicht selten bleiben sie so am Leben: am Fuß angebunden bei Tag, im Bett festgeschnallt bei Nacht. Am Türschild steht dann ›Psychiatrie‹ und in den juristischen Lehrbüchern ›rechtliche Grauzone‹. Das Unglück solcher Menschen aber inserieren wir als amtliche Bekanntmachung in der Zeitung: ›NN, geb. am, wegen Trunksucht auf seine Kosten entmündigt.‹«

Die Rede war vom damals geltenden Entmündigungs- und Vormundschaftsrecht. Mein erster Leitartikel beschreibt und kritisiert die rechtlichen und faktischen Zustände von damals, es war meine erste journalistische Befassung mit einem Thema, das mich nicht mehr losgelassen hat: Die alternde Gesellschaft. Sie führte mich zur Erkenntnis, dass die Hilfebedürftigkeit sehr alter und dementer Menschen keine Störung ist, die behoben oder missachtet werden muss, sondern zum Menschsein gehört.

Die alten Paragrafen des Vormundschafts- und Entmündigungsrechts wurden dann 1992 vom neuen Betreuungsrecht abgelöst. Fesselungen gibt es seitdem nicht mehr oder kaum noch. Aber die große Wende zum Guten gab und gibt es nicht. Jahre später kommentierte ich das so: Dieses neue Recht »wollte und will persönliche Betreuung an die Stelle anonymer Verwaltung und Verwahrung setzen. Es sollte ein Leuchtturm-Gesetz sein; und der Leuchtturm sollte den Weg nicht zum Vorfriedhof, sondern zu einem würdigen Leben im Alter weisen. Das Betreuungsgesetz war das richtige Signal zur richtigen Zeit, aber die Zeit hat es nicht richtig begriffen. Es war ein Gesetz, das rechtzeitig die Probleme erkannte, die auf die Gesellschaft zukommen. Aber: Das Gesetz wurde und wird finanziell ausgehungert. Betreuern mangelt es an Zeit und an ordentlicher Vergütung.«

Das war eine Feststellung schon lange vor Corona, als die desaströse Personalsituation in den Altenheimen in den Jahren 2020/2021 zum großen Thema wurde und Zigtausende von Menschen in Deutschland den viel zu wenigen Pflegekräften von den Balkonen ihrer Wohnungen aus applaudierten. Die Zustände in den Heimen haben sich gleichwohl nicht verbessert.

Acht Pfennige pro Zeile

Wahrscheinlich wäre ich ein ganz anderer Journalistenmensch geworden, wenn ich nicht schon vor meiner Zeit bei der SZ in einem anderen Beruf recherchiert und kommentiert hätte; die staatsanwaltschaftlichen Ermittlungen sind nichts anderes als eine Sonderform der Recherche und das richterliche Urteil ist so eine Art Kommentar. Die Jahre als Richter und Staatsanwalt waren prägend; sie machten und machen die Kommentare schärfer und sie geben die Sicherheit, zu dem zu stehen, was man schreibt.

Und den Umgang mit Parteien und dem Publikum lernt man in Gerichtsverhandlungen. Als Amtsrichter in Kelheim an der Donau habe ich gerne vor Ort, außerhalb des Gerichtsgebäudes, also bei Lokalterminen verhandelt; der Sitzungsaushang wurde dann, um das Öffentlichkeitsprinzip zu wahren, an den Gartenzaun oder an die Haustür geheftet – und so wurde ein Wohnzimmer des Klägers oder der Garten des Beklagten zum Sitzungssaal. Das bewährte sich vor allem bei Nachbarschaftsstreitigkeiten; gerade dort, in anfangs aufgeladener, angespannter oder verlegener Atmosphäre auf einen Vergleich zuzusteuern – das war ein lohnendes juristisches und menschliches Unterfangen, da muss man auf die Leute zugehen, auf sie eingehen, sie ernst und wichtig nehmen.

So etwas lernt man als Lokalreporter. Mit fünfzehn Jahren hatte ich angefangen, Artikel für die drei Lokalzeitungen zu schreiben: für den *Naabtal-Kurier*, einer Lokalausgabe von *Der Neue Tag* in Weiden/Oberpfalz; für den *Bayerwald-Anzeiger*, einer Lokalausgabe des Tagesanzeigers Regensburg; und für das *Bayerwald-Echo*, einer Lokalausgabe der *Mittelbayerischen Zeitung*. Es gab anfangs nur acht Pfennige pro Zeile; aber wenn man der einen Zeitung das Original und den anderen die Durchschläge gab, waren das immerhin vierundzwanzig Pfennige pro Zeile. Bald hatte ich zusammen mit meinem jüngeren Bruder, der konnte nämlich erstens auf der Schreibmaschine schreiben und zweitens Fotos entwickeln, so etwas wie ein kleines Journalistenbüro aufgebaut.

Wir lieferten, an die fünf Jahre lang, die Lokalnachrichten aus Nittenau in der Oberpfalz. Das lief etwa so ab: Am Abend ging ich in die Feuerwehrversammlung, die

Pfarrgemeinderatssitzung oder zum Schützenverein, und am nächsten Tag, nach dem Unterricht am Regental-Gymnasium Nittenau, fabrizierten wir dann die Berichte darüber: Mein Bruder tippte, ich lief diktierend im Zimmer auf und ab. Erst nachher waren die Hausaufgaben dran. Die Lokalredaktionen trauten uns im Lauf der Zeit höhere Aufgaben zu und bestellten etwas, das sie »Reportagen« nannten: Zum Beispiel über den Besuch des Schauspielers Kurt Raab bei seiner Mutter in Nittenau.

Von der Pflicht zum Ungehorsam

Raab war Mitbegründer und Ensemblemitglied des *Anti-teaters* in München, er war einer der engsten Freunde des Filmemachers Rainer Werner Fassbinder, er war Drehbuchautor und Produktionsleiter, er war der »Herr R.« im Film mit dem Titel »Warum läuft Herr R. Amok« – und er war der Sohn der »alten Raabin«, die in der Brauhausgasse beim *Bock-Schmied* wohnte und die Zeitungsausträgerin der schon erwähnten Lokalzeitung *Der Neue Tag* war.

Kurt Raab also besuchte in den Sommerferien seine Mutter und wir saßen in der kleinen Wohnung der alten Raabin, deren bemerkenswertestes Requisit ein Ofenrohr war, das quer durch die Wohnküche lief. Und wie wir da so saßen, hätten wir auch gut in den Film über den Amoklauf des Herrn R. gepasst; ich kannte den Film damals nicht; es war ein penetrant alltäglicher, grimmig humoriger Film über einen Kleinbürger, einen adrett gekleideten Leutequäler, seine Familie und sein Milieu – und das Milieu war das, in dem wir saßen, es war das Milieu, aus dem Kurt Raab stammte. Ich war verlegen, und weil Raab das merkte, begann er zu erzählen: vom Theater, vom Aufstand der Jungen gegen die Alten, von der Revolution und der Unerträglichkeit der Verhältnisse, von Rosa von Praunheim und Rainer Werner Fassbinder.

Ich verstand nichts von alledem, schlug ihm daher vor, gemeinsam ins Freibad zu gehen, was wir dann auch taten. Dabei kamen wir am örtlichen Kino vorbei, dem Lichtspieltheater Haider; ich weiß nicht mehr, welcher Film da lief, ich weiß nur noch, dass Kurt Raab irgendwas von »Scheißdreck« bemerkte.

So kam die Achtundsechziger-Bewegung zu mir nach Nittenau in der Oberpfalz. Etwas später kamen dann die jungen Studienreferendare aus München auf unser Dorf-Gymnasium, das damals noch Oberrealschule hieß, und erzählten von den Grenzen des Wachstums und dem *Club of Rome*, ließen Referate halten über Hannah Arendt und die Banalität des Bösen. Dann kam auch ein junger langhaariger Lehrer für Kunsterziehung, der den Unterricht am liebsten außerhalb des Klassenzimmers abhielt, nämlich am Ufer des Regenflusses, und dort von der Pflicht zum Ungehorsam redete.

Mit ihm konnte ich über einen anderen lokaljournalistischen Auftrag reden: Es galt, Geburtstagsstücke über den expressionistischen Maler Willi Ulfig zu schreiben, der aus Breslau stammte und nach dem Krieg im Dorf Stefling bei Nittenau seine neue Heimat gefunden hatte. Die Recherche führte mich erst in die Staatsbibliothek, weil mein Zeichenlehrer Ähnlichkeiten zwischen dem Malstil Ulfigs und dem von Lyonel Feininger entdeckt zu haben glaubte. Beim Gespräch darüber in Ulfigs Atelier stand ich dann zwischen dem Maler und seiner Lebensgefährtin, mein Bruder machte die Fotos. Und unter dem einschlägigen Foto in der Zeitung stand dann eine Erläuterung, mit der mich mein Vater noch lange gefrotzelt hat; da hieß es nämlich: »In der Mitte der Künstler.«

Alle Freiheit zum Arbeiten

Das war Learning by Doing – und dass viel zu lernen war, das zeigen die damaligen Artikel ganz gut. Später wurde meine journalistische Ausbildung professioneller: Parallel zum Studium der Rechtswissenschaften und der Geschichte zeigte mir die Katholische Journalistenschule in Theorie und Praxis, wie man guten Journalismus macht. Leiter des Ausbildungsinstituts war damals der Jesuitenpater Wolfgang Seibel, Chefredakteur der *Stimmen der Zeit*. Und der erinnerte sich Jahre später, als die *Süddeutsche Zeitung* einen Rechtspolitiker suchte, in einem Gespräch mit dem Alt-Chefredakteur Heigert an seinen Ex-Stipendiaten Heribert Prantl – womit wir wieder am Anfang wären: Sitzungspause bei der Großen Strafkammer, das Telefon läutet und es meldet sich Hans Heigert von der *Süddeutschen Zeitung*.

Diese Zeitung hat mir alle Freiheit zum Arbeiten gegeben. Gewiss: Manchmal wird eine Redaktionskonferenz zum Tribunal für den Kommentator. Manchmal spürt man auch dort ziemlich heftig, dass man nicht die Mehrheitsmeinung vertritt. Das war bisweilen in Asylzeiten, das war vor allem in Coronazeiten und ist auch in den Zeiten des Ukrainekriegs so.

Nach meinem ersten Asyl-Leitartikel »Einmauern oder Teilen« im Jahr 1988 galt ich in der großen Konferenz als »Gesinnungsethiker«; und das war nicht positiv gemeint, weil »Gesinnung« hier als Gegenbegriff zu »Verantwortung« gilt – obwohl Gesinnung und Verantwortung miteinander korrespondieren. Und als ich in einem Newsletter im Frühjahr 2022 Andrej Melnyk, den damaligen ukrainischen Botschafter in Deutschland, heftig kritisiert hatte, hat mich die Redaktion schier aufgefressen. Ich hatte auf Melnyks Polemiken mit Polemik geantwortet. Vielleicht sollte man das in Kriegszeiten nicht tun. Im Übrigen gilt der alte Spruch: Wer die Hitze nicht verträgt, der soll nicht in der Küche arbeiten.

Aber manchmal, darf man beim Arbeiten auch das genießen, was aus der Küche kommt – zum Beispiel aus der

Küche des Spatenhauses in München. Dort saß ich vier-, fünfmal im Jahr mit Horst Herold, dem früheren Chef des Bundeskriminalamts, und Manfred Schreiber, dem früheren Polizeipräsidenten von München, links hinten, am Tisch in der Nische. Auf der Speisekarte stand dann gefüllter Kalbsbraten und auf der Tagesordnung stand die innere Sicherheit. Schreiber trieb bei dieser Gelegenheit seinen Freund Herold mit allerlei Sticheleien zu kriminalistischen Höhenflügen; und er nahm ihn dann, wenn ihm Herold zu philosophisch wurde, ein wenig auf den Arm. Dann lachten die beiden wie die Buben. Das waren kleine Alltagsfreuden und Lernstunden über die Zeiten vor meiner Zeit, nur zweihundert Meter weg von der Zeitung und den Konferenzen.

Aber, und das ist das Wichtigste: Ich habe dort in der *SZ* nie Weisungen, inhaltliche Vorgaben, argumentative Direktiven erhalten; ein journalistisch-imperatives Mandat habe ich nie kennenlernen müssen. Vielleicht hat das auch mit einer schmalen Broschüre aus dem Jahr 1971 zu tun, einer Betriebsvereinbarung. Geschäftsführung, Betriebsrat und Redaktion beschlossen damals das bis heute gültige Redaktionsstatut, das die politische Linie der Zeitung zwar nicht im Detail vorgibt, aber diese auf die »freiheitliche, demokratische Gesellschaftsform nach liberalen und sozialen Grundsätzen« verpflichtet, die Redaktion vor Eingriffen des Verlages in ihre innere Freiheit schützt und die Besetzung von Führungsposten von der Zustimmung der leitenden Redakteurinnen und Redakteure abhängig macht.

Als Vater dieses Statuts gilt der *SZ*-Redakteur Christian Schütze, der später, als ich zur Zeitung kam, mein erster Ressortleiter war. Dieses Statut ist keine Revolutionsschrift, aber es atmet den Aufbruchsgeist der frühen siebziger Jahre. Andere damals bei anderen Zeitungen und

Magazinen formulierte Redaktionsstatute waren radikaler; aber es gibt diese Statuten dort längst nicht mehr.

Das finale Interview

In meinem Beruf als Journalist durfte ich erfahren, was Pressefreiheit ist oder sein kann; sie ist eine große Freiheit, für alle Medien; und sie ist eine große Pflicht, eine Verpflichtung zur Anstrengung, zur Sorgfalt, zur Fairness. Umfasst die Fairness auch Fürsorge? Muss der Journalist einen Politiker gegebenenfalls vor sich selbst schützen? Dazu eine Geschichte, die ich das »finale Interview« nenne. Untertitel: Wie viel Fürsorge muss ein Interviewer dem Interviewten angedeihen lassen?

Also: Das Interview mit Steffen Heitmann erschien ganzseitig in der Wochenendausgabe der *Süddeutschen Zeitung* vom 18./19. September 1993. Zu Heitmanns Ende als Bundespräsidentenkandidat der Union trug es wesentlich bei. Er begründete in diesem Interview seine damals schon im Umlauf befindlichen und heftig kritisierten Äußerungen über Ausländer in Deutschland, über die Rolle von Frauen in der Gesellschaft und über die Nazivergangenheit.

Er erklärte zum Beispiel, warum er 1990 in Stuttgart bei seinem ersten Westbesuch nach der Wiedervereinigung die vielen Ausländer, die er dort sah, als unangenehm empfunden habe. Und er warnte auch davor, aus dem Holocaust eine Sonderrolle Deutschlands abzuleiten. Der organisierte Tod von Millionen Juden in Gaskammern sei zwar tatsächlich einmalig gewesen – »so wie es viele historisch einmalige Vorgänge gibt«. Es sei aber nun, weil die Nachkriegszeit mit der Deutschen Einheit endgültig zu Ende gegangen sei, der Zeitpunkt gekommen, »dieses Ereignis einzuordnen.« Die Nazivergangenheit dürfe keine Dauerhypothek für Deutschland sein, der Historikerstreit sei überholt.

Heitmann sprach davon, dass er »einfach Empfindungen Ausdruck« gebe, »die viele haben«. Es müsse doch möglich sein, solche Empfindungen »einmal auszudrücken«, »man muss versuchen, auch dem Normalbürger eine Stimme zu geben in diesen Debatten« – beim Thema Ausländer, beim Thema Nazivergangenheit, beim Thema Frauen.

»Laufen lassen«

Schon bei der Rückkehr aus Dresden mit dem Tonband in der Aktentasche hatte ich meiner Redaktion, sie saß gerade zum Feierabend-Umtrunk im »Bratwurst-Friedl«, gesagt: »Wenn er das so autorisiert und wenn das gedruckt wird, ist er unhaltbar.« So war es dann auch: Einige Wochen später zog der damalige sächsische Justizminister seine Kandidatur zurück. Auch sein Erfinder und Förderer, der damalige Bundeskanzler Kohl, konnte oder wollte ihn nicht mehr halten. Zum deutschen Staatsoberhaupt wurde am 23. Mai 1994 nicht Steffen Heitmann aus Sachsen, sondern Kohls neuer Kandidat Roman Herzog gewählt.

Das Interview war natürlich, wie es üblich ist, autorisiert. Heitmann hatte das eigentlich gar nicht verlangt; er vertraue mir, hatte er gesagt. Ich bestand aber wohlweislich darauf, der prognostizierten Explosivität wegen. Ich hatte das Tonband mit dem zweistündigen Gespräch abschreiben, die erste Stunde mit justizpolitischen Ausführungen Heitmanns dann unter den Tisch fallen lassen, die zu druckende Fassung aus der zweiten Stunde des Interviews geschöpft und ihm per Fax zur Genehmigung vorgelegt. Er und/oder seine Pressestelle erkannten die Explosivität nicht, machten nur marginale Änderungen.

Als man im Bonner Konrad-Adenauer-Haus, der Parteizentrale der CDU, das Glimmen der Zündschnur bemerkte, war es zu spät: In letzter Sekunde versuchte man dort, das Interview in zentralen Passagen zurückzuziehen.

Ich willigte ein, allerdings mit der – zutreffenden – Bemerkung, die erste Zeitungsausgabe sei bereits im Druck, für die sogenannte Fernausgabe der SZ sei also nichts mehr zu machen; für spätere Ausgaben schon.

Der Anrufer war erst einmal erleichtert, meldete sich aber kurz darauf noch einmal. »Laufen lassen.« Eine starke Veränderung des Interviews von der ersten auf die zweite SZ-Ausgabe wäre ein öffentliches Schuldeingeständnis gewesen. Das Interview wurde also gedruckt, für alle SZ-Ausgaben. Arnold Vaatz, damals sächsischer Ministerkollege Heitmanns, giftete mich noch Jahre später beim Juristentag an, dass aus der Brust von Heitmann immer noch die Zinken meiner Mistgabel herausschauten. Es wäre meine Pflicht gewesen, sagte Vaatz, Heitmann vor sich selbst zu warnen. Ich hätte die politische Naivität des Mannes ausgenutzt, der die Sensibilitäten des Westens nicht habe kennen können.

Pfarrer Gnadenlos

Heitmann hatte im Interview wohl versucht, sein Bild in der Öffentlichkeit zu korrigieren, und alles nur noch schlimmer gemacht. Er hatte wohl auch versucht, mich, seinen Interviewer, den er seit längerem kannte, von seiner Lauterkeit zu überzeugen. Wir hatten uns schon oft unterhalten, vor allem über rechtspolitische Themen.

Ich hatte den ein wenig seltsamen Menschen studiert: Neben Kohl wirkt Heitmann wie der junge Vikar, der seine erste Stelle antritt: zerbrechlich, durchgeistigt, vom Leben wenig beleckt. Ein solcher erster Eindruck trog: Schon in einer kurzen Pressekonferenz wurde einem klar, dass Heitmann zwar schmächtig ausschaute, aber selbstbewusst auftrat, sendungsbewusst fast.

Ich hatte ihn schon mehrmals interviewt – über Regierungskriminalität, über den strafrechtlichen Umgang mit den früheren DDR-Machthabern, über den Aufbau einer demokratischen Justiz in den neuen Bundesländern. Er war kompromisslos in seinem Urteil über die, die sich mit dem DDR-Regime arrangiert hatten. Im Osten hatte er sich deshalb den Ruf eines »Pfarrers Gnadenlos« erworben; mit harter Hand regierte er die Justiz seines Landes. Von den Justizministern in den neuen Bundesländern war er damals der Einzige, der aus dem Osten kam. Und er war es wohl auch, der dort in seinem Bundesland, in Sachsen, die Justiz am schnellsten wieder ins Laufen brachte. Das hatte mir durchaus imponiert.

Nein, befreundet waren wir nicht. Aber gut bekannt, ein wenig vertraut miteinander – wie es sich so ergibt, wenn man oft miteinander umgeht und irgendwie miteinander kann, wenn man des Öfteren miteinander gegessen und getrunken, sich dabei über Politisches und Privates unterhalten hat.

Garantenpflicht?

Diese persönliche Beziehung war und ist wichtig, um die Frage zu beurteilen, um die es mir hier geht: Welche Pflichten hat man gegenüber einem Politiker, der einem, auch über das Journalistische hinaus, vertraut, der einen also bisweilen im Gespräch nach der eigenen Meinung, ja auch um Rat fragt? Gibt es eine Pflicht des Journalisten, einen Politiker vor sich selbst zu schützen? Nicht jeden vielleicht, aber einen, den man näher kennt?

Ich wusste, dass die Kritik, die auf ihn als Bundespräsidentschaftskandidat einprasselte, ihm zu schaffen machte. Aber er war nicht bereit, sich zu ducken, nicht bereit, die Zitate, die schon vor unserem Interview von ihm im Umlauf waren, wieder einzusammeln. Er war von stoischer Sturheit. Er wusste, dass ihm die Weltläufigkeit eines Richard von Weizsäcker fehlte. Muss ein deutsches

Staatsoberhaupt fließend Englisch sprechen? Heitmann verwies stattdessen auf seine humanistische Bildung als evangelischer Theologe und Kirchenjurist: Latinum, Graecum, Hebraicum – ob denn das nichts sei?

Muss man so einem Mann auf die Sprünge helfen? Ihn warnen vor dem, was er sagt – aus dem Wissen heraus, dass er sich bei einem anderen Interviewer womöglich nicht ganz so unbefangen erklärt hätte? Hat man, weil man weiß, was kommen wird, eine »Garantenpflicht«, wie das die Juristen sagen? Einer, der eine solche Garantenpflicht hat, macht sich nicht nur durch ein Tun, sondern auch durch ein Unterlassen einer hilfreichen Aktion verdächtig.

Garantenpflicht? Ein Interview ist keine gemeinsame Berg- und Klettertour, bei der einer für den anderen einzustehen hat. Natürlich habe ich das Interview so geführt, wie ich es stets zu machen pflege, wenn ich Interviews mit Leuten führe, die ich gut kenne. Also habe ich mit dem Einschalten des Tonbands den Plauderton verlassen, ich bin förmlicher und lauter geworden, habe den Interviewten mit seinem Titel angesprochen. Natürlich habe ich dem Gesprochenen kein einziges Wort hinzugefügt. Natürlich habe ich mit dem abgeschriebenen Text auch intensiv gearbeitet, habe lange Passagen weggelassen, gekürzt, verdichtet, komprimiert, zusammengezogen, umgestellt. Das Endprodukt habe ich dem Interviewten vorgelegt, obwohl der eigentlich darauf verzichtet hatte. Alle formalen Regeln waren also penibel eingehalten worden. Journalistisch war alles in Ordnung ...

Anlass zum Stolz? Gleichwohl nicht. Es hat im Frage-Antwort-Spiel ein Satz gefehlt, zu dem keine journalistische Regel verpflichtet. Der Satz hätte gelautet: »Sie reden so, dass Sie Ihre Kritiker in deren Kritik noch bestätigen. Sie reden sich um Kopf und Kragen.« Ich bin mir bis heute nicht sicher, ob es dieser Fürsorge bedarf. Ganz sicher bin ich mir aber, dass sich der politische Journalist nicht einspannen lassen darf für Parteipolitik, dass er nicht insgeheim quasi dem Kabinett oder dem Parteivorstand angehören darf. Journalismus, der sich zur Partei für eine Partei macht, macht sich kaputt. Journalisten sind nicht die Claqueure für Politiker, sie sind nicht ihre Buddys und nicht ihre Partner. Guter Journalismus wahrt Distanz und misst seine Güte nicht daran, wie viele Politiker zu seinem Geburtstag kommen.

Mein Verständnis von Pressefreiheit

Es ist nicht Aufgabe eines politischen Journalisten, Partei für eine politische Partei zu ergreifen. Ich bin der Meinung, er sollte auch gar nicht Mitglied einer Partei sein. Ein Journalist braucht keine Partei, er braucht Haltung. Im Wort »Haltung« steckt das Wort »Halt«. Die Gesellschaft braucht ihren Halt in den Grundwerten. Ich habe meine Aufgabe als politischer Journalist stets vor allem darin gesehen, für die Grundrechte und Grundwerte einzutreten: Respekt für Minderheiten, soziale Verantwortung, Gleichheit vor dem Gesetz.

Auf dem Cover eines Buches, das ich im Jahr 2005 zur sozialen Gerechtigkeit publiziert habe, steht dazu ein programmatischer Satz: »Der Sozialstaat ist Heimat. Beschimpfen kann ihn nur der, der keine Heimat braucht. Und den Abriss wird nur der Verlangen, der in seiner eigenen Villa wohnt. Ob er sich dort noch sehr lange wohl fühlen würde, ist aber fraglich.«

Es muss das Bewusstsein dafür wieder wachsen, dass Sozialpolitik die Basispolitik der Demokratie ist. Im Zentrum steht dabei das Grundrecht auf ein Existenzminimum, mit dem man nicht nur seine Existenz fristen, sondern mit dem man Bürgerin und Bürger sein kann. Ein

Staat, der tausend Tafeln braucht, ist kein guter Sozialstaat. Ein guter Sozialstaat ist der, auf den man sich in Not
und Nöten verlassen kann. »Die Stärke eines Volks misst
sich am Wohl der Schwachen«, steht dazu in der Präambel
der schweizerischen Verfassung. Zu dieser Stärke möchte
ich mit meinen Mitteln beitragen. Das ist mein Verständnis von Pressefreiheit.

Pressefreiheit ist menschenfreundlich, nicht men-
schenfeindlich. Pressefreiheit ist eine empathische Freiheit. Sie gibt der Demokratie Schwung. Diese Freiheit hat
für mich einen ganz bestimmten Klang, es ist der Klang
eines Orgelstücks, das ich liebe; es stammt vom französischen Komponisten Louis-James-Alfred Lefébure-Wély.
Es hat damit folgende Bewandtnis: Die alljährlichen Klau-
surtagungen der Redaktion Innenpolitik auf der Insel
Frauenchiemsee begannen in meiner Zeit als Ressortchef
stets mit einem Orgelkonzert in der uralten Klosterkir-
che; das war der Initiationsritus. Zum Abschluss habe ich
mir dann die »Sortie in Es-Dur« von Lefebure-Wely gewünscht, ein mitreißend fröhliches Stück, »Zirkusmusik«
für den Journalismus, wie ich das nannte. Ein Kirchen-
organist sagte mir, so ein Auszugsstück könne er sonst
nur am Rosenmontag spielen oder am Tag des Starkbier-
anstichs.

Lob des Anderen

Als Internationaler Tag der Pressefreiheit, von der UN-
Generalversammlung ausgerufen, wird der 3. Mai began-
gen; er erinnert an eine Deklaration, die an diesem Tag im
Jahr 1991 in Windhoek/Namibia verabschiedet wurde.
Als deutscher Tag der Pressefreiheit sollte der 5. August
gelten; der Tag erinnert an das *Spiegel*-Urteil des Bundes-
verfassungsgerichts im Jahr 1966, das den rechtlichen
Freiraum der Presse mit zukunftsweisenden Sätzen er-

weiterte, nachdem zuvor schon der Bundesgerichtshof die Eröffnung eines Strafverfahrens gegen Augstein und Co. abgelehnt hatte.

Das Urteil hat gleichwohl einen Makel: Es wies die Verfassungsbeschwerde des *Spiegel* gegen die Durchsuchung, gegen die polizeiliche Besetzung der *Spiegel*-Redaktion, gegen die Verhaftung von Rudolf Augstein und von leitenden *Spiegel*-Redakteuren zurück; diese Aktionen im Jahr 1962 waren ein brachialer Angriff auf die Pressefreiheit gewesen, sie hatten die Öffentlichkeit empört. Aber nur vier der acht Richter stimmten der Verfassungsbeschwerde zu, vier nicht. Bei solcher Stimmengleichheit gilt eine Verfassungsbeschwerde als abgelehnt.

Die schönen Worte über die Pressefreiheit in diesem Urteil waren erst einmal nur der Zuckerguss auf dem ablehnenden Urteil; langfristig aber wurde daraus dessen Substanz, getragen und bereichert vom Votum der vier wegen Stimmengleichheit unterlegenen Richter. Erstmals in der Geschichte des Verfassungsgerichts hatten die vier Abweichler ihre Gründe im Anhang des Urteils offen dargelegt, obwohl das damalige Recht eine *dissenting opinion* gar nicht kannte.

Wäre ich damals schon Leitartikler gewesen, ich hätte das höchste Gericht wegen seiner Zurückweisung der Verfassungsbeschwerde wohl so heftig kritisiert, wie ich es dann sehr viel später kritisierte, als es 1996 die Abschaffung des alten Asylgrundrechts billigte – gleichfalls mit abweichenden Meinungen, unter anderem von der Gerichtspräsidentin Jutta Limbach. Damals attackierte ich die Politik und das Bundesverfassungsgericht mit äußerster Schärfe. Ich schrieb von einer »Degradierung der Grundrechte und Heuchelei bei ihrer Verwirklichung«.

Winfried Hassemer, Strafrechtsprofessor und Vizepräsident des Verfassungsgerichts, nahm darauf Bezug, als er 1999 in Homburg/Saar die Laudatio bei der Verleihung des Siebenpfeiffer-Preises hielt. Er bezeichnete meine Kritik am Asylurteil des Bundesverfassungsgerichts als »Urteilsschelte in schärfster Zuspitzung« – aber gleichwohl als »staatstragend«. Seine Laudatio hatte den Titel »Lob des Anderen«. Es war, es ist das schönste Lob, das ich für meine Arbeit je erhalten habe.

Keine Freiheit ist grenzenlos

Pressefreiheit gibt der Meinungsfreiheit besondere Strahlkraft und Wirkkraft. Die Pressefreiheit ist wie ein großer Strom, wie die Donau, der Nil oder der Amazonas. Darauf schwimmen Schiffe, darin schwimmen Fische, darin schwimmen Gerümpel und Dreck.

Die Pressefreiheit trägt wertvolle und wertlose Artikel, sie trägt anständige und anstößige Fotos, sie erträgt langweilige und provozierende Karikaturen. Pressefreiheit unterscheidet nicht nach Qualität, sie darf es nicht, weil sonst der, der über die Qualität urteilt, nach seinem Gusto den Schutz der Pressefreiheit gewähren und entziehen könnte. Pressefreiheit wäre kein Grundrecht, sondern Gnadenrecht, abhängig vom Geschmacksurteil.

Pressefreiheit funktioniert also nicht nach dem Prinzip, mit dem Aschenputtel die Linsen sortiert hat: Die guten ins Töpfchen, die schlechten ins Kröpfchen. Wer Pressefreiheit unter den Vorbehalt politischer oder künstlerischer Qualität stellen will, macht sie kaputt.

Gleichwohl stimmt, dass keine Freiheit grenzenlos ist. Die juristischen Grenzen der Pressefreiheit setzt nicht der Takt, sondern das Recht – das Strafrecht, das Zivilrecht, das Presserecht. Dessen Gesetze gelten, darauf muss man immer wieder hinweisen, auch im Internet. Das Recht verbietet, zum Beispiel, Volksverhetzung. Nein, Schmähungen gehören nicht zur Meinungsfreiheit.

Ja, das Wort »Volksverräter« ist ein hetzendes und strafbares Wort. Aber wenn Volksverhetzung Volkssport, wenn das Internet zur braunen Kloake wird – dann ist das mit der Meinungs- und der Pressefreiheit nicht zu rechtfertigen, dann darf der Staat nicht einfach zuschauen.

September

Dieses Kapitel handelt von der Heimat, von meiner Heimat, von meinen Heimaten. Es handelt von meiner Kindheit, von meiner Familie, von meinem Städtchen, von der Juristerei und von meiner Liebe zu Europa. Und es handelt von meiner Lust am Schreiben. »Heimat ist das, was ich schreibe.« Das ist ein Satz, der mir gefällt. Er stammt vom böhmischen Schriftsteller Johannes Urzidil, der ein Zeitgenosse war von Kafka, Brod und Werfel, der 1939 Schutz vor Hitler in der Emigration suchte, erst in Großbritannien, dann in New York ... dort also, wo auch Oskar Maria Graf, der bayerische Nazigegner, heimatliche Weltliteratur verfasste. Grafs autobiographischer Roman »Das Leben meiner Mutter«, 1940 erstmals publiziert, ist das großartigste Heimatbuch der Literaturgeschichte. Wenn es um Heimat geht, erzähle ich gerne von meiner Großmutter Maria.

Heimat ist, worüber ich schreibe

Tag der Heimat, erster Sonntag im September

Meine Großmutter Maria war eine resolute ober-
pfälzische Bauersfrau, die 15 Kinder geboren
hatte, also einige Kinder mehr, als die Europäische Union in den ersten dreißig Jahren ihrer Existenz Mit-
glieder zählte. Als Bub saß ich bei ihr auf dem Lehnstuhl,
als zwei ihr fremde Leute ans Küchenfenster klopften.
Großmutter öffnete und fragte nach dem Begehr, worauf
sie ihr gewichtig verkündeten: »Frau Prantl, wir bringen
Ihnen den wahren Glauben.«

Großmutter Maria überlegte kurz und sagte dann den
zwei Missionaren von den Zeugen Jehovas ebenso freundlich wie bestimmt: »Den hamma scho«... also: Den haben
wir schon – und machte das Fenster wieder zu.

»... durch ein geheiligt Leben abzuringen ...«

Sie war eine glaubensstolze und tiefgläubige Katholikin.
In der Kiste, in der sie die Briefe aufbewahrte, die ihre
Söhne und Schwiegersöhne von den Fronten des Zweiten Weltkriegs geschrieben hatten, lag obenauf, von
ihrer Hand geschrieben, ein Gedicht des Schriftstellers
Reinhold Schneider, das dieser 1936, im Jahr der Olympischen Spiele in Berlin, im Alter von 33 Jahren geschrieben hatte.

Schneider gehörte zum christlich-konservativen Widerstand gegen Hitler, seine Sonette gegen den NS-Größenwahn waren in den Kriegsjahren unter der Hand weitergegeben worden: »Allein den Betern kann es noch gelingen / das Schwert ob unsren Häuptern aufzuhalten / Und diese Welt den richtenden Gewalten / Durch ein geheiligt Leben abzuringen. // Denn Täter werden nie den Himmel zwingen: Was sie vereinen, wird sich wieder spalten / Was sie erneuern, über Nacht veralten, / Und was sie stiften, Not und Elend bringen. // Jetzt ist die Zeit, da sich das Heil verbirgt, / Und Menschenhochmut auf dem Markte feiert, / Indes im Dom die Beter sich verhüllen, // Bis Gott aus unseren Opfern Segen wirkt / Und in den Tiefen, / die kein Aug entschleiert, / Die trockenen Brunnen sich mit Leben füllen.«

Dem Dichter sollte wegen Hochverrats der Prozess gemacht werden; das Kriegsende und der Zusammenbruch des Nazireiches bewahrten ihn davor. In den Nachkriegsjahren galt Schneider zunächst als das Gewissen der Nation, dann geriet er in Vergessenheit. Großmutter bewahrte sein Gedicht im Herzen und in ihrer Kiste, es entsprach ihrem Lebensgefühl und dem ihres Mannes, des Straßenoberaufsehers und Landwirts Adam Prantl, der drei Jahre vor meiner Geburt gestorben war und der, wie meine Tanten mir erzählten, die von ihm mitorganisierten Fronleichnamsprozessionen in der NS-Zeit als Demonstrationen gegen die Nazis verstanden hatte.

Der langhaarige Absalom

Großmutter Maria hatte zwei Hobbys: Bibel lesen und Briefe schreiben. Erst las sie zwei Stunden in der Schrift, dann holte sie Papier, Tinte und Feder und schrieb die Briefe, von denen an früherer Stelle schon die Rede war. Für das Lesen hatte sie eine schöne, schwere Bibelausgabe mit bunten Bildern auf der rechten und dem Text auf der linken Seite.

Ich saß gern auf der rechten Lehne ihres Lehnstuhls, sie zeigte auf mein Lieblingsbild, das Bild vom Absalom – und erzählte mir dann, auf mein Drängen hin, immer und immer wieder dessen Geschichte. Absalom war, wie der Kenner des Alten Testaments weiß, der dritte Sohn des Königs David, ein rechter Tunichtgut, der sich mit seinem Vater zerkriegte, gegen ihn in den Krieg zog, aber von dessen Heer besiegt wurde und dann auf der Flucht mit seinen langen Haaren in den Ästen einer Eiche hängen blieb.

Das Bild davon, das Bild vom langhaarigen Absalom, der mit seinen Haaren am Baum hing, faszinierte mich so, dass die Großmutter für mich immer wieder neue Geschichten über diesen Absalom und seinen Vater erfinden musste. Den gruseligen Text zum Bild habe ich erst mühsam, aber dann immer sicherer entziffert.

Später, es war zu Beatles-Zeiten, habe ich mir dann auch lange Haare wachsen lassen – und mich deswegen mit meinem Vater zerkriegt. Aber das ist wieder eine ganz andere Geschichte, in der mein Maler-Onkel Rupert, bei dem ich das Tapezieren lernte, eine tragende Rolle spielt, weil er den christlich zürnenden Vater mit der Bemerkung beruhigen wollte, dass »der liebe Heiland doch auch lange Haare« gehabt habe.

Die Großmutter hat mir aus der Bibel oft und sehr eindrucksvoll vorgelesen. So wurden die Sätze aus dem Markus-Evangeliums von der Stillung des Seesturms – sie handeln davon, wie Jesus dem tobenden Sturm Ruhe befiehlt – Teil meines kleinen Alltags und gehörten zur Angstbewältigung. Als die Eltern nachts bei einem sehr heftigen Gewitter von einer Einladung zurückkamen, sahen sie mich zu ihrem furchtbaren Erschrecken mit ausgebreiteten Händen im ersten Stock des Hauses am geöffneten Schlafzimmerfenster stehen. Ich soll, so hat es der Vater oft erzählt, »Wind sei still, Wasser geh zurück« gerufen haben. So hatte ich es ja bei den großmütterlichen Bibel-Lesungen gelernt.

»Das will Gott nicht mehr dulden«

Als ich im Mai 2022 in der Kirche St. Martin zu Memmingen den »Memminger Freiheitspreis 1525« entgegennehmen durfte, widmete ich in meiner Dankesrede diesen Preis meiner Großmutter Maria. Auf der bronzenen Gedenk-Medaille aus Memmingen steht der Satz: »Mir wöllet frei sein«. Da hätte die Großmutter begeistert zugestimmt – und die zwölf Forderungen der Bauern aus dem Jahr 1525 hätten ihr auch gefallen, in denen es unter anderem darum geht, dass »Witwen und Waisen ... nicht geschunden noch schäbig behandelt werden« dürfen: »Das will Gott nicht mehr dulden.«

Die Geschichte des Kampfes gegen Unterdrückung, die Geschichte des Kampfes für Freiheit und Menschenrechte in Europa beginnt nicht erst 1789 mit der Französischen Revolution, sie beginnt über 250 Jahre vorher, sie beginnt im deutschsprachigen Raum im Jahr 1525 in Memmingen mit den zwölf Artikeln der aufständischen Bauern, die sich auf das Evangelium beriefen. So früh wurden Grund- und Menschenrechte formuliert. Das war, das ist spektakulär. Im Gewand von Bitten wurde um Abgabenerleichterung, Freigabe von Jagd und Fischerei, Erweiterung der Gemeinderechte und um die Aufhebung der Leibeigenschaft ersucht.

Es waren dies die Postulate, auf die sich dann eine gewaltige, viel zu wenig bekannte Volkserhebung stützte: Hunderttausend Aufständische im gesamten Heiligen Römischen Reich Deutscher Nation, ganz überwiegend Bauern, beriefen sich auf die zwölf Freiheitsartikel von Memmingen. Das war im Jahr 1525!

Hochwürden

Nur beim ersten Satz des ersten Artikels der zwölf Memminger Bauern-Artikel hätte Großmutter, 435 Jahre später, gestutzt: »Eine Gemeinde soll ihren Pfarrer selbst wählen, ein- und absetzen dürfen.« Das wäre ihr wohl zu revoluzzerisch erschienen, auch wenn sie bisweilen über einen Pfarrer kräftig schimpfen konnte, dieser Klage aber dann die einschränkende Formel hinterherschickte: »... die heilige Weihe ausgenommen.« Das musste gesagt werden, weil sie so deutlich machte, dass trotz aller Empörung gegen den Pfarrer der Respekt vor seinem Amt und der Kirche blieb.

Als ich, Gymnasiast und blutjunger Lokaljournalist, meine Stücke über das Ortsleben im Städtchen Nittenau in der Oberpfalz schrieb, war es noch üblich, dem Namen des Geistlichen ein »H. H.« als eine Art Ehrenvorname und Ehrentitel voranzustellen. Jeder Kaplan, Dekan oder Pfarrer war ein »H. H.«, ein »Herr Hochwürden« – Hochwürdiger Herr Kaplan, Hochwürdiger Herr Pfarrer, Hochwürdiger Herr Dekan. Der Titel »Hochwürden« stammt aus der Zeit, in der die Würde des geistlichen Amtes den Herrn, der dieses Amt bekleidete, emporhob, heiligte, also unantastbar machte, und zwar auch dann, wenn dieser Herr ein unangenehmer Mensch, ein grässlicher Sünder oder ein unwürdiger Widerling war – er galt trotzdem als Hochwürden.

Die Zeit ist Gott sei Dank vorbei. Spätestens seit den Missbrauchsskandalen ist es sogar umgekehrt: Die Unwürdigkeit der Person erfasst das Amt, die Gemeinheit einiger Amtsträger entehrt die Katholische Kirche. Und so sind zahllose untadelige, hochengagierte Seelsorger und Jugenderzieher unter Generalverdacht geraten. Ich habe als Kind und als Jugendlicher viele dieser geistlichen Menschen erleben dürfen, die das Kirchenjahr festlich getaktet haben – mit einem Höhepunkt, der für mich nicht Weihnachten und oder Ostern war, sondern Fronleichnam.

Ein heiliger Traum

Fronleichnam ist, Fronleichnam war ein pracht- und prunkvolles spirituelles Volksfest am zweiten Donnerstag nach Pfingsten; ein Fest, bei dem die Kirche in Glorie, Glanz und Herrlichkeit schwelgt – »zur Ehre der bleibenden Gegenwart von Jesus Christus im Altarsakrament«, wie es in den religiösen Beschreibungen des Festtags heißt.

Fronleichnam ist ein Fest, dessen Namen auch gute Katholiken nicht gut erklären können; übersetzt heißt das mittelalterliche Wort »des Herrn Leib«. Dieser wird in Form der gewandelten Hostie in einer Monstranz durch die Stadt oder das Dorf getragen, wo an verschiedenen Orten Station gemacht und aus der Bibel gelesen wird. Der Volksmund hat den Tag einfach »Prangertag« genannt. Das kommt nicht vom Anprangern, das kommt vom Prangen.

Der Prangertag in meiner oberpfälzischen Heimat war großes, prachtvolles, religiöses Theater, zu dem die Leute ihr bestes Gewand anzogen, oft ein nagelneues. Fronleichnam war eine grandiose Erbauungs-Inszenierung mit Baldachin, unter dem der Pfarrer mit der Monstranz schritt; die Blaskapellen und die Kommunionkinder und die Vereine samt Fahnen folgten dahinter. Und der Feuerwehr-Kommandant dirigierte das alles mit lauter und feierlicher Akribie.

Schon an den Tagen zuvor war der Prozessionsweg beidseitig mit einem dichten Spalier von Birkenbäumchen versehen worden, Blumenteppiche waren sorgsam gelegt, Altäre geschmückt und mit Heiligenfiguren dekoriert worden. Es war wie ein Weihnachten im Frühsommer. Und am ganz frühen Morgen dieses Prangertages kam dann die große Stunde der Ministranten: Die Teichbauern aus der ganzen Umgebung hatten das Schilf an ihren Weihern gemäht und in großen Haufen am Prozessionsweg abgeladen. Und dann galt es, nicht das Rauchfass, sondern die Mistgabeln zu schwingen – und damit das Schilf auf den Straßen zu verteilen.

Der Kaplan, dieser hier war ein ganz untadeliger, sehr engagierter junger Mann, beaufsichtigte das alles; und er lud anschließend die Ministranten zum großen Würstlessen ins Jugendheim ein. Der Schwarzn Sepp, ein Freund aus sehr ärmlichen Verhältnissen, schaffte zwanzig Wiener. Ein paar Stunden später schritt dann die Prozession nicht über Pflaster und Teer, sondern durch schilfbedeckte Alleen; es war ein heiliger Traum. Und ein säuerlich-süßlicher Geruch mischte sich mit Weihrauch. So roch Fronleichnam. Es waren dies wohl die letzten großen Tage der Volkskirche.

Keine Zeit zum Feiern

Nach der Aufdeckung des sexuellen Missbrauchs in der katholischen Kirche und angesichts der Dimension der Vertuschung ist nicht die Zeit für die Entfaltung von Prunk und Pracht, sondern Zeit für Schuldbekenntnis und Scham. Es ist nicht Zeit zum Feiern, es ist Zeit für Reue und Umkehr. Viel zu lange hat sich die Amtskirche für sakrosankt erklärt und vertuscht, was nicht zum Bild passte.

Ich weiß, wovon ich rede. In meiner eigenen Pfarrei, in der ich einst zehn Jahre lang Ministrant war, hat später ein Kaplan die Kinder von Verwandten missbraucht. Er ist strafrechtlich verurteilt worden. Ich kenne diesen Kaplan noch als Gast im Haus meiner Eltern, wo ihm meine Mutter Brotzeiten aufgetischt hat.

Das alles war lange nach meiner Zeit als Ministrant, aber es stört und zerstört das Gefühl der Geborgenheit in der Religion und es trübt die Erinnerungen; Fronleichnam, das Fest, das man heute aus den genannten Gründen weder ausgelassen noch jubelnd feiern kann, gehört zu den schönsten Erinnerungen. Meine kleine Rebellion gegen die Verirrung der Kirche besteht darin, dass ich mir diese Erinnerungen nicht nehmen lasse.

Mühlstein um den Hals

Wie hätte Großmutter auf den Missbrauchsskandal reagiert? Sie hätte das Buch genommen, das neben der Bibel lag, und hätte damit empört und zornig auf den Tisch geschlagen. Dabei hätte sie den Satz aus dem Matthäus-Evangelium zitiert, den auch meine Mutter gern gebrauchte: »Wer einen von diesen Kleinen, die an mich glauben, zum Bösen verführt, für den wäre es besser, wenn er mit einem Mühlstein um den Hals im tiefen Meer versenkt würde.«

Das Buch, mit dem sie zugeschlagen hätte und in dem solche Sätze standen, nannte sie »Missale«; so heißt das liturgische Messbuch der Römisch-Katholischen Kirche. Und vor lauter Empörung wären die vielen Bilder und Bildchen herausgeflogen, die sie in ihrem Missale gesammelt hatte. Es handelte sich meist um Sterbebilder, also um die Bilder von Verstorbenen, wie sie auch heute noch auf Beerdigungen verteilt werden.

Diese Sterbebilder interessierten uns Kinder nicht besonders – auch dann nicht, wenn man darauf unsere verstorbene Eierfrau sah, die jeden Samstag mit dem Fahrrad von ihrem Bauernhof, dem Strohhof, zu uns gekommen war, um Butter und Eier und manchmal auch einen noch lebenden Gockel zu bringen, den sie dann in unserem Schuppen auf den Hackstock legte.

Signale der Transzendenz

Interessanter als die Sterbebilder waren für mich die Bilder von Schutzengeln; es waren viele Dutzend Bilder mit

Schutzengeln in allen Größen, Farben und Flügelformen – und vor allem: in Aktion. Darunter waren viele der Kitsch-Darstellungen, bei denen der Schutzengel ein Kind bei der Hand hält und über den Wildbach geleitet. Aber am besten gefallen hat mir das Bild, auf dem man eine offene Kutsche sah mit einer Gruppe von Leuten darin; die Kutsche hing halb über einem Abgrund – und der Schutzengel stemmte sich rettend dagegen.

Dramatische Bilder dieser Art sah ich dann später, als Student, im Kino; da hieß der Schutzengel »Superman«. Einen solchen Schutzengel konnte ich dann gut gebrauchen, als ich, kurz nach dem Erwerb des Führerscheins, mit Papas neuem Mercedes an einen Baum gefahren war.

Engel sind etwas Heimatliches. Weil sie Flügel haben, sind sie aus den heiligen Schriften heraus und hinein in den Alltag geflogen; dort kleben sie an Weihnachten bisweilen am Zuckerguss fest. Sie haben ihren Platz im Alltag unabhängig vom Gottglauben gefunden: Es gibt rettende und heilende Engel, Friedensengel, die Schutz- und Todesengel.

Viele Menschen glauben an Signale der Transzendenz, daran, dass menschliches Bewusstsein in Verbindung treten kann mit einer Wirklichkeit, die jenseits der Alltagswirklichkeit existiert. Der Engel ist eine Chiffre dafür, er ist der Name für den Wunsch, behütet zu sein. Kein anderer Taufspruch ist daher so beliebt wie der aus Psalm 91: »Der Herr hat seinen Engeln befohlen, dass sie dich behüten auf allen deinen Wegen.« Das ist tröstlich; wenn man aber den ganzen Psalm liest, schüttelt es einen; da geht es um die Albträume des Lebens.

»Wie viel geht da noch weg?«

Im Regensburger Dom gibt es einen Engel, der »Der lachende Engel« heißt: Er stellt den Erzengel Gabriel dar, stammt aus dem Jahr 1280, aber sein Lachen ist mir nie besonders aufgefallen. Ein herzhaftes, fröhliches Lachen ist es auch nicht, es ist eher ein melancholisches Lächeln. Aufgefallen sind mir aber die großen Füße des Engels, mit denen der Bildhauer wohl die Landung und Sicherheit des Engels auf der Erde, in diesem Fall in Regensburg, sichtbar machen wollte.

Dieses »Rengschburg« freilich, eine halbe Stunde von meinem Heimatort Nittenau entfernt, war mir, als ich noch recht klein war und die Bedeutung des Wortes Kultur noch nicht zu erfassen vermochte, von Herzen zuwider. Es gab dort nämlich ein Geschäft namens »Leder Hackl«, mitten in der Stadt, nicht weit vom Dom, vom Alten Rathaus und der Folterkammer. Diese Sehenswürdigkeiten habe ich erst später kennengelernt. Regensburg war für mich einzig und allein ein Ort, der markant nach Wichse roch und in dem es Lederhosen, genannt Bux'n, zu kaufen gab, die bei meiner Mutter als schier unverwüstlich galten, daher passend für mich.

Ich war fünf, als ich die erste Lederbux bekam. Dass sie aus Hirschleder war, bezweifle ich nachträglich. Aber immerhin hatte diese Bux schöne Hosenträger, deren Verbindungsstück auf der Brust, genannt Quersteg, praktisch gestaltet war – als eine Art Geldbeutel mit Reißverschluss oben, und außen war ein weißer Hirsch angebracht.

In diesem Behältnis pflegte ich, wie meine Freunde auch, die Fliegen zu sammeln, die wir tagsüber am Brettertor des Kindergartens erschlugen. Diese kurze Lederhose war also eigentlich nicht der Gegenstand meines Unbehagens; es waren vielmehr die Umstände ihres Erwerbes. Mein Vater war kein geiziger Mann. Aber in der Oberpfalz war es damals, als sich dort das Wirtschaftswunder erst sehr zaghaft ankündigte, üblich, bei größeren Ausgaben – eine Lederhose zählte zweifellos dazu – über den Preis zu verhandeln: »Wie viel geht da noch weg?« Wenigstens so viele Prozente sollten es sein, dass die Fahrtkosten nach Regensburg und das Mittagessen dabei heraussprangen.

Ich genierte mich furchtbar, fühlte mich gebrandmarkt als jemand, der den vollen Preis nicht wert ist. Kurz: Ich hielt das väterliche Verhalten, obwohl es erfolgreich war, für peinlich. Die Scham übertrug sich damals auf den Ort. So sehr ich Regensburg heute liebe – in meiner Kindheit mochte ich die Stadt nicht. Als wir ein halbes Jahr später wieder »in die Stadt« fuhren, um nun auch noch eine lange Lederhose zu erwerben, und dabei an einem Geschäft vorbeikamen, das »Umsonst« hieß, schlug ich vor, die Hose doch gleich dort einzukaufen.

Frühe Mutprobe

Meine schlechte Meinung über Regensburg änderte sich auch dann nicht, als man mich in der vierten Klasse probeweise in das bischöfliche Knabenseminar Obermünster steckte. Es war dies ein grässlicher gefängnisartiger Bau, in dessen endlosen Fluren die schlecht gerahmten schwarzweißen Fotografien diverser Priesterjahrgänge hingen, der sogenannten Primizianten – die allesamt ein heiligmäßiges Gesicht zur Schau trugen.

Der Tagesablauf in diesem Knabenseminar war entsprechend, und die Flucht aus dieser Kaserne Gottes, bei der ich mich nächtens bis zum Bahnhof durchschlug, an dem frühmorgens der Bus in meinen Heimatort Nittenau abfuhr, zählt zu meinen frühen Mutproben: Ich stieg aus dem Fenster, rutschte das Regenfallrohr hinunter, suchte die Haltestelle für den Bus, in dem, wie ich wusste, die Babett, eine entfernte Verwandte, die herzensgute Schaffnerin war.

Kulturelle Sehenswürdigkeiten habe ich auf diesem nächtlichen Streifzug nicht entdeckt. Ich bin aber an einem bemerkenswerten Kiosk vorbeigekommen, der als Fliegenpilz gestaltet war und ein rotes Dach mit weißen Punkten hatte. Aus späterer reicher Erfahrung kann ich versichern, dass es in Regensburg noch viele weitere Sehenswürdigkeiten gibt.

Am Sonntag nach der Flucht aus der Priesterkaserne kam dann der Ortspfarrer zu mir nach Hause; ich befürchtete ein geistliches Donnerwetter, aber er war voll von Verständnis: »Das war ja«, meinte er, »erst der erste Anlauf. Ich bin ja auch ein Spätberufener.« Er war in seinem ersten Leben Schneidermeister gewesen, und hatte dann erst später, wie man bei uns sagte, »auf Pfarrer studiert«.

»Erkennen Sie ihn?«

»So einer wie er ist in Bayern früher Pfarrer geworden. So einer war Ministrant und gescheit, und der Kooperator ist dann zu den Eltern gegangen und hat gefragt, ob man den Buben nicht zum Studieren schicken sollte. Und dann wurde so ein Bub ins bischöfliche Knabenseminar geschickt, nach Passau oder nach Regensburg. Der junge Mann bekam die heilige Weihe, er wurde Kaplan dort und Pfarrer da, er hat den Leuten aufs Maul geschaut, hat sie getauft und begraben. Und aus dem gescheitelten Sohn kleiner Leute wurde im Lauf vieler Jahre eine selbstbewusste Kraftnatur, die in einfacher, bilderreicher Sprache aus reicher Erfahrung schöpft. Solche geistliche Herren, die nicht päpstlicher sind als der Papst, trifft man noch ab und an im niederbayerisch-oberpfälzischen Land: Belesen, erfahren und überhaupt nicht pastoral.«

Winfried Hassemer, der Strafrechtsprofessor und Vizepräsident des Bundesverfassungsgerichts, hat diese Passage bei seiner Laudatio zur Verleihung des Siebenpfeiffer-Preises in Homburg vorgetragen. Und ich saß leicht verwirrt in der ersten Reihe und dachte mir: »Diesen Text kennst du doch, Prantl ...?«

Und dann gab es die Aufklärung. Hassemer erklärte dem Auditorium: »Erkennen Sie ihn? Es ist Heribert Prantl, wie er Roman Herzog beschreibt, unter der Überschrift ›Herzog, der gelehrte Bauer‹.« Den Text hatte ich geschrieben, da fiel es mir wieder ein, als der Staatsrechtsprofessor und frühere Präsident des Bundesverfassungsgerichts Roman Herzog im Jahr 1994 Bundespräsident wurde.

Vom Zentrum zum Provinznest

Ich bin freilich dann nicht, genauso wenig wie Roman Herzog, Pfarrer, sondern, wie in Vorkapiteln berichtet, erst Richter und Staatsanwalt, dann Journalist geworden. Als 1990 die Deutsche Einheit wiederhergestellt war und die Debatten darüber begonnen hatten, ob denn nun Bonn oder Berlin die deutsche Hauptstadt sein solle, schlug ich in der Redaktionskonferenz der *Süddeutschen Zeitung* Regensburg als Hauptstadt vor. Mein Vorschlag verfing nicht weiter. Das mag zum einen daran gelegen haben, dass ich damals ein ziemlich neues Redaktionsmitglied war und sich zur Hauptstadtfrage nur die arrivierten Kollegen äußern durften; zum anderen hielt man mein Votum wohl für reichlich absurd.

Es war freilich weniger absurd, als es ein paar Jahrzehnte vorher die Adenauer'sche Entscheidung für Bonn gewesen war. Und überhaupt kann von Absurdität nur einer reden, bei dem Geschichte erst mit dem 19. Jahrhundert einsetzt. Damals verschwand Regensburg gerade von der politischen Landkarte: Der Hauptort von Kaisern und Königen, das Zentrum des Alten Reiches, das schon Hauptstadt war, als Berlin noch nicht einmal existierte, schrumpfte zum Provinznest.

Die siebzig Reichsversammlungen, Hof- und Kurfürstentage, welche Regensburg beherbergt hatte, waren vergessen; und der Immerwährende Reichstag des Heiligen

Römischen Reiches Deutscher Nation, der seit 1663 dort tagte, hatte, das war im Jahr 1806, die Tür für immer zugesperrt, die Gesandtschaften hatten ihr Mobiliar an die örtlichen Bäcker- und Metzgermeister verscherbelt und waren, die Thurn und Taxis ausgenommen, abgereist; in der Gesandtenstraße etablierte sich eine Schnupftabakfabrik.

Seitdem war in Regensburg die Vergangenheit noch viel vergangener als anderswo; die Vergangenheit beginnt mit der Dritten Italischen Legion, die dort ihr Castra Regina baute, und hört in dieser Stadt etwa dort auf, wo sie in Berlin allmählich anfängt. Keine andere Stadt in Deutschland hat dann so tief und so lang geschlafen, keine andere ist so erfrischt aufgewacht.

Als in den alten Industriezentren Deutschlands die alten Industrien zu verfallen begannen, da wurden in Regensburg gerade erst die Baugruben für die neuen Industrien ausgehoben. Regensburg ist die Widerlegung des Gorbatschow-Satzes, dass vom Leben bestraft wird, wer zu spät kommt: Der Stadt geht es gut, weil sie so spät dran ist. Regensburg, heute meine Wahl- und Lieblingsheimat, hatte und hat keine Schwierigkeiten bei der Umstellung von den alten auf die neuen Industrien, weil es dort kaum alte Industrien gibt.

Römische Provinz

Atlantis soll einst im Meer versunken sein, Regensburg versank in der Provinz und im Plusquamperfekt. Aus der »Metropolis«, wie ein geistlicher Geschichtsschreiber im 11. Jahrhundert die Stadt genannt hatte, wurde ein Nest auf römischem Fundament, mit einer unglaublichen Kirchen- und Klosterdichte, der angeblich ältesten Kantine Europas, genannt *Wurstkuchl*, die schon den Erbauern der Steinernen Brücke als Brotzeitlokal gedient haben soll. Der britische Historiker Samuel Rawson Gardiner hat die

Schlachtfelder des Englischen Bürgerkriegs mit dem Fahrrad abgefahren, um sich vertiefte Ortskenntnis zu erwerben; dann erst hat er sein Geschichtswerk über die Puritanische Revolution des 17. Jahrhunderts verfasst.

So ähnlich habe ich es mit meiner Heimat Regensburg auch gehalten: Ich habe diesen Schauplatz deutscher und europäischer Geschichte erst etliche Jahre mit dem Fahrrad, später auch mit dem Kinderwagen erkundet. Ich habe jeden Tag auf dem Weg zur Arbeit im Landgericht auf dem Eisernen Steg die Donau überquert, jeden Sonntag in der ehemaligen Kaiserherberge am Haidplatz Pizza gegessen und am Alten Kornmarkt, da wo einst Karl der Große und Ludwig der Deutsche regierten, meinen Töchtern ein Eis gekauft.

In der *Wurstkuchl* gab und gibt es dürre, aber äußerst schmackhafte Bratwürste, dazu Kümmelkipferl und den berühmten Händlmaier-Senf. Und nicht nur Esskultur, sondern auch Körperkultur ist schon seit dem Mittelalter hier zu Hause: 1393 wurde in Regensburg die erste Badeordnung erlassen, Privatbäder gab es schon im Mittelalter zuhauf und ich selber hatte bei jedem Hochwasser ein solches unmittelbar vor der Tür. Zur Esskultur gesellt sich Liedkultur: In Regensburg singen die Domspatzen; und wie anspruchsvoll dieser Chor ist, zeigt sich schon darin, dass ich dort nicht mitsingen durfte.

Grüner Tisch und lange Bank

Ich habe mich und alle Familienmitglieder, um mich wie ein mittelalterlicher Ratsherr zu fühlen, in Regensburg sogar in Öl malen lassen (aber das Bild seitdem niemandem gezeigt). Ich habe mich in einer Wohnung an der Steinernen Brücke, gleich neben dem Kneitinger-Biergarten mit einem der besten Bockbiere der Welt, einquartiert und mich mehrfach vergewissert, dass die Requisiten, die man heute zum Regieren so benötigt wie gestern und vorgestern, sich immer noch in dieser Stadt befinden: Es handelt sich nicht um Reichsapfel und Krone; die braucht man heute eh nicht mehr; es handelt sich um die sprichwörtliche lange Bank und um den ebenso sprichwörtlichen grünen Tisch.

Diese Objekte sind übrig geblieben aus der Zeit, als Regensburg das Zentrum von Kerneuropa war: Der Immerwährende Reichstag hat versucht, die Vielzahl der großen, kleinen und ganz kleinen Herrschaften des Alten Reiches zu koordinieren. Bis ein Gesetz verabschiedet war, musste man sich von Nassau-Usingen bis Kriechingen, von Köln bis Bopfingen unterreden; aber erst die Signatur des Kaisers in Wien verschaffte den *Conclusa* Geltung. Das Procedere war umständlich, es war schwerfällig, es war föderal und partizipativ, es war europäisch à la Brüssel; und es nahm die Langsamkeit und die Mühseligkeit demokratischer Prozesse schon irgendwie vorweg.

Die zwei genannten Möbelstücke sind die Symbole dafür: Der »grüne Tisch« war das Tableau von Entscheidungen, die fern der Realität waren. Auf der »langen Bank« saßen nicht nur die Gesandten; dort wurden auch die unerledigten Akten gelagert, die so lange nachgeschoben wurden, bis sie am anderen Ende herunterfielen. Und dann gab es noch ein Konfekt-Tischlein: Dort durften sich die Gesandten und ihr Personal bedienen. Das alles hat etwas Bescheidenes. Dieses Alt- und Kerneuropa protzt nicht. Und der alte Reichstagssaal ist so klein, wie das alte Reich groß war.

Das alte Reichspathos war ein Pathos der Abwesenheit, »eines Missverhältnisses zwischen der Größe einer Idee und der Armut der Realität«, bemerkt Claudio Magris in seinem Donau-Buch. Die Größe der Idee im Kontrast zur Armut der Realität – das sollte nicht die Beschreibung für das junge alte Europa sein. Aus der Idee muss eine Macht werden, eine Friedensmacht.

Brüssels Vorgängerin

So viel zur Hauptstadt-Tauglichkeit Regensburgs. Zur Hauptstadt-Ästhetik: Die Altstadt hat eine Traumsanierung erfahren. Als im Wintersemester 1967 die Universität Regensburg ihren Lehr- und Forschungsbetrieb aufnahm, war das der Beginn für die Renaissance der Stadt. Aus dem miserabelsten Wohnviertel Deutschlands, aus den Slums unter Denkmalschutz der fünfziger Jahre, sind noble Quartiere in geschleckten Straßen geworden. In Berlin wohnt man preußisch, in Regensburg gotisch. Wilhelm Ludwig Wekherlin glaubte 1778 in der Stadt Regensburg ein Abbild des »schwermütigen Reichsverfassungskörpers« zu sehen; heute glaubt man sich in einem glanzpolierten Abbild von Siena oder Florenz.

Die Geschichte der Stadt ist nicht kleindeutsch, sondern europäisch. Regensburg ist sozusagen Brüssels Vorgängerin. Wenn dort, in der europäischen Hauptstadt, irgendwann doch über die Aufnahme der Türkei in die Europäische Union, also auch über die Annäherung der morgenländischen und der abendländischen Kultur verhandelt würde, träfe es sich gut, wenn dieser europäischen Hauptstadt Brüssel eine europäische Kulturhauptstadt Regensburg beigeordnet würde.

Denn in dieser Stadt begann vor tausend Jahren der Kampf der Kulturen, der Kampf zwischen Christenheit und Türken. Von hier aus zog Kaiser Barbarossa, von hier aus zogen drei Kreuzzüge in den Orient. Hier wurde 1547 Don Juan d'Austria geboren, Produkt einer Liebesnacht von Kaiser Karl V. mit der Regensburger Bürgerstochter Barbara Blomberg während des Reichstags von 1546; dieser Don Juan d'Austria wurde Befehlshaber der Flotte der Heiligen Liga und besiegte 1571 die Türken in der Seeschlacht bei Lepanto. Und hier in Regensburg tagten später die Reichstage, als die Türken vor Wien standen, hier beschlossen die Reichsstände, um die Gefahr abzuwehren, auf Drängen des Kaisers eine Reichssondersteuer, den Türkenpfennig.

Regensburg hat Erfahrung mit den verschiedenen Religionen, die Stadt war Jahrhunderte lang bikonfessionell. Der Historiker Winfried Schulze beschreibt das so: »Zwar beharrte die Reichsstadt auf ihrem Status als protestantische Stadt, denn das Bürgerrecht genossen fast nur Protestanten, während die Katholiken den Status sogenannter Beisassen hatten. Aber die Existenz des Fürstbischofs sowie der katholischen Klöster St. Emmeram, Ober- und Niedermünster in ihren Mauern machte sie zu einem Ort, der die komplizierte Struktur des Reiches ideal widerspiegelte.«

Wenn Europa die Gegner von gestern versöhnen soll, wenn Brücken geschlagen werden sollen – in Regensburg führt die Steinerne Brücke über die Donau, das größte Ingenieursbauwerk des Mittelalters, 336 Meter lang, 16 Bögen, seit 1147 bis heute in Betrieb.

Metapher für Europa

Die Donau ist ein Geschichtsfluss, nach der Wolga der zweitgrößte Strom Europas; er beginnt als Rinnsal im Schwarzwald und mäandert zum Schwarzen Meer. Kein anderer Strom verbindet so viele Völker und Kulturen; aber so oft war nur noch Hass das Verbindende. Die Donau durchmisst und berührt Deutschland, Österreich, die Slowakei, Ungarn, Kroatien, Serbien, Rumänien, Bulgarien, die Republik Moldau, die Ukraine.

Von der Steinernen Brücke in Regensburg bis zur Donaumündung im Schwarzen Meer sind es noch zweieinhalbtausend Kilometer. Ein Teil des Mündungsdeltas liegt in dem Land, aus dem seit dem 24. Februar 2022 die furchtbaren Nachrichten kommen, die vom Überfall Wladimir Putins auf die Ukraine berichten. Die Donau ist eine Meta-

pher für Europa. Brigach und Breg (und eine Reihe weiterer
Bächlein) bringen, so lautet der Merkspruch, die Donau zu-
weg.

Belgien, Frankreich, Italien, Luxemburg, die Nieder-
lande und die Bundesrepublik Deutschland haben 1957 die
EWG zuwege gebracht. Wie die Donau hat die EWG Zuflüs-
se aufgenommen, sie ist größer, weiter geworden. Regensburg ist das Tor nach Osteuropa. Regensburg ist spektaku-
läre Provinz. Es ist meine Heimat Europa – und der Ort, an
dem ich Jura, Geschichte und Philosophie studiert habe.

Drei Lehrer

Da waren die Fakultätsbibliotheken ein paar Jahre lang
eine Heimat – acht, manchmal zehn und mehr Stunden am
Tag. Zwei Professoren haben mich da schon in den ersten
Monaten sehr beeindruckt: Der eine war Dieter Medicus,
ein Schüler von Max Kaser, der den Lehrstuhl für Bürger-
liches Recht und Römische Rechtsgeschichte innehatte.
Der zweite war der Rechtshistoriker und Kanonist Peter
Landau.

Mir imponierte, wie diese beiden Gelehrten, wenn sie
das Recht erklärten, der Geschichte dieses Rechts Rech-
nung trugen. Mir imponierte, dass bei ihnen Gesetze nicht
einfach Produkte einer gerade fälligen Klempnerarbeit
waren. Mir imponierte, wie diese Gelehrten das Römische
Recht, wie sie das *Corpus Iuris Civilis* und den *Codex Iuris
Canonici* als Fundus und Fundament begriffen. Noch einen
dritten Rechtslehrer gilt es zu rühmen – einen, den ich
nicht selber im Hörsaal erlebte, den ich aber trotzdem zu
meinen Lehrern zähle: Hans Kelsen. Er hat die moderne
Verfassungsgerichtsbarkeit begründet.

Hans Kelsen stand ganz am Anfang meines juristischen
Lernens, weil ich, euphorisiert von den ersten Wochen des
Rechtsstudiums, wissbegierig in ein rechtsphilosophisches

Grundlagenseminar gelaufen bin, abgehalten von Wilhelm Steinmüller, der eigentlich ein Kirchenrechtler war, sich aber von der Rechtstheologie abgenabelt und der Informatik zugewandt hatte.

Die Kombination aus Philosophie und Computerrecht schien mir reizvoll und im übertriebenen Ehrgeiz wagte ich mich nicht nur ins anspruchsvolle Seminar, sondern auch in eine Prüfung. Zu interpretieren war ein Text, den ich damals nicht zu- und einordnen konnte, den ich auch kaum verstand.

Es war, wie ich später lernte, eine Passage aus der »Reinen Rechtslehre« von Hans Kelsen, dem großen wissenschaftlichen Gegner des NS-Apologeten Carl Schmitt. Über die Bemerkungen, die der Korrektor, es war Steinmüllers Assistent, zu meinen Darlegungen in der Klausur machte, schweige ich heute lieber. Es war dies der etwas unrühmliche Beginn einer beglückenden Beschäftigung mit Kelsen, der ein wissenschaftlicher Revolutionär war, weil er das Geraune, das ontologische Raunen, aus Staat und Recht herausgenommen hat: Recht wird, so Kelsen, durch Rechtsprozeduren hergestellt. Dieses Prozedurale ist heute in der Europäischen Union besonders ausgeprägt. Insofern darf man Kelsen einen der geistigen Väter der EU nennen.

Drei S-Bahn-Linien nach Deisenhofen

Der Mensch hat, wenn es gut geht, nicht nur eine Heimat, sondern mehrere Heimaten. Es gibt auch Heimaten auf Zeit. So eine Heimat auf Zeit war für mich der Ort Deisenhofen im Süden von München. Nach meinem Berufswechsel von der Justiz zur *Süddeutschen Zeitung* zog ich samt Familie von der Donauinsel in Regensburg in diesen Ortsteil von Oberhaching ins Reihenmittelhaus auf einem 235 Quadratmeter kleinen Grundstück. Alle Wege führen nach Rom, dachte ich mir damals – aber immerhin drei

S-Bahn-Linien nach Deisenhofen; so viel S-Bahn gab es nirgendwo sonst im Münchner Umland.

Das war nicht schlecht, weil es hier sonst nicht so viel gab: Da war ein aufgelassener alter Bahnhof. Da war eine Einkaufsstraße, die so aussah und immer noch so aussieht, wie alle Einkaufsstraßen aussehen. Und da ist, gleich in Sichtweite der Bahnhofsgleise, jenseits einer großen Wiese, St. Bartholomäus, ein Monstrum von einer Kirche, eine Scheune Gottes aus Beton.

Man fragte sich beim Aussteigen aus der S-Bahn, wo denn die Leute sind, die da reingehen sollen (und das war lange vor der großen Kirchenaustrittswelle). Die Neubaugebiete in Deisenhofen sind nämlich versteckt wie riesige Osternester; und ganz Deisenhofen ist ein großes Neubaugebiet.

Bürgermeister von 1966 bis 2002

Und weil der damalige Bürgermeister Nikolaus Aidelsburger nicht nur einen prächtigen Vollbart hatte, sondern auch einen Sinn für ländliche Bauweise, hatte er in den Bauleitplänen viel Holz und viele Fensterläden vorgeschrieben; und an die Straßen hatte er alte Apfelbaumsorten pflanzen lassen. Es sind viele Häuser gebaut worden mit vielen Fensterläden und vielen Obstbäumen davor – Nikolaus Aidelsburger hatte nämlich so lange regiert wie Kurt Georg Kiesinger, Willy Brandt, Helmut Schmidt, Helmut Kohl und Gerhard Schröder zusammen, 36 Jahre, von 1966 bis 2002.

Nikolaus Aidelsburger war natürlich von der CSU, die Hauptstraße durch das größte der Neubaugebiete heißt daher Franz-Josef-Strauß-Straße, und die Äpfel an den Straßenbäumen haben die Farbe des Gesichts von FJS nach einer dreistündigen Rede beim politischen Aschermittwoch in der Passauer Nibelungenhalle.

Das alles sieht man nicht, das alles ahnt man nicht, wenn man ein wenig verloren am S-Bahnhof Deisenhofen steht. Der Bahnhof sieht so aus, wie halt so viele S-Bahnhöfe aussehen. Man ahnt nicht, wo man ist und dass man eigentlich besser mit dem Fahrrad gekommen wäre, denn Deisenhofen ist ein Ort, der in den einschlägigen Prospekten entweder »Mekka« oder »Eldorado« für Radfahrer genannt wird.

Wir befinden uns südlich von München, östlich von Grünwald, nördlich vom Deininger Weiher, in der Nähe des wilden Gleißentals, wo der Hachinger Bach entspringt – und sind umgeben von ausgedehnten Wäldern, die das Forstamt schachbrettförmig eingeteilt hat. Deisenhofen: So heißt die Bahnstation der Gemeinde Oberhaching, und Deisenhofen ist der neuere, in den vergangenen zwanzig Jahren sehr gewachsene Teil des alten Bauerndorfs.

Laptop und Lederhose

Das Verhältnis zwischen Alt-Oberhaching und Neu-Deisenhofen vergleicht man am besten mit dem von Laptop und Lederhose. Das heißt: In Oberhaching/Deisenhofen hat man Bayern im Kleinformat. Deisenhofen ist der Laptop: Dort wohnen neu zugezogene Familien mit drei Autos, also die Akademiker und Geschäftsführer aus den Firmen und Konzernen in München. Alt-Oberhaching aber ist die Lederhose, dort wohnen die Bauern, die den Akademikern, den Geschäftsführern und auch den Oberstudienräten von auswärts ihre Felder verkauft haben und dabei reich geworden sind.

In Deisenhofen steht die oben schon erwähnte gewaltige Scheune Gottes aus Beton, die den Charme einer Autobahnkirche hat. In Oberhaching steht, mitten am Dorfplatz, die uralte Wehr-Kirche von St. Stephan mit einem spätromanisch-gotischen Turm, die verträumte Dorf- und

Grundschule daneben. Es ist ein Schulhaus wie aus dem Bilderbuch: 150 Jahre alt und das älteste noch benutzte Schulhaus weit und breit.

Laptop und Lederhose. Da und dort begegnen sich die Welten. In der Nähe des Groß-Gymnasiums begegnen sich der BMW X 5 und der Fendt-Traktor. Mit dem einen fährt die Mutter den Filius in die Schule, mit dem anderen fährt der Bauer aufs Feld. Beide fuhren, jedenfalls damals, als ich nach Deisenhofen kam, mit Diesel. Das war der kleinste gemeinsame Nenner in Oberhaching.

Aber es gibt auch den Versuch einer echten Symbiose von Laptop und Lederhose: Das alte Wirtshaus am Kirchplatz, der Forstner, ist abgerissen und neu gebaut worden. Es handelt sich nun um eine Art Lap-Hose für alle, für Deisenhofener und Oberhachinger. Der Wirt trug zunächst einmal den hierzulande etwas befremdlichen Namen *Schinken-Peter* – und es gibt dort einen Bürgersaal für Konzert, Kabarett und Bauerntheater, für den Burschenverein und das Jubiläum von Feuerwehr und Kolpingfamilie.

Kugler-Alm und Kandler-Wirt

Man müsste nun noch etwas über das Groß-Gymnasium Oberhaching sagen, das aus allen Nähten platzt und nicht den Namen Abt-Petto-Gymnasium trägt, weil das zu geistlich geklungen hätte – und an dem es seit Jahrzehnten einen »Afghanistan-Tag« gibt, der für ein Krankenhaus in Chak-e-Wardak Geld sammelt. Radfahren wird nicht unterrichtet am Gymnasium in Oberhaching.

Trotz dieses Mangels funktioniert die Symbiose Radfahren & Deisenhofen unglaublich gut, noch viel besser als die zwischen Deisenhofen & Oberhaching. Seit hundert Jahren ist Deisenhofen das Ziel für Radlfahrer aus München. Und warum das so ist, sagt ein alter Spruch, der heute nicht mehr ganz PC ist, den aber vor dreißig Jahren noch fast jeder Oberbayer kannte. Über eine Frau, die nicht sehr ausladend gebaut war, hieß es, sie sei »platt wie der Radlweg nach Deisenhofen«.

Damit sind die Vorzüge Deisenhofens für Münchner Fahrradfahrer etwas geschmacklos, aber deutlich beschrieben: Es ist ein Ausflug, der nicht anstrengt und der noch dazu ein schönes Ziel hat: Die *Kugler-Alm*, deren Wirt im Jahr 1922 die Radlermaß erfunden haben soll – als zu viele Radlfahrer bei ihm einkehrten und das Bier knapp wurde, mischte er es mit Zitronenlimo. Das stimmt zwar nicht ganz, weil es die Radlermaß schon ein paar Jahre vorher gab, ist aber gut erfunden.

Mit dem Radl ist man auch ziemlich schnell in Oberbiberg – und da sollte man hin, wenn einem das Gerede von Laptop und Lederhose auf den Geist geht. Oberbiberg gehört zu Oberhaching und sieht so aus, wie Oberhaching einmal ausgeschaut hat, als der Ort noch nicht 13 500 Einwohner hatte. Und vor allem gibt es dort ein Wirtshaus, das so ausschaut, wie Wirtshäuser einmal ausgeschaut haben in Bayern: den *Kandler-Wirt*. Dort sind die Außenaufnahmen für die Verfilmung von Dürrenmatts »Es geschah am hellichten Tag« gemacht worden, dort wurden das »Forsthaus Falkenau« und etliche Szenen vom Pumuckl gedreht, dort hat Marcus H. Rosenmüller den Film »Sommer in Orange« gedreht und seinen wunderbaren Heimatfilm »Wer früher stirbt, ist länger tot« angesiedelt. Den Namen des Wirtshauses hat der Film der Einfachheit halber gleich übernommen: *Kandler*. Das alles weiß man nicht, wenn man am Bahnhof Deisenhofen ankommt. Man erfährt und erlebt das im Lauf der Jahre.

Heimat ist Urvertrauen

Heimat ist mehr als eine Postleitzahl. Heimat ist das, was Halt gibt. Die Menschen brauchen Wurzeln, Wurzeln geben Halt, und eine Politik, die Halt gibt, ist eine Politik gegen den populistischen Extremismus. In Oberhaching/ Deisenhofen gibt es an die siebzig Vereine; auch so ein Vereinswesen gibt Halt. In Österreich und Deutschland leben zwei Drittel der Menschen in Dörfern, in Klein- und in Mittelstädten – also in der Provinz.

Provinz ist der Raum der übersichtlichen Lebenseinheiten, der Raum, in dem die Menschen sich kennen. Provinz ist die Verkörperung des Prinzips Heimat. Diejenigen, die sich für das Wort Provinz schämen, sagen lieber Region; meinetwegen. Provinz ist ein gutes Wort und ein guter Platz, um sich heimisch zu fühlen. Er muss es bleiben oder wieder werden. Die Welt muss heimatlicher werden. Der Wunsch, eine Heimat zu haben (ob in einer Großstadt oder in der Provinz), ist kein brauner Wunsch, er ist schlicht ein menschlicher.

Heimat besteht nicht in Blut und Boden. Heimat ist Urvertrauen – das Urvertrauen, sicher und geborgen zu sein.

Heimat ist das Bewusstsein, dass man seinen Platz, seine Aufgabe und seine Geschichte hat. Die Welt zur Heimat zu machen, das fängt in Kleinkleckersdorf an. Es fängt damit an, dass es dort eine Poststelle, einen Bäcker und einen Arzt gibt und ein Krankenhaus in erreichbarer Nähe. Gute Lokalpolitik lockt also nicht einfach nur Investoren in den Ort, sie stärkt auch die Grundversorgung, den sozialen Zusammenhalt und die gewachsenen Traditionen ihrer Bürger – und damit ihre Offenheit für die Menschen, die neu kommen.

Landfrust statt Landlust

Der deutschen Provinz wird aber seit Jahren übel mitgespielt, nicht nur von der Bundeswehr, die so viele Garnisonsstandorte geschlossen hat. Post, Telekom und Bahn haben sich radikal aus der Fläche zurückgezogen, kaum dass sie privatisiert waren. Auch bei den Sparkassen gab es ein großes Filialschließen; es muss gespart werden – und manchmal sägt man dann aus Spargründen den Ast ab, auf dem man sitzt. Die Provinz hat es wirklich nicht leicht heute.

Landlust heißt zwar eine der erfolgreichsten Zeitschriften an den Kiosken. Aber die Landlust gibt es oft nur auf dem Papier und bei der Nachfrage nach Omas Apfelkuchenrezept und der Landfrauenküche. Ansonsten existiert viel zu oft der Landfrust. Viele Bürgermeister müssen bizarre Kämpfe um schnelle Datenleitungen führen, die in einer hochentwickelten Industriegesellschaft längst selbstverständlich sein sollten.

Vielerorts in Deutschland verludern die Ortskerne, in meinem Geburtsort, in Nittenau in der Oberpfalz, ist das auch so. Im Münchner Umland, im Speckgürtel, in einem Ort wie Deisenhofen ist das anders. Aber viele andere Dörfer, Klein- und auch noch Mittelstädte sehen aus wie ein Donut, also wie dieser amerikanische ringförmige Krapfen – ein abgeflachter Teigballen, der in der Mitte ein Loch hat.

Diese Donut-Orte, es gibt Hunderte, Tausende in Deutschland, sind innen hohl – sie sind entweder voll schlechter, alter Bausubstanz; oder aber wie Puppenstübchen aufpoliert worden und dennoch ohne Leben, weil die Ladenmieten dort aufgrund der Refinanzierung der Sanierungskosten für alte Ladengeschäfte unerschwinglich geworden sind. So entsteht das Loch im Zentrum so vieler Dörfer und Städte.

Altensiedlungen und Altenheime stehen an den Ortsrändern und sind deshalb verkehrstechnisch meist schlecht angebunden. Es wäre sehr viel besser, die alten Menschen in die Ortsmitte zu holen, dorthin, wo die Kirche, das Rathaus und die Sparkassen-Filiale stehen und wo in der zugesperrten ehemaligen Schlecker-Filiale ein neuer Dorf- und Tante-Emma-Laden mit Waren für den täglichen Bedarf und mit regionalen Produkten aufgemacht hat. Die Ortskerne müssen wiederbelebt werden. Die Menschen brauchen eine wohnungsnahe Rundumversorgung. Jeder zehnte Einwohner Deutschlands kann Brot und Milch nicht mehr zu Fuß einkaufen, weil der nächste Laden zu weit entfernt ist.

Umbau statt Abbau

Es gibt in Teilen Deutschlands so etwas wie eine provinzielle Depression. Aber man muss sich ihr nicht ausliefern. Ja, der Einwohnerrückgang und die Veränderung der Altersstruktur haben Auswirkungen auf die Infrastruktur; dabei sollte aber nicht vornehmlich der Abbau die Zielsetzung sein, sondern der Umbau. Öffentliche Verkehrsanbindungen müssen funktionieren, Schulen müssen zu neuen Mittelpunkten des Miteinander- und Voneinander-Lernens umgestaltet werden. Medizinische Betreuung und Pflege müssen neu konzipiert und ausgebaut werden.

Der Kampf gegen den populistischen Rechtsextremismus ist auch ein Kampf gegen die provinzielle Depression. Regionalentwicklung: Da geht es nicht um die Beschilderung von Wanderwegen oder darum, dass die Marktplätze alle zehn Jahre andersherum gepflastert werden. Es geht vor allem darum, wie man junge Menschen zum Bleiben oder, noch besser, zur Rückkehr bewegt. Die Entvölkerung ländlicher Räume ist kein Naturgesetz. Sie ist eine Folge dessen, dass Arbeit und Leben dort nicht oder viel zu wenig vereinbar sind. Das muss gute Heimatpolitik in der Provinz leisten: Sie muss alles daransetzen, dass die jungen Menschen hier leben und arbeiten können.

»Prantl, Sie Rindvieh!«

Leben und arbeiten? Am fremdesten war mir die Provinz in meiner Wehrpflichtzeit bei der Bundeswehr; da war ich stationiert in Regensburg, in Idar-Oberstein und in Grafenwöhr, ich gehörte zu einer Radar-Einheit. Deren Aufgabe bestand darin, in Manövern die feindlichen Geschütze zu orten, genau zu lokalisieren und dann deren Daten an die eigene Feuerleitstelle weiterzugeben, um die feindlichen Geschütze auszuschalten.

Auf meinem Panzer, dessen Standort ich zuvor vermessen hatte, war ein Radarschirm montiert. Die gegnerischen Geschosse flogen durchs Radarfeld, und durch Anwendung trigonometrischer Regeln sollte der Standort der Geschütze errechnet werden, die die Geschosse abfeuerten. Ein Eignungstest zu Beginn meiner Dienstzeit hatte angeblich ergeben, dass ich für diese Tätigkeit besonders qualifiziert sei.

Da hatte und habe ich meine Zweifel. Ich habe wohl meine soldatischen Aufgaben nicht wirklich ernst genommen. Es war jedenfalls so, dass es beim Manöver in Grafenwöhr zu einem lautstarken Vorfall kam. Ein General hatte sich ausgerechnet meinen Panzer ausgesucht, um das Manövergeschehen zu verfolgen. Er kletterte in mein Gefährt, ich schaute von einem Hügel aus zu. Nach einer Viertelstunde kroch der General puterrot im Gesicht aus der Luke, sprang vom Panzer und brüllte: »Prantl, Sie Rindvieh, mit Ihren Daten beschießen wir die Kirche von Grafenwöhr!« Das klingt lustig, war es aber nicht. Die Bundeswehr war keine gute Heimat für mich.

Anker der Stabilität

Heimat. Das Schreiben ist für einen wie mich Heimat. Vor einiger Zeit habe ich die Werke des böhmischen Schriftstellers Johannes Urzidil gelesen. Urzidil war ein Zeitgenosse von Kafka, Brod und Werfel, er ist 1939 erst nach Großbritannien und dann in die USA, nach New York, emigriert. Statt dort seiner verlorenen böhmischen Heimat nachzutrauern, setzte er ihr ein Denkmal: Inmitten der Wolkenkratzerriesen von New York beschrieb er den Blick vom Stinglfelsen im Böhmerwald, machte seine Streifzüge durch seines Vaters Apothekenkästchen und durch die böhmische Geschichte. Er schrieb über Böhmen als »die verlorene Geliebte der europäischen Geschichte«. »Meine Heimat ist,« so schrieb der Dichter, »was ich schreibe.«

Meine Heimat ist, was ich schreibe: Das ist für einen Journalisten kein schlechtes Motto. Bei mir ist es eher so, dass Heimat das ist, worüber ich schreibe. Ich schreibe als politischer Journalist über die Demokratie, über den Sozialstaat und über Europa – und ich glaube, dass die Konkretisierung dieser abstrakten Begriffe sehr viel mit Heimat zu tun hat.

Heimat Demokratie? Wenn Demokratie gelingt, wird sie zur Heimat für die Menschen, die in dieser Demokratie ihre Zukunft miteinander gestalten. Heimat Sozialstaat? Wenn der Sozialstaat funktioniert, ist er Heimat für die Menschen, die sich eine Villa nicht leisten können. Heimat Europa? Europa muss – hoffentlich, bitte – aus seinen Krisen wieder herauskommen. Es kann und darf nicht sein, dass die Mitgliedsstaaten dadurch wieder »groß« und »great« werden wollen, indem sie sich wieder klein machen und auf das Nationale schrumpfen.

Heimat Provinz: Die Provinz ist die Urzelle der Heimat. In einer Zeit, in der sich viele Menschen immer unsicherer, also entheimatet fühlen, kann die Provinz ein Anker der Stabilität für den Menschen sein. Die Provinz des Menschen ist die Heimat.

Oktober

Dieses Kapitel handelt davon, wie ich die Deutsche Einheit und ihre Protagonisten erlebt habe. Es handelt von meiner ersten und von meiner letzten Begegnung mit Helmut Kohl und davon, warum er mir schrieb, dass ich »sonst nie« recht habe, aber »dies eine Mal schon«. Dieses Kapitel handelt auch vom Streit darüber, ob der 3. Oktober oder der 9. November der richtige Tag der Deutschen Einheit ist – und warum ich der Meinung bin, dass die deutsche Hymne eine zweite Strophe braucht, nämlich diese: »Auferstanden aus Ruinen und der Zukunft zugewandt. Glück und Frieden sei beschieden Deutschland unserm Vaterland.«

Vollzogen, aber nicht vollendet

Wiedervereinigung, 3. Oktober 1990

Meine Geschichte mit Helmut Kohl beginnt nicht erst in den späten achtziger und neunziger Jahren, als aus dem vormaligen bayerischen Richter Prantl ein politischer Journalist geworden war. Sie beginnt viel früher, genauer gesagt im Jahr 1329, als die oberbayerische Linie der Wittelsbacher sich in die ältere Linie Pfalz und die jüngere Linie Bayern teilte und Bayern dabei seinen nordöstlichen Teil, die Oberpfalz, an die Pfalzgrafschaft bei Rhein, also die Rheinpfalz, abgab.

Dies war der Streitgegenstand bei meiner ersten persönlichen Begegnung mit Helmut Kohl. Es war im April 1999 auf dem CDU-Parteitag in Erfurt beim sogenannten Presseabend; das ist ein Zusammensitzen und Zusammenstehen von Partei- und Medienleuten, mit dem so ein Parteitag inoffiziell und mit Speis und Trank beginnt. In unserem Fall war das eine gewaltige Wurstplatte und Wein aus der Pfalz.

Der Parteitag in Erfurt stand, warum auch immer, unter dem Motto: »Wo Werte Zukunft haben.« Aber es war dies ja noch vor Kohls Spendenskandal, der die CDU dann fast in den Abgrund gerissen hätte; und mit Parteitagslosungen ist das eh so eine Sache. Sie sind austauschbar und lauten: »Wir nehmen die Herausforderung an« (CDU, Bonn, 1998), »Mehr Sicherheit für Deutschland« (CDU, Hannover,

2022) »Deutschlands Zukunft – sicher – gerecht – welt-offen« (SPD, Berlin, 2015) oder »Mission Aufbruch« (FDP, Berlin, 2020); oder: »Bereit, weil Ihr es seid« (Die Grünen, 2021). Bei einem Motto-Lotto hätte auch ein gewiefter Kenner Schwierigkeiten, einen Slogan der richtigen Partei und dem richtigen Jahrzehnt zuzuordnen.

Herr Bundeskanzler bittet zu Tisch

Damals in Erfurt lautete das Motto also: »Wo Werte Zukunft haben.« Kohl war nicht mehr Kanzler, sein Nachfolger als CDU-Chef war Wolfgang Schäuble; Kohl war nach 16 Kanzlerjahren bei der Bundestagswahl im September 1998 abgewählt worden und jetzt also Altkanzler, wurde aber von allen durchweg als »Herr Bundeskanzler« angesprochen, sei es aus Nostalgie, Courtoisie oder Schmeichelei.

Ich hatte kaum die Tür zum großen Saal des Hotels *Maritim* hinter mir geschlossen, um mich nach bekannten Gesichtern umzuschauen, als, unübersehbar, weil über zwei Meter groß, Andreas Fritzenkötter, der Pressesprecher Kohls, auf mich zueilte: »Herr Bundeskanzler bittet Sie zu Tisch«. Er meinte natürlich den Altkanzler. Amtierender Bundeskanzler war seit ein paar Monaten Gerhard Schröder von der SPD, der mit einer sehr neoliberalen Politik kokettierte, die ich in meinen Kommentaren und Leitartikeln heftig kritisierte und die später in die Agenda 2010 und die Hartz-IV-Gesetze mündete. Nicht die Kritik, die ich an Kohl in seiner Kanzlerzeit geübt hatte, sondern meine aktuelle Kritik an seinem Nachfolger war der Grund dafür, dass sich Kohl für mich interessierte.

Kohls Tisch war dicht besetzt – aber die Kolleginnen und Kollegen, es waren überwiegend solche vom Fernsehen, rückten neugierig zur Seite, als ich gegenüber von Kohl platziert wurde. Der eröffnete das Gespräch, wie er es gern machte, mit den Kennenlernfragen, deren Ant-

worten er zum Teil schon kannte, weil er sich über seine
Gesprächspartner vorab genau zu informieren pflegte. Er
fragte also, wo und wie ich aufgewachsen und wo mein
Vater denn im Krieg gewesen sei, um dann über seine eigenen Kriegs- und Nachkriegserlebnisse zu erzählen. Und
ich erzählte erst von meiner Jugend in der Kolpingfamilie
meines Heimatortes Nittenau, einem katholischen Sozial-
verein, was Kohl sichtlich gut gefiel; dann berichtete ich,
was mein Vater mir über seine Zeit in russischer Kriegs-
gefangenschaft erzählt hatte und wie er, mit lebensgefähr-
lichen Erfrierungen, 1947 in die heimatliche Oberpfalz zu-
rückgekommen war.

Dies eine Mal doch

Und da kam Kohls prüfende Frage an mich: »Wissen Sie
eigentlich, warum die Oberpfalz Oberpfalz heißt?« Es ent-
spann sich eine heftige Diskussion zwischen dem 69-jäh-
rigen Pfälzer Historiker Kohl und dem 45-jährigen Oberpfälzer Juristen Prantl über die Historie ihrer Heimatorte
Oggersheim und Nittenau, die Jahrhunderte lang in ein-
und demselben Herrschaftsgebiet lagen, nämlich der
Rheinpfalz und der Oberpfalz.

Meine Darlegungen zum Wittelsbacher Hausvertrag
von Pavia aus dem Jahr 1329 verwarf Kohl als falsch, das
Gespräch wurde ein wenig obsessiv und endete ohne Ergebnis. Wieder zu Hause nahm ich den einschlägigen Band
von Max Spindlers »Handbuch der Bayerischen Geschichte« aus dem Regal, markierte dort die einschlägigen Stellen
und schickte das Buch an Helmut Kohl. Wenige Tage später kam die Antwort: »Prantl, Sie haben ja sonst nie recht.
Aber dies eine Mal doch.«

Ich nahm diese Freundlichkeit zum Anlass, ihm schrift-
lich einen Vorschlag zu einem ganz besonderen Interview
zu machen: Ich schlug ihm vor, einen Eisenbahnzug zu mie-

ten und dann zusammen mit einem Stenografen und einer Fotografin in einem Abteil sitzend von Bonn nach Paris zu fahren, vorbei an den alten Schlachtfeldern. Aus den Fenstern auf die historischen Landschaften schauend könnten wir angeregt über Europas Vergangenheit, Gegenwart und Zukunft reden und er könne, schrieb ich, dabei ganz groß ausholen.

Seine Antwort kam postwendend: Er habe ja immer gewusst, dass ich spinne – jetzt habe er den Beweis. Aber ich könnte ja gern in sein Bonner Büro kommen. Das tat ich dann auch. Es kam zu zwei langen Besuchen mit Gesprächen über Gott und die Welt, die schließlich in einem Interview mündeten, das mehrseitig in der *SZ*-Wochenendausgabe vom 11./12. September 1999 abgedruckt wurde: »Europa vor dem Ziel. Chancen des Zusammenwachsens ehemals verfeindeter Länder: Noch nie gab es so viel Grund zum Optimismus wie heute.« Es war dies eine Beschwörung der Europäischen Idee durch den Staatsmann Helmut Kohl, der ein europäisch-pfälzischer Berserker war.

Berserker und Christophorus

Er war Europas Berserker und Europas Christophorus. Kohls Außenminister Klaus Kinkel von der FDP hat mir einmal in der für ihn typischen deftigen Sprache geschildert, wie es in der letzten Phase von Kohls Amtszeit bei den europäischen Ratssitzungen zuging – wie bei einem Klassentreffen; mit Kohl als Klassensprecher und Organisator: Kohl habe, »ohne dass er an der Reihe war, in das Mikrofon geschrien, alle zusammengeschissen; und alle haben auf ihn gehört. Er brüllte ›François‹ – und Mitterrand, schon gezeichnet von schwerer Krankheit, zuckte zusammen und nickte. Er hat diese Kerle beherrscht.« Diese Kerle, die Staatsführer Europas, waren, so Kinkel, »seine Kerle«. Und Kohl konnte über dieses, über sein Europa glucksend, bewegt, pathetisch, feierlich, sensibel, stolz und auch unglaublich selbstzufrieden reden.

Vor meinem ersten Besuch bei Kohl in Bonn hatte ich beim Feinkostgeschäft Dallmayr am München Flughafen drei Pfund Pralinen gekauft für Juliane Weber, Kohls Büroleiterin, und in eine Bonbonniere aus Cellophan verpacken lassen. »Das wollen wir doch dem Herrn Bundeskanzler zukommen lassen«, sagte die aber sogleich mit ihrer tiefen, rauchigen Stimme, als ich das schleifenverzierte Gebinde im Vorzimmer auf ihren Schreibtisch stellte; sie trug den Pralinensack ins Zimmer ihres Chefs.

Der kam heraus und begrüßte mich mit launiger Entrüstung: »Sie bei mir, Prantl? Sie als Wortführer aller Linken in Deutschland!« Und ich erwiderte: »Ach Herr Bundeskanzler, für Sie ist ja schon jemand links, der Kassier bei der Kolpingfamilie ist.« Das gefiel dem Altkanzler und er ließ eine Flasche Wein holen und später eine zweite; und als ich ging, waren von den Pralinen nicht mehr viele übrig. Ich hatte keine gegessen.

Zwischen Kohl und Kirch

Die anschwellende Traulichkeit wurde dann ab November 1999 durch die Parteispendenaffäre getrübt; beinahe täglich gab es neue Erkenntnisse über schwarze Kassen und schwarze Gelder, über die Kohl nach Gutsherrenart verfügt hatte; es war, wie er es nannte, der »Bimbes«, den er zum Ausbau seiner Macht eingesetzt hatte, heimliche Zahlungen des Flick-Konzerns waren darunter. Ich kommentierte das erst verhalten, dann mit wachsender Schärfe.

Die Katastrophe nahm, auch befeuert von Kohls stoischer Uneinsichtigkeit, ihren Lauf: Die CDU entzog Kohl den Ehrenvorsitz, die Justiz leitete gegen ihn ein Strafverfahren ein, das im Februar 2001 nach 14 Monate langen Ermittlungen wegen Untreue gegen eine Geldauflage von

300 000 Mark eingestellt wurde; auch Wolfgang Schäuble, Kohls Nachfolger als Parteichef, geriet in den Sog der Affäre und musste zurücktreten; Angela Merkel wurde Parteivorsitzende und schließlich Bundeskanzlerin.

Aber all das lag, als ich Kohl im Dezember 1999 zum letzten Mal traf, noch in weiter Zukunft. Die Spekulationen über die Geldgeber Kohls, über die es gesicherte Erkenntnisse bis heute nicht gibt, fingen da gerade an. Kohl hatte ihnen, so sagte er in einer berüchtigten Erklärung, sein Ehrenwort gegeben, ihre Namen nicht zu nennen.

Meine letzte persönliche Begegnung mit Kohl war ganz zufällig: Ich hatte mich mit einem Kollegen, der sich für eine Redakteur-Stelle beworben hatte, im *Bayerischen Hof* zum Essen verabredet. Als ich dort den reservierten Tisch suchte, erspähte ich, im Nebenraum des Restaurants in der Ecke, Helmut Kohl im vertraulichen Gespräch mit dem Medienmogul Leo Kirch sitzen, der damals in diesem Gebäude sein Büro hatte. Sollte ich Kohl ansprechen? Sollte ich fragen, ob er da über sein Ehrenwort berate? Ich tat es nicht, absolvierte mein Gespräch mit dem Kollegen, achtete nicht mehr auf Kohl und Kirch.

Irgendwann ging ich auf die Toilette, die im *Bayerischen Hof* ein Stück Weg vom Restaurant entfernt im Untergeschoss liegt. Als ich dort wiederum auf Kohl traf, erledigte ich mein Geschäft wortlos und ganz schnell, strebte wieder in Richtung Restaurant, als mir Leo Kirch, damals noch nicht im Rollstuhl, entgegenkam. Vor mir also Kirch und hinter mir kam Kohl, der über meinen Kopf und fünfzig Meter Entfernung seinem Freund zurief: »Leo, sag diesem Herrn kein Wort. Der dreht dir das Wort im Munde um.« Es kam zu keinem Gespräch. Und es waren dies die letzten Worte, die ich persönlich von Helmut Kohl hörte. Darin steckte sein Zorn über die Kommentierungen seiner Spendenaffäre.

Herrschaft und Barschaft

Dieser Zorn zeigt sich auch in Kohls Buch »Mein Tagebuch 1998 – 2000«, das im Dezember 2000 in der Droemerschen Verlagsanstalt erschien und in dem er mich »der selbsternannte Chefankläger« nennt. In diesem Tagebuch befasst er sich mit der CDU-Spendenaffäre, also mit seiner Spendenaffäre, und entwickelt die Theorie, bei dieser Spendenaffäre handele es sich um eine Verschwörung gegen ihn.

In diesem Tagebuch findet sich auch auf Seite 68 unter dem Datum »Montag, 10. Mai 1999« der Eintrag: »Heute besucht mich Heribert Prantl, Leiter des innenpolitischen Ressorts der *Süddeutschen Zeitung*. Der Journalist aus München, gebürtiger Oberpfälzer, ist ein gelernter Jurist. Prantl verfügt über einen breiten Bildungshintergrund. Seine innenpolitischen Ansichten sind allerdings äußerst fragwürdig. Auf mich wirkt er wie ein fanatischer Linker, ohne Toleranz für Andersdenkende. Mir scheint er nicht frei von hinterhältigen Bösartigkeiten zu sein.«

Nach Ansicht des Kohl-Biografen Klaus Dreher, der in meinen ersten Journalistenjahren Bonner Büroleiter der *SZ* war, hat Kohl nie ein Tagebuch geführt und das als Tagebuch bezeichnete Werk erst nachträglich zu seiner Exkulpation verfasst.

Zusammen mit den Kollegen Hans Leyendecker und Michael Stiller hatte ich im August 2000 beim Verlag Steidl in Göttingen ein Buch publiziert, das »Helmut Kohl, die Macht und das Geld« heißt. Leyendecker und Stiller haben darin akribisch investigativ die Erkenntnisse über dubiose Geldgeschäfte in der CDU und CSU geschürft und zusammengetragen; ich untersuchte das juristisch und politisch: »Herrschaft und Barschaft. Von der Veralltäglichung des Ungesetzlichen« ist meine Analyse überschrieben. In diesem Zusammenhang machte ich auch der neuen CDU-Vorsitzenden Angela Merkel Vorwürfe. Sie »schweigt sich um Kopf und Kragen«, schrieb ich. Merkel war ungehalten darüber.

Helmut Kohl starb 2017, ohne dass ich noch einmal mit ihm in Kontakt gekommen wäre. In meinem Nachruf schrieb ich über ihn: »Mit seiner Gabe, die Macht harmlos und bieder erscheinen zu lassen, konnte Kohl wuchern, als es darauf ankam: Als die DDR zusammenbrach, als die Ereignisse sich überschlugen, als die Fata Morgana der deutschen Vereinigung sich materialisierte – da hat er der Welt die Furcht davor genommen, dass Deutschland größenwahnsinnig werden könnte. Ein Helmut Schmidt hätte den Nachbarn womöglich in den Wendejahren Angst eingejagt. Das neue Deutschland präsentierte keinen glatten Staatsmanager, sondern einen Mann von leutseligem Aussehen, keinen Eiferer, sondern einen bodenständigen Pfälzer. So verwandelten sich vermeintliche Schwächen in Stärken. So wurde er der Kanzler der Einheit, so ein Vater Europas.«

Schwarz, Rot, Gold

Als Tag der Einheit gilt der 3. Oktober, Helmut Kohl wollte es so. An diesem Tag im Jahr 1990 wurde sie vollzogen und rechtlich wirksam; dieser Tag wurde zum gesetzlichen Feiertag erklärt, obwohl der eigentliche Einheitstag ein anderer ist, der 9. November – dazu mehr im nächsten Kapitel.

Schwarz, Rot, Gold: Die deutschen Farben sind nicht einfach nur Farben. Wer die Symbolik liebt, der kann die Zeit von 1949 bis 1989, den Weg der alten Bundesrepublik bis zur Wiedervereinigung, anhand dieser Farben beschreiben. Die bundesdeutsche Nachkriegsgeschichte beginnt mit dem Schwarz der CDU des Kanzlers Adenauer und mit der von ihm betriebenen Eingliederung Westdeutschlands in das westliche Bündnis. Es folgt das Rot der Brandt-SPD mit der neuen Ostpolitik. Dann kommt das Gold der Wiedervereinigung, die 1989 mit dem Fall der Mauer begann.

Schwarz, Rot, Gold: Das ist also nicht nur Heraldik, das ist auch die bundesdeutsche Nachkriegsgeschichte. In das Gold des glückseligen Jubels von 1989 mischten sich dann aber, zwei, drei Jahrzehnte nach der Einheit, braune Streifen. Bei den Wahlen in den neuen Bundesländern wählten und wählen immer mehr Menschen Rechtsaußen. Das Gold der deutschen Farben wurde bräunlich. Das hat auch zu tun mit den Nachwirkungen des Weges, der hin zur Deutschen Einheit gewählt wurde.

A + B = A

Es gab zwei Wege. Erstens den Weg via Artikel 23 Grundgesetz, also durch den Beitritt des Ostens zur alten Bundesrepublik. Und zweitens den Weg via Artikel 146, also durch die Ausarbeitung einer neuen Verfassung samt Volksabstimmung darüber. Die Logik und die Funktionsweise dieser Verfassungsartikel lässt sich mit zwei simplen Formeln beschreiben. Die Gleichung A + B = C beschreibt den Weg des Artikels 146 Grundgesetz: Aus zwei Staaten wird ein neuer Staat. Die Gleichung »A + B = A« beschreibt den Weg des Artikels 23, den Weg des Beitritts: Die Bundesrepublik bleibt Bundesrepublik, die DDR wird an sie angeschlossen und verschwindet spurlos. So wurde es gemacht.

Im Winter 1989/90, nach dem Mauerfall vom 9. November 1989, wurde dieser bis dahin kaum beachtete Artikel ausgegraben, beleuchtet, geputzt, gedreht, gewendet und poliert. Aus fast vergessenen Sätzen wurden für einige Monate die wichtigsten Sätze. Dieser Artikel 23 stammte aus dem Jahr 1949, dem Jahr also, in dem das Grundgesetz in Kraft trat. Er beschrieb im ersten Satz, in welchen Bundesländern das Grundgesetz »zunächst« gilt. Und dann folgte als Satz 2 der Satz, der dann 1989/90, bei

der Suche nach dem Weg zur Deutschen Einheit, eine un-
geheure Dynamik entfaltete: »In anderen Teilen Deutschlands ist es nach deren Beitritt in Kraft zu setzen.«

Dieser Weg über Artikel 23 in die Bundesrepublik war
bis dahin ein einziges Mal gegangen worden, das war in
den fünfziger Jahren, als sich das kleine Saarland der Bundesrepublik anschloss. Damals hatte, nach einer Volksabstimmung wohlgemerkt, der Landtag des Saarlandes am
14. Dezember 1956 seine Beitrittserklärung abgegeben:
»Der Landtag des Saarlandes erklärt ... den Beitritt des
Saarlandes gemäß Artikel 23 des Grundgesetzes.«

Wenig später beschloss der Bundestag dann das Gesetz
über die Eingliederung des Saarlandes: »Das Grundgesetz
für die Bundesrepublik Deutschland gilt vom 1. Januar
1957 an auch im Saarland.« Es brauchte nicht viel Phanta-
sie, um nun, 1989/90 das Wort »Saarland« auszutauschen
gegen »DDR«. Diese Lösung wurde »Beitritt« genannt, von
ihren Gegnern »Anschluss«; eine Volksabstimmung hielten die Befürworter dieses Wegs zur Einheit allerdings
nicht für nötig.

Veränderungsbereitschaft gleich Null

»So können wir nicht über die Geschichte der letzten
45 Jahre hinweggehen«, meinte einer der Kritiker, es war
Herbert Schnoor (SPD), der Innenminister von Nordrhein-
Westfalen. Nur die Volksabstimmung könne einer späteren
»Legendenbildung« vorbeugen. Schnoor gehörte zu den
Befürwortern des Weges nach Artikel 146 des Grundge-
setzes, in dem es hieß: »Dieses Grundgesetz verliert seine
Gültigkeit an dem Tage, an dem eine Verfassung in Kraft
tritt, die von dem deutschen Volke in freier Entscheidung
beschlossen worden ist.«

Es hätte also eine neue Verfassung auf der Basis des
Grundgesetzes geschrieben und darüber abgestimmt wer-

den müssen; so sah es auch der Fahrplan zur Einheit vor, den die Sozialdemokraten der DDR vorgelegt hatte. Das Grundgesetz sollte nicht ganz neu verfasst, sondern mit den Erfahrungen der Menschen in der DDR angereichert, ergänzt und geändert werden – als Basis für die neugegründete Bundesrepublik. Für eine solche Neubearbeitung sei keine Zeit, sagten die Freunde der Beitrittslösung. Aber: Hatten nicht die Väter des Grundgesetzes (Mütter gab es damals nur vier, und es wurde lange nicht von ihnen gesprochen) bei ihren Beratungen im Jahr 1948 nur binnen 13 Tagen einen gereiften Text ausgearbeitet?

Die Gegner der Beitrittslösung hatten die Zuversicht, dass im Elan der friedlichen Revolution so etwas noch einmal gelingen könnte. Sie hatten mit dem Satz »Kein Anschluss unter dieser Nummer« auch einen schönen Slogan, aber keine Mehrheit, auch nicht im Osten, wo man den schnellen Weg zu Mark und Wohlstand wollte. Und im Westen war die Veränderungsbereitschaft gleich Null. Man tat so, als habe der Kollaps der DDR die Bundesrepublik geadelt, ihre Fehler getilgt und ihre Schwächen in Stärken verwandelt. Diese Haltung kennzeichnete den Verlust an Selbstkritik, der seit dem Fall der Mauer eingetreten war.

Credo der neuen Überheblichkeit

Eine große bundesrepublikanische Allianz verkündete das Credo der neuen Überheblichkeit: »Etwas Besseres als das Grundgesetz gibt es nicht.« Nur unwirsch nahm man noch zur Kenntnis, dass im letzten Artikel des Grundgesetzes etwas von einer neuen, gesamtdeutschen Verfassung steht, die das Grundgesetz ablösen soll. Doch darüber wollte man in der alten Bundesrepublik nicht nachdenken; die CSU warnte ausdrücklich davor, eine neue Verfassung auszuarbeiten. Stattdessen soll das Grundgesetz weiter gelten, Punkt für Punkt, Komma für Komma.

Kaum jemand redete noch von der wuchernden Macht der Parteien und der Ohnmacht der Bürger. Kaum jemand erinnerte noch daran, dass die im Grundgesetz zementierten »hergebrachten Grundsätze des Berufsbeamtentums« bislang jede vernünftige Reform des öffentlichen Dienstes verhindert hatten. Kaum jemand klagte darüber, dass das Wort »Umwelt« im Grundgesetz immer noch nicht vorkommt. Vergessen war, dass die Balance zwischen Bund und Ländern gestört war und das System der Aufgaben-, Ausgaben- und Einnahmenhoheit neu geregelt werden musste.

Vor Jahresfrist, zum vierzigsten Jubiläum, hatte man noch eingestanden, dass das Grundgesetz im sozialen Bereich Defizite aufweist. An die Stelle solcher Eingeständnisse trat nun ein breites Grinsen und Schmunzeln über die Verhältnisse in der DDR, wo die Verfassung zwar viel versprochen, aber wenig gehalten hatte.

Ein kapitaler Fehler

Ein »Kuratorium für einen demokratisch verfassten Bund deutscher Länder«, es war dies die erste gesamtdeutsche Bürgerinitiative, arbeitete auf der Basis des Grundgesetzes einen Verfassungsentwurf aus, der neue demokratische Mitwirkungs- und Kontrollrechte der Bürgerinnen und Bürger vorsah, sogenannte plebiszitäre Elemente: Volksinitiative, Volksbegehren, Volksentscheid.

Besondere Frauenrechte waren geplant und eine Bundeskanzlerin war auch schon vorgesehen. Der Verfassungsentwurf verwendete konsequent die männlichen und die weiblichen Namensformen. Und so lautete der geplante, aus dem Grundgesetz übernommene, aber sprachlich überarbeitete neue Artikel 65: »Die Bundeskanzlerin oder der Bundeskanzler bestimmen die Richtlinien der Politik.« Als dieser Vorschlag einer neuen Verfassung in der Frankfurter

Paulskirche vorgestellt wurde, kommentierte die FDP-Politikerin Hildegard Hamm-Brücher: »In diesem Text stecken meine Altersträume.« Aber sie wusste schon, wie es kommen wird: »Die werden sich alle tot stellen im Parlament.«

Die Delegierten aus der DDR hätten bei einer Verfassungsreform etwas an den Verhandlungstisch gebracht, das der Bundesrepublik und dem Grundgesetz immer gefehlt hatte: die demokratische Revolution. Die Bundesrepublik war 1948/49 aus der Retorte entstanden, das Grundgesetz unter der Anleitung der Alliierten. Ein neu verfasstes Deutschland hätte diesen Makel ausgleichen, es hätte die 40-jährige rechtsstaatliche Tradition der BRD verknüpfen können mit der demokratischen Autorität des revolutionären Wandels in der DDR. Es sei, so schrieb ich damals im Leitartikel vom 5. März 1990 (»Eine Verfassung für die Einheit«), »ein kapitaler Fehler, auf eine Legitimation von solcher Güte zu verzichten.«

Keine Angst vor Fürstenthronen

Es war wohl dieser Leitartikel, der mir die erste Einladung ins Fernsehen einbrachte, in den sonntäglichen ARD-Presseclub, dessen Thema war: die Deutsche Einheit und der richtige Weg dahin. Ich war schrecklich nervös und beim Flug am Sonntagvormittag nach Köln war mir so blümerant, dass ich nichts dagegen gehabt hätte, wenn das Flugzeug abgestürzt wäre. Damals war es noch üblich, dass nicht nur Journalisten, sondern auch Politiker in den Presseclub eingeladen wurden. Mein Gegenüber war also Bundesinnenminister Wolfgang Schäuble, der die Beitrittslösung nach Artikel 23 vertrat und dann wenig später, ab Juli 1990 auch die Verhandlungen für den Einigungsvertrag führte. Um meiner Nervosität Herr zu werden, ließ ich mir während der Sendung Wein servieren; der war aber von eher bescheidener Qualität; und als das Weintrinken in den späteren Presseclub-Sendungen dann zum Brauch wurde, wurde auch die Qualität des Weins besser.

Ich sollte und wollte für eine gesamtdeutsche Verfassung, für den Weg nach Artikel 146 werben. Aber irgendwie kam ich, unerfahren wie ich war, trotz Wein nicht zum Zuge. Die Diskussion fand, gefühlt die halbe Sendung lang, ohne mich statt. Und ich sah im Geist meinen Vater, der vor dem Fernseher ungeduldig auf meinen Einsatz wartete; ich sah die feixenden Gesichter meiner Kollegen im Büro am nächsten Tag und deren stumme Frage, ob es mir vor der Kamera die Sprache verschlagen habe.

Als Schäuble wieder sagte, dass einzig und allein der Beitritt nach Artikel 23 ein praktikabler Weg zur Einheit sei, pumpte ich mich auf und fiel ihm, sehr laut, so als gäbe es keine Mikrofone, ins Wort: »Herr Minister, Sie sind kleinmütig!« Das war mein erster Satz im Fernsehen. Ob die Begründung dazu dann überzeugend war? Der Kollege Martin E. Süskind vom Bonner *SZ*-Büro bemerkte am nächsten Tag am Telefon: »Keine Angst vor Fürstenthronen!« Ich war mir nicht sicher, ob das eine schon anerkennende Beschreibung meines Auftritts oder eher ein Rat für meine TV-Zukunft war.

Glanzleistung der Bürokratie

Anfang Juli 1990 begann dann das größte bürokratische Experiment der Weltgeschichte – der Vollzug der Deutschen Einheit, genannt Beitritt. Ich war viel in Berlin, kaufte mir ein gebrauchtes Fahrrad, um die Stadt und die Einheitsprozesse so besser in Griff zu kriegen. Nach achtwöchigen Verhandlungen war die Versuchsanordnung fertig. Auf fast tausend Seiten (im Bundesgesetzblatt waren es dann 356) wurde beschrieben, wie das Experiment abzulaufen habe.

Die Laborleiter und Verhandlungsführer, Wolfgang Schäuble, Innenminister der Bundesrepublik, und Günther

Krause, Parlamentarischer Staatssekretär beim DDR-Ministerpräsidenten Lothar de Maizière, unterschrieben am 31. August 1990 im Berliner Kronprinzenpalais den »Vertrag über die Herstellung der Einheit Deutschlands«.

Noch nie zuvor war ein Staat so geordnet und penibel aufgelöst worden wie in diesem Vertrag die DDR. Der Vertrag war eine Glanzleistung der Bürokratie. Er regelte das Schicksal der Nationalen Volksarmee der DDR genauso wie das der DDR-Verordnung über unterirdische Hohlräume. Beide hatten nicht mehr lang Bestand. Im Osten blieb kein Stein auf dem anderen.

Für die Ostdeutschen änderte sich damit, so zitiert der Historiker und Publizist Peter Bender in seinem Buch über »Deutschlands Wiederkehr« eine Thüringerin, »alles außer der Uhrzeit und der Jahreszeit«. Für Westdeutsche änderte sich zunächst außer den Postleitzahlen fast nichts. Der heutige spätere Bundesinnenminister Thomas de Maizière, der in der DDR-Verhandlungskommission seines Cousins, des DDR-Ministerpräsidenten Lothar de Maizière arbeitete (er war vom Bundeskanzleramt Helmut Kohls dahin abgeordnet), erinnerte sich an die Veränderungsbereitschaft West wie folgt: Sie »war null«.

Der damalige Bundesinnenminister Wolfgang Schäuble begründete dies damals so: Es handele sich ja um den Beitritt der DDR zur Bundesrepublik, »nicht um die umgekehrte Veranstaltung«. Die Einheit, so wie im Einigungsvertrag konzipiert, war die Erweiterung Westdeutschlands, nicht die Vereinigung zweier gleichwertiger Staaten. DDR-Verhandlungsführer Krause war nicht gram deswegen: »Wir waren,« sagte er unter Hinweis auf das Ergebnis der DDR-Volkskammerwahlen vom März 1990, »gewählt worden, um die DDR abzuschaffen und den Beitritt zur Bundesrepublik zu organisieren.«

Verpasste Gelegenheit

Die Deutsche Einheit wäre eine wunderbare Gelegenheit gewesen, das Grundgesetz zu reformieren. Sie verstrich; genutzt wurde nicht einmal die kleine Chance, die der Einigungsvertrag offenließ. Dort findet sich in Artikel 5 der Auftrag, sich »mit den im Zusammenhang mit der Deutschen Einheit aufgeworfenen Fragen zur Änderung oder Ergänzung des Grundgesetzes zu befassen«.

Von diesem Auftrag blieb fast nichts übrig. Gewiss: Ein »Schutz der natürlichen Lebensgrundlagen« wurde festgeschrieben; die Förderung der Gleichberechtigung neu verankert. Und weiter? Nichts weiter. Keine Bürgerbeteiligung, keine Volksbegehren, keine Volksentscheide, keine Plebiszite. Das Grundgesetz blieb mehr oder minder so, wie es war: Die Verfassungskommission von 1992/93 war, weil die CDU/CSU das nicht wollte, kein Marktplatz für ostdeutsche Erfahrungen, kein Forum für gesellschaftliche Selbstvergewisserung. An die 300 000 Eingaben, die plebiszitäre Elemente forderten, blieben ohne Echo.

Es wurde daraus »wieder nur eine der verpassten Gelegenheiten, die den Weg der deutschen Verfassungsgeschichte markieren«. Das schreibt der große amerikanische Historiker Gordon Craig in seiner deutschen Geschichte. Sein Satz gilt einem Konflikt aus der Bismarck-Zeit. Er kann aber genauso gut für die Grundgesetzberatungen nach der Deutschen Einheit gelten: Die Reform des Grundgesetzes ist gescheitert. Der Bonner Regierung war die Sache lästig. Die CDU/CSU-Fraktion hatte ihr nie eine Chance gegeben und, wenn sich doch eine kleine Chance zeigte, sie gleich wieder zertreten.

Bei der Diskussion über die Reform des Grundgesetzes standen sich Reformer und Anti-Reformer unversöhnlich gegenüber. Ihre Kräfte hoben sich gegenseitig auf; es ging

kaum etwas voran, die Arbeit in der Verfassungskommission geriet den meisten Beteiligten zur Qual; man war froh,
wenn die frustrierenden Donnerstagabende wieder vorbei waren. Einer der wenigen, der mit Lust in die Debatten gegangen war und Tabus nicht scheute, war Wolfgang
Ullmann vom Bündnis 90. Er gab entnervt auf.

Elan, Schwung, neue Ideen – all das war nicht er-
wünscht. Tragisch ist es deswegen, weil die vom Einheits-
vertrag angeordnete Reformdiskussion ein Forum hätte
sein können, um nicht nur über die Ursachen, sondern
auch über die Heilung von Verdrossenheit über Politik und
Politiker nachzudenken. Solche Fragen wurden aber kaum
gestellt – und zwar deshalb, weil die Debatte und die Reform ausschließlich dem Bonner Routinebetrieb überlassen blieb.

Ein beinahe sittenwidriger Preis

Wo waren die Aktivposten der Verfassungskommission?
Stolz wurde auf den neuen Europa-Artikel 23 Grundgesetz hingewiesen, der, wie der von den Arbeiten frustrier-
te Hans-Jochen Vogel (SPD) sagte, »für den Fortgang der
europäischen Einigung einen festen Rahmen setzt«. Dieser
lange, ja monströse und von vorn bis hinten exzessiv komplizierte Artikel räumte den Bundesländern Rechte ein, an
denen die deutsche Außenpolitik schnell ersticken kann.

Die Länder haben für ihre Zustimmung zum Maast-
richter Vertrag den Bund zur Zahlung eines beinahe sitten-
widrigen Preises genötigt: Es wurde eine Mischverwaltung
in Auswärtigen Angelegenheiten eingeführt. Die Regeln
über die Vertretung der deutschen Interessen in Brüssel
sind demzufolge ziemlich kurios, fast lächerlich.

Den Schaden hat letztlich das deutsche Interesse als
solches – weil es gegenüber den Interessen der anderen
europäischen Staaten nicht früh und nicht deutlich genug

vertreten werden kann. Dass die Bundesländer versucht haben, den jahrzehntelangen Abbau ihrer Kompetenzen zu stoppen und umzudrehen, ist ihnen nicht vorzuwerfen; das föderale Gefüge in Deutschland stimmte längst nicht mehr. Das Ergebnis aber stimmt bedenklich: Artikel 23 Grundgesetz ist unpraktikabel. Mit diesem Artikel ist kein Staat zu machen. Das galt und gilt für die Arbeit der Verfassungskommission insgesamt. Die neue Konstitution des Gemeinwesens hätte einer neuen Konstituierung bedurft.

Posteuphorische Phase

Ansonsten ging alles seinen sorgfältigen bürokratischen Gang: Die DDR-Wirtschaft wurde liquidiert und von der Treuhand exekutiert. Die führenden Schichten des Landes wurden deklassiert. Nicht nur die DDR-Kader waren davon betroffen, sondern auch die Eliten in Wirtschaft und Kultur. Die neuen Bundesländer wurden von den West-Eliten kolonisiert. Es lag, wie Peter Bender schrieb, »wenig Weisheit in der Art, wie die Deutschen vereinigt wurden«.

Es begann im Osten bald nach dem Vollzug der Einheit die posteuphorische Phase der Depression; Deindustrialisierung und Privatisierung führten zu hoher Arbeitslosigkeit. Das ist ein Grund dafür, warum die Zufriedenheit mit der real existierenden Demokratie im Osten viel niedriger ist als im Westen. Die Erinnerung an die Zeit, als die Deutschen das glücklichste Volk der Erde waren, ist blass geworden. Bei den Wahlen in den neuen Bundesländern wählen immer mehr Menschen Rechtsaußen, es ist bald jeder vierte.

Was wäre geworden, wenn? Was wäre heute, wenn das Plebiszit ins Grundgesetz geschrieben worden wäre? Diese Frage nach der hypothetischen Kausalität ist ein beliebtes Spiel. Wenn mit der Einheit das Plebiszit ins Grundgesetz gekommen wäre: Vielleicht wäre dann auch längst positiv über Europa abgestimmt worden. Vielleicht wären gute, klärende Diskussionen vorausgegangen. Vielleicht hätte sich die allgemeine Unzufriedenheit mit dem politischen Betrieb und Personal nicht so krass entwickelt. Diese Unzufriedenheit reicht heute bis weit in die Mitte der Gesellschaft. In die neue Präambel des Grundgesetzes schrieb der Einigungsvertrag eine Schwindelei. Dort steht nämlich seit 1990, dass nun »die Einheit Deutschlands vollendet« sei. Vollendet? Das ist übertrieben.

Behandelt wie der letzte Dreck

Der Suizid eines Mannes in den früheren Jahren der Einigung hat mich immer wieder beschäftigt. Er war kein Held. Er war kein Heiliger. Er war ein zurückhaltender, sensibler und angesehener DDR-Rechtswissenschaftler, ein marxistischer Gelehrter; er war der letzte Dekan der gesellschaftswissenschaftlichen Fakultät in Jena vor der Wende, Verfasser eines Standardwerks über die DDR-Staatsbürgerschaft; er gehörte Anfang 1990 zu den Autoren eines Verfassungsentwurfes für das neue Bundesland Thüringen. Er war Abgeordneter in der frei gewählten, letzten Volkskammer der DDR. Und zuletzt, als Sechzigjähriger, war er ein unauffälliger Parlamentarier der PDS im Deutschen Bundestag zu Bonn. Aber dort wurde er, das kann man in den Parlamentsprotokollen nachlesen, behandelt wie der letzte Dreck. Er hieß Gerhard Riege. Im Februar 1992 hat sich Riege in seinem Schrebergarten in Geunitz bei Jena erhängt; er konnte die Demütigungen nicht mehr aushalten.

Ich hatte den nachdenklichen Mann mit dem jungenhaften Gesicht seinerzeit am Rand der Beratungen der Gemeinsamen Verfassungskommission von Bund und Ländern flüchtig kennengelernt. Diese Kommission sollte sich, so ihr Auftrag, »mit den in Zusammenhang mit der deutschen Einigung aufgeworfenen Fragen zur Änderung oder Ergänzung des Grundgesetzes« befassen. Riege stellte sich vor, diese Kommission zu einer Art Marktplatz für ostdeutsche Erfahrungen zu machen. Aber daraus wurde nichts – nicht nur er, sondern auch Leute wie der Sozialdemokrat Hans-Jochen Vogel bald spürten, wer der Obmann seiner Partei in dieser Kommission war. Vogel hatte zwar mit den Leuten von der PDS gar nichts am Hut, erzählte mir aber, nachdem er mich mit Riege hatte stehen sehen, dass dieser ein angesehener Staatsrechtler sei, mit hoher Reputation auch bei konservativen Professoren-Kollegen der alten Bundesrepublik.

Im Bundestag half Riege das gar nichts. Eine siebenminütige sachliche Rede zu den Haushaltsvorschlägen der Bundesregierung im März 1991 ging in dreißig überwiegend pöbelnden Zwischenrufen von Unions- und FDP-Abgeordneten fast unter: »Was man sich von einem Stasi-Heini anhören muss!« Und: »Sie sollten das Wort ›Recht‹ überhaupt nicht verwenden. So peinlich!« Oder: »Die Zeit, in der nur Sie und Ihresgleichen sprechen durften, ist vorbei« – nachdem Riege, vermutlich aufgrund der Unter

brechungen, seine Redezeit um 90 Sekunden überschritten hatte.

Nichts Richtiges mehr im Falschen

Man ging mit ihm um wie mit einem menschlichen Spucknapf. So war das Klima damals. Als 1994 Stefan Heym, der Schriftsteller und Widerstandskämpfer gegen den Nationalsozialismus (er war auf einem offenen Platz der PDS-Liste in den Bundestag gewählt worden), als Alterspräsident den neuen Bundestag mit einer versöhnlichen Rede eröffnete, demonstrierten die Unionsabgeordneten eiskalte Ablehnung. Einzig die CDU-Frau Rita Süssmuth spendete Heym Beifall.

In seinem Abschiedsbrief an seine Frau schrieb Gerhard Riege: »Mir fehlt die Kraft zum Kämpfen und zum Leben. Sie ist mir in der neuen Freiheit genommen worden. Ich habe Angst vor der Öffentlichkeit, wie sie von den Medien geschaffen wird und gegen die ich mich nicht wehren kann.« Er fürchte sich, so schrieb Riege, vor dem Hass, der ihm im Bundestag entgegenschlage, »aus Mündern und Augen und Haltung von Leuten«.

Es war kurz vor seinem Freitod bekannt geworden, dass Riege als junger Mann, von 1954 bis 1960, vor 32 Jahren also, Kontakte zum Ministerium für Staatssicherheit gehabt hatte; von der Gauck-Behörde waren diese Kontakte zwar als unerheblich eingestuft worden. Aber es war damals nicht die Zeit der Differenzierungen, nicht die Zeit für Grau- und Zwischentöne, nicht in der Politik, nicht in den Medien.

Die ostdeutschen Bürgerrechtler reagierten verständlicherweise allergisch auf die Protagonisten des alten Regimes; westdeutsche Arroganz konnte sich an deren Moral gut bedienen. Dem Kürzel »IM«, »Informeller Mitarbeiter« der Stasi, folgten daher wie auf Knopfdruck wilde Attacken. Kaum jemand fragte nach den Umständen, nach den Details, nach dem Leben. Es gab nichts Richtiges mehr im Falschen.

Moral-Monopoly

Der legendäre rheinland-pfälzische Justizminister Peter Caesar (FDP) schrieb in der *Süddeutschen Zeitung* einen Nachruf auf Riege, medienkritisch, politikkritisch und sehr betroffen: »Ein Einzelfall? Ich fürchte nein. Die Jagd, die viele Westdeutsche derzeit auf Ostdeutsche veranstalten, ist gnadenlos.« Die bundesdeutsche Politik beantwortete den Mut der DDR-Demonstranten, aufzubegehren, und den Mut der DDR-Machthaber, nicht auf sie zu schießen, mit Großspurigkeit: Die einrückende Marktmaschinerie fraß die Sicherheit, das Selbstvertrauen und den Stolz auf die Wende.

In den ersten 20 Jahren nach der Wende profitierte von diesem Gefühlssturz die PDS, die spätere Linke; heute profitiert davon die AfD. Caesar, der ein feiner und aufrechter Liberaler war, fragte nach dem Freitod von Gerhard Riege, ob »uns«, und er meinte die Westdeutschen, nicht Zurückhaltung und Bescheidenheit anstünden. Er plädierte durchaus für kritisches Nachfragen, »aber aus der Distanz zweier Gesellschaftsordnungen, die sich vierzig Jahre lang konträr entwickelt und die Menschen verändert haben«. Das größte Kapital, das die alte DDR ins wiedervereinigte Land eingebracht habe, seien ihre Menschen: »Dies nicht zu vergessen, mahnt der Freitod von Gerhard Riege.«

Es ist dies eine Mahnung, die noch immer gilt. Aber schon damals, 1992, wurde sie kaum gehört; Gewissenserforschung in der Publizistik gab es kaum. Im *Spiegel* hieß es, die PDS nutze den Freitod, um die Stasi-Debatte abzuwürgen. Günter Gaus, der von 1974 bis 1981 Leiter der Ständigen Vertretung der Bundesrepublik in der DDR gewesen war, sprach daher von einem »Moral-Monopoly«, das vor allem westdeutsche Politiker und Medien mit der Bewältigung der DDR-Vergangenheit betrieben. Hatte ein Staat, in dem frühere SA- und NSDAP-Mitglieder zu allerhöchsten Staatsämtern aufgestiegen waren, die moralische Rechtfertigung, einen Mann wie Gerhard Riege zu verdammen?

Ein Geschenk zum Fünfundsiebzigsten

Das Grundgesetz geht auf seinen fünfundsiebzigsten Geburtstag zu. Im Sommer 1948 hatten auf Herrenchiemsee die Arbeiten an diesem Werk begonnen. Vom 10. bis 23. August entstand ein Entwurf, der dann ein paar Wochen später Grundlage für die Beratungen des Parlamentarischen

Rats wurde. Am 23. Mai wurde ein Verfassungstext verabschiedet, der als Provisorium gedacht war, aber noch
heute unser Grundgesetz bildet. Es formuliert einklagbare
Grundrechte und setzt das Bundesverfassungsgericht als
deren Wächter ein.

Vor großen Jubiläen ist es geboten, sich ein Geschenk
zu überlegen; praktisch soll es sein, auch ein wenig symbol-
trächtig. Das Geschenk soll etwas zu tun haben mit dem
Fest, das gefeiert wird, und mit den Ereignissen, derer
man gedenkt: 75 Jahre Grundgesetz, 75 Jahre Bundesrepublik, 35 Jahre Deutsche Wiedervereinigung. Wie feiert
Deutschland seine Gründung, sein Grundgesetz und die
Deutsche Einheit? Es sind Großereignisse, Wendemarken
der Geschichte.

Das Land könnte sich selbst beschenken – mit einer
zweiten Strophe zur Deutschlandhymne. Geblieben ist
nur eine einzige: »Einigkeit und Recht und Freiheit«. Daran könnte man eine zweite anhängen: »Auferstanden aus
Ruinen, und der Zukunft zugewandt.« Es ist dies die erste
Strophe der alten DDR-Hymne; die durfte dort seit 1973
nicht mehr gesungen werden, weil darin von »Deutschland, einig Vaterland« die Rede ist; das passte den DDR-
Machthabern nicht. Diese Losung vom einig Vaterland
wurde aber dann ein Treibsatz der friedlichen Revolution
von 1989.

Die von Johannes R. Becher geschriebene Hymne ist
mit der DDR untergegangen; der bescheidene, optimisti-
sche, unideologische Text hat diesen Untergang aber nicht
verdient. Er kann auf die Haydnsche Melodie des Deutsch-
landliedes gesungen werden. Dem griechischen Ursprung
des Wortes Hymne würde die Kombination alle Ehre machen: *Hymnos* leitet sich ab vom Wort für »nähen«. Wenn
die West- und die Ost-Strophe zusammengenäht werden,
kann auch dies Einheit stiften und zum Ausdruck brin-

gen, was viele einst gern als Staatsziel in die Präambel des Grundgesetzes geschrieben hätten: Das »Bestreben, die innere Einheit Deutschlands zu vollenden«. Stattdessen steht jetzt da, die Einheit sei schon vollendet. Ja, sie ist vollzogen – aber nicht vollendet.

Landauf, landab werden die Moderatoren bei einschlägigen Diskussionen zum fünfundsiebzigsten Geburtstag im Jahr 2024 fragen: »Was wünschen Sie dem Grundgesetz zum Geburtstag?« Jutta Limbach, die Ex-Präsidentin des Bundesverfassungsgerichts, hat beim fünfundsechzigsten Jubiläum geantwortet, sie würde die Einschränkung der Grundrechte rückgängig machen: Mit dem Asylkompromiss ist das Asylgrundrecht verkürzt, mit dem Lauschangriff die Unverletzlichkeit der Wohnung beschnitten worden.

Limbach hatte die alte Reinheit wieder herstellen wollen. Das war ein frommer, guter, aber utopischer Wunsch, weil man dafür eine Zweidrittelmehrheit bräuchte. Auch die in den Jahren 1990 ff. versäumte große Grundgesetzdebatte lässt sich nicht einfach nachholen; sie bleibt aber notwendig, die Möglichkeiten, Kompetenzen an Europa zu übertragen, sind ausgeschöpft. Mehr geht erst wieder nach einer Volksabstimmung nach Artikel 146 des Grundgesetzes.

Der Zukunft zugewandt

Leicht korrigieren lässt sich aber die Entscheidung, die mit einem Briefwechsel zwischen Bundespräsident von Weizsäcker und Bundeskanzler Kohl getroffen wurde: Darin wurde 1991 ausschließlich »Einigkeit und Recht und Freiheit« zur Nationalhymne erklärt, also die dritte Strophe des »Lieds der Deutschen« von Hoffmann von Fallersleben.

Um diese Entscheidung zu korrigieren, braucht man keine Grundgesetzänderung: Es genügt ein Briefwechsel zwischen dem Kanzler und dem Bundespräsidenten. Schon

1990, bei den Verhandlungen zum Einigungsvertrag, hatte Lothar de Maizière, der letzte, der demokratisch gewählte DDR-Ministerpräsident, darum gebeten, »Einigkeit und Recht und Freiheit« mit dem »Auferstanden aus Ruinen« zu verbinden.

Andere hatten sich gewünscht, Brechts »Kinderhymne« zur neuen Nationalhymne zu machen. Aber damals galt im Westen alles als schlecht, was sich mit der DDR verband. Der Westen lehnte brüsk ab, im Gestus: Was wollen wir mit eurer Hymne? Es war der Überheblichkeitsgestus: Ihr könnt froh sein, dass ihr nicht mehr die alten Lieder singen müsst. In Helmut Kohls »Erinnerungen« (1990 bis 1994, Seite 193) steht über diese Bitte zu lesen: »Ich war empört, als ich davon hörte.«

Auferstanden aus Ruinen: Das ist kein Satz, der zur Empörung Anlass gibt. Er ist die Antwort auf die Hybris von »Deutschland, Deutschland über alles«, der heute zu Recht verpönten ersten Strophe des Gedichts von Hoffmann von Fallersleben. Die »Auferstanden«-Strophe hat, lange Jahre nach dem Ende der DDR, nichts mit DDR-Nostalgie zu tun. Sie passt heute zum ganzen Land, zu seiner Geschichte, zur Vereinigung, zum Gedenken an die Gründung der Bundesrepublik; und singen lässt sie sich auch gut.

Eine Nationalhymne, so schreibt Rechtsprofessor Peter Häberle in seinem Buch über die Nationalhymnen der Welt, lässt die »Identitätselemente« erkennen, die ein Volk »im Innersten« zusammenhalten. Diese Identitätselemente finden sich in beiden Liedstrophen. Die alten Lieder erhalten zusammengefügt eine neue Bedeutung, eine gemeinsame Identität: der Zukunft zugewandt.

November

Dieses Kapitel handelt vom 9. November, von den Höhen und den Tiefen der deutschen Geschichte, für die dieser Tag stehe. Dieses Kapitel handelt vom Leben, vom Sterben und vom Trauern. In den grauen Novemberwochen liegen die offiziellen Tage für Trauer und Tod: am Monatsanfang Allerheiligen und Allerseelen, am Monatsende der Totensonntag, dazwischen der Volkstrauertag. Die Tage stehen kalendarisch für die Kultur der Trauer und der Erinnerung, die einst einvernehmliche Rituale kannte, sie aber heute immer weniger pflegt. Das November-Kapitel handelt auch davon, warum mir ein ehemaliger CDU-Kanzlerkandidat gewünscht hat, dass Gott mich schützen möge.

Traumtag und Trauertage

9. November und Totenmonat

Jeder, der die Nacht vom 9. auf den 10. November 1989 erlebt hat, weiß, wo er war in diesen Stunden. Es war der Tag der Tage, es war die Nacht der Nächte, es war die Schwarz-Rot-Gold-Nacht. Es war die Nacht, die keiner vergisst.

Günter Schabowski, der Sprecher des SED-Politbüros, hatte vor den Fernsehkameras etwas verwirrt den Zettel vorgelesen, der die Reisefreiheit für die Bürgerinnen und Bürger der DDR proklamierte. Am Abend dieses Tages öffneten sich die Grenzübergänge – die Mauer war offen. Diese Stunden gehören zu den Stunden, an denen sich die eigene kleine persönliche Geschichte mit der Weltgeschichte verbindet: Der eine feierte an diesem Tag seinen Geburtstag, der andere heiratete oder ließ sich scheiden; der nächste landete, von einer Fernreise zurückkommend, gerade auf dem Flughafen.

Surreales Spektakel

So erging es mir damals: Am 9. November kam ich von einer dreiwöchigen Tour durch Ägypten zurück, hatte während dieser Zeit keine Nachrichten gehört, Internet gab es noch nicht. Ich flog mit der *EGYPTAIR* von Kairo zurück nach München. Die Maschine kreiste am Abend lange über München-Riem (der neue Flughafen München II im Erdinger Moos eröffnete erst 1992) und drehte dann ab, flog weiter – wie es hieß, nach Frankfurt. Es entstand Unruhe unter den Passagieren. Was war los? Ein Terroranschlag?

Der Pilot erklärte, dass er in München wegen der verschneiten Landebahn nicht habe landen wollen oder können. In Frankfurt kam das Flugzeug dann auf einer Außenlandebahn zu stehen, man durfte nicht aussteigen; zwei, drei Passagiere gerieten außer sich und trommelten an die Tür. Zur Beruhigung klappte die Crew die Bildschirme über den Sitzen herunter – und was man da sah, war unwirklich: Man sah, wie Menschen von Ost- nach Westberlin drängten, wie sie über die Berliner Mauer kletterten, aber gar nicht in Panik, sondern ganz ausgelassen. War das ein Film, ein Fake, war das Science-Fiction? Es war das Erste Deutsche Fernsehen. Es war wie ein surreales Spektakel, eingebettet in ein Flugzeug der *EGYPTAIR*.

Das Flugzeug hob wieder ab, flog in niedriger Höhe nach Nürnberg. Warum so niedrig? Ich weiß es bis heute nicht. Das war meine Nacht der Deutschen Einheit. Ein paar Wochen später, in der Silvesternacht 1989/90, stand ich unter Hunderttausenden von feiernden Menschen vor dem Brandenburger Tor. Es war ein Rausch, ein erhabener und ausgelassener Rausch; es war ein Traum.

Zwiespältiges Datum

Das Datum 9. November steht für diesen Rausch, es steht für diesen Traumtag, es steht für diese Traumnacht, es steht für den Auftakt zur Deutschen Einheit, es steht für den Tag, an dem die Wiedervereinigung begann. Nicht dieser 9. November ist dann Nationalfeiertag geworden, sondern der 3. Oktober, der Tag, an dem 1990 die Einheit organisatorisch und bürokratisch vollzogen wurde, er wurde im Einigungsvertag als Tag der Deutschen Einheit zum gesetzlichen Feiertag erklärt.

Die Politik hatte Angst vor dem 9. November als Feiertag. Es ist ein zwiespältiges Datum, es steht nämlich auch für die Alpträume der Geschichte. Es steht für Himmel und Hölle der deutschen Historie, es steht auch für Schandtaten und Verbrechen, es ist ein höchst ambivalentes Datum. An diesem Tag im Jahr 1848 wurde der deutsche Freiheitskämpfer Robert Blum, ein glühender Demokrat, ein damals berühmter, vielgerühmter und ungeheuer populärer Abgeordneter des Paulskirchenparlaments, vom Militär des Habsburger Kaiserreichs in Wien erschossen. Er starb mit den Worten: »Ich sterbe für die Freiheit.«

9. November: An diesem Tag im Jahr 1918 rief Philipp Scheidemann in Berlin die deutsche Republik aus; die Monarchie war beendet, Deutschland wurde Demokratie. Wieder an einem 9. November, am 9. November 1923, versuchte Adler Hitler, die junge demokratische Weimarer Republik zu stürzen. Der 9. November 1923 war der Tag, an dem der von Hitler angeführte Marsch der Nazis zur Münchner Feldherrnhalle gestoppt und der braune Aufstand fürs Erste niedergeschlagen wurde.

15 Jahre später war der 9. November 1938 der Höhepunkt der Novemberpogrome, als die Nazis systematisch über die Juden herfielen. An diesem Tag im Jahr 1939 war der Versuch des Widerstandskämpfers Georg Elser gescheitert, Adolf Hitler zu töten und die Welt vor diesem Massenmörder zu retten; Elser war auf der Flucht verhaftet und zu Folter und Verhör nach München gebracht worden. An diesem Tag im Jahr 1989 fiel die Mauer in Berlin.

Ein Tag zum Nachdenken

Der 9. November ist ein Feiertag nicht zum Feiern, sondern zum Lernen, wie Demokratie gebaut und wie sie zerstört werden kann. Er ist kein Würstelbuden- und Knallkorken-Tag, sondern ein Nachdenktag. Die Denkwürdigkeit dieses Tages ist ganz vielen Deutschen nicht bewusst; sie kennen die Meilensteine der deutschen Demokratie kaum. Der 9. November sollte daher der »Tag der Deutschen Aufklärung« werden – einer Aufklärung über sich selbst, über das Glück und das Unglück der deutschen Geschichte. Tag der Deutschen Aufklärung: Es geht um eine Befreiung aus der selbstverschuldeten historischen Unwissenheit. Es ist ein Tag, der lehrt, dass nicht das Schicksal Geschichte schreibt, auch wenn er immer wieder als »Schicksalstag« bezeichnet worden ist. Schicksal? Nein. Menschen machen das, gut oder schlecht.

Der 9. November ist ein Tag zum Nachdenken, ein Denktag. Er steht für Hell und Dunkel. Er ist das deutsche Datum schlechthin. Er fügt sich schillernd ein in die Trauertage des Monats November.

Tod im Leben und Leben im Tod

In den alten Zeiten der *Süddeutschen Zeitung*, als sie noch mitten in der Stadt München, in der Sendlinger Straße, ihren Sitz hatte, in einem riesigen, verschachtelten Häuserkomplex, machte ich, wenn der Kopf keinen klaren Gedanken mehr hergab, kleine Ausflüge, die entweder auf den Viktualienmarkt oder in die Asamkirche führten. Die Asamkirche, nur dreihundert Meter Richtung Sendlinger Tor von der damaligen Redaktion entfernt, ist eine furiose Barock-Kapelle der großen Baumeister und Maler Egid Quirin und Cosmas Damian Asam.

In dieser prachtvollen Kapelle findet man das Leben und den Tod. Die Kapelle ist ein religiöser Theatersaal, ein *theatrum sacrum*, das changiert zwischen Düsternis und geheimnisvollen Schimmern von Gold und Silber. In diesem Raum ist der Besucher von den vielen Anspielungen auf Tod und Gericht, auf Himmel und Hölle überwältigt.

Dieser Raum, in dem ein Reichtum von Figuren, Ornamenten und Farben den Blick ständig in Bewegung hält und in dem zugleich schwebende Stille herrscht, hat meditative Kraft. Man findet hier den Tod im Leben und das Leben im Tod. Es ist dies ein Miteinander und Ineinander. Gleich am Eingang der Asamkirche sieht man zwei goldene Figuren: Eine sitzt an der Spindel und spinnt den Lebensfaden; daneben sitzt der Tod und versucht, ihn abzuschneiden.

Rainer Barzels Barock

Die Asamkirche war die Lieblingskirche des Politikers Rainer Candidus Barzel, des Mannes, der fast Bundeskanzler war. Wäre er es geworden – eine Ära Helmut Schmidt hätte es nie gegeben; und Helmut Kohl wäre womöglich niemals Kanzler geworden. Barzel war das politische Wunderkind der Adenauerzeit, eine prägende Figur der deutschen Nachkriegsgeschichte, die Personifikation der auslaufenden Gründerzeit der Bundesrepublik; mit 38 Jahren war er Bundesminister geworden, mit vierzig Jahren CDU/CSU-Fraktionschef.

Aber am 27. April 1972 stellte das Schicksal die Weichen anders. Beim Misstrauensvotum gegen den Kanzler Willy Brandt fehlten ihm völlig unerwartet zwei Stimmen zum Kanzler. Von da an endete für lange Zeit, beruflich und privat, die Fortune des Rainer Barzel. Er hatte dann auch im Privatleben schwere Schicksalsschläge auszuhalten; er musste seine einzige Tochter und zwei Ehefrauen zu Grabe tragen.

Trost fand er in seinem katholischen Glauben, der bei ihm immer mehr barocke Züge gewann, je länger Rainer Barzel in Oberbayern lebte. Und so war es schon sehr passend, dass der gebürtige Ostpreuße, der zusammen mit sechs Geschwistern in Berlin aufgewachsen war, die Feier seines achtzigsten Geburtstags mit einem »Dankgottes-

dienst« im Asam-Kirchlein begann. Beim »Lobe den Herrn«
sang er noch viel lauter als Angela Merkel und Edmund
Stoiber zusammen.

In diesen Jahren erinnerte nichts mehr an den CDU-
Spitzenpolitiker, dem Herbert Wehner einst im Bundestag,
seines geschleckten Auftretens wegen, höhnisch »Ölprinz«
nachgerufen hatte. Und wenn mich Barzel damals immer
wieder in meinem *SZ*-Büro aufsuchte, um im Textarchiv für
ein neues Buch zu recherchieren, schaute mich ein fried-
liches, heiter-gelassenes, altersgütiges Gesicht an: ver-
schmitzte Augen, eingerahmt von einem grau-weißen Bart,
der die Vergangenheit dieses Mannes zugewachsen hatte.

»Gott schütze Sie«

Er war ein anderer geworden, einer, den man sich auch
ganz gut in einer Franziskaner-Kutte vorstellten konnte.
Er hätte, wie Sean Connery in Umberto Ecos »Der Name
der Rose«, den alten William von Baskerville spielen können, um noch ein letztes Mal die Reinheit der Lehre zu ver-
teidigen. Nach seinem letzten Besuch bei mir in der Redaktion drückte er mir zum Abschied die Hand und hielt sie
ganz lang fest, viel länger, als es eigentlich schicklich ist.

Und dann sagte er einen Satz, der gut zur Mönchs-Rol-
le, aber eigentlich nicht zu einem Politiker passt. Er sagte
laut und unbefangen: »Gott schütze Sie!« Das klang gar
nicht geheuchelt, gar nicht altersbigott, es klang eigen-
tümlich selbstverständlich bei ihm – bei einem Mann, der
früher im Bundestag für seine Redeattacken berühmt gewesen war, der sich in der Protestgeneration der Achtund-
sechziger so schneidig wie ein Gardeleutnant entgegenge-
stellt hatte und der als Oppositionschef im Bundestag zu
den Ostverträgen Willy Brandts die berühmten Formeln
»So nicht« und »Ja, aber!« erfunden hatte. Ich hatte das
Gefühl, dass Rainer Barzel, trotz allem, seinen späteren

Lebensjahren die Heiterkeit geben konnte, die er an den bayerischen Barockkirchen liebte.

«Gott schütze Sie!« So sprach ein Mann, der es verkraftet hatte, dass er (weil die Stasi den CDU-Abgeordneten Julius Steiner vor der Stimmabgabe bestochen hatte) nicht Bundeskanzler geworden war. Keine Spur von Verbitterung sah man in seinem Gesicht. Heitere Gelassenheit war Rainer Barzel in seinen letzten Lebensjahren zur zweiten Natur geworden. »Gott schütze Sie!« Ich sagte darauf nicht »Amen«, sondern einfach »Danke« – und »leben Sie wohl«. Das war der letzte Gruß. Wenig später starb er in München; Staatsakt und Beisetzung fanden in Bonn statt.

Wie ein Salut

Ein letzter Gruß – der schaut üblicherweise ganz anders aus: Es liegt ein Erdhaufen da, darin steckt eine Schaufel an einem langen Stiel. Die Menschen nehmen Abschied, sie treten ans offene Grab, sie nehmen eine Schaufel voll Erde. Dann macht es Bumm: Die Erde fällt auf den Sarg. Es ist ein dumpfes, ein polterndes Geräusch, irgendwo auf einem Friedhof in Deutschland. Ein Trauergast nach dem anderen tritt ans Grab: Bumm. Bumm. Bumm. Es ist wie ein Salut.

Früher, bis hinein in die siebziger Jahre des 20. Jahrhunderts, wurde tatsächlich Salut geschossen, »als letzte Ehre für den verstorbenen Weltkriegsteilnehmer«, wie es hieß. Wenn der Pfarrer seine letzten Gebete gesprochen hatte, wurde es für einige Augenblicke ganz still. Dann krachte es dreimal; und hinter der Friedhofsmauer sah man es rauchen. Da und dort auf dem Land gibt es diesen Brauch bis heute; die »Böllerkanone« gehört der örtlichen »Soldaten- und Reservistenkameradschaft« und die Kanoniere, die zur Totenehrung drei Böllerschüsse abfeuern, haben den amtlichen Schwarzpulverschein.

Doch die Weltkriegsteilnehmer sterben aus, die Kanoniere auch, der Brauch stirbt mit ihnen.

Die schwindende Kultur des Trauerns

Das sind graue Gedanken, die zum grauen Monat November passen, der als Trauermonat gilt: Am Monatsanfang
liegen Allerheiligen und Allerseelen, die katholischen Ge-
denktage; am Monatsende liegt der Totensonntag der Protestanten. Dazwischen liegt der Volkstrauertag, der staatliche Gedenktag, der an die Kriegstoten und die Opfer von
Gewaltherrschaft erinnern soll; in diesem Jahr wird man
sich an diesem Volkstrauertag auch an die Aufdeckung der
Mordserie des NSU vor zehn Jahren erinnern.

Diese November-Tage stehen kalendarisch für eine
Kultur der Trauer und Erinnerung, die einst einvernehmliche Rituale kannte. Diese Rituale, die eine christlich-religiöse Basis hatten, schwinden; sie schwinden deswegen,
weil die christlich-religiöse Basis schwindet. An ihre Stelle
treten nicht selten Unsicherheit und Verdrängung im Umgang mit dem Tod, mit den Toten und mit der Trauer.

Das Sterben ist aus dem öffentlichen Leben verschwunden. Wenn einer im Omnibus oder der U-Bahn eine schwarze Binde um den Arm trägt (wie das früher nach dem Tod
eines nahen Angehörigen üblich war), schaut man ihn an
wie einen Marsmenschen; es ist aber dann nur ein Nach-
fahre der Spätaussiedler aus Russland, bei denen die alten
Rituale noch lebendiger sind – noch, denn auch bei ihnen
gehen die Lieder und Bräuche verloren.

Wie ein Echo aus alter Zeit

Freunde erzählten von einer Szene, die sie im Italien-Ur-
laub erlebten, auf einer lauten Piazza mit Straßencafés und
Souvenirläden: Zwischen den Kunden bahnte sich der In-
haber eines Ladens auf einmal den Weg zur Tür. Er machte

sie zu, ließ die Jalousie herunter, blieb reglos davor stehen, blickte mit geneigtem Kopf auf den Platz. Auch die Fenster in den anderen Läden wurden verdunkelt; es wurde still. Touristen schauten irritiert.

Nur eine Glocke war zu hören: Ein Leichenzug verließ die Kirche, überquerte die Piazza. Für einige Momente standen Zeit und Leben still. In schweigendem Respekt gab man dem Toten und seinen Angehörigen den Weg frei. Der Leichenzug entschwand, die Ladenbesitzer zogen die Jalousie hoch; es wurde wieder laut; das Leben ging weiter. Die Szene ist wie ein Echo aus alter Zeit. Heute flüchtet, sogar auf dem Friedhof, mancher Spaziergänger, wenn ein Trauerzug daherkommt; oder er tut so, als sähe er ihn nicht, und dreht ihm seine Rückseite zu. Mit einer politischen Demonstration kann der Mensch von heute gut umgehen. Mit einem Leichenzug, der auch eine Art von Demonstration ist – er demonstriert die Endlichkeit des Lebens –, tut man sich schwer.

Aufwändiges Brimborium

Gewiss: Man kann mit Todesverachtung die Nase rümpfen über formalisiertes und ritualisiertes Trauern, über die Trauerregeln bis hin zur Trauerkleidung und dem Trauerjahr von einst. Aber das Wort von der letzten Ehre war und ist ein gutes Wort: Auch wenn man den Kummer der Angehörigen nicht teilt, ehrt man so den Toten und die, die um ihn trauern. Und man kehrt einen Moment ein in sich selbst – und spürt die eigene Seele, die in diesen Sekunden ihre Endlichkeit begreift.

In Bayern haben sich die Menschen früher gern »eine schöne Leich« gewünscht, also ein schönes Begräbnis, bei dem viele Leute da sind, die anschließend etwas zum Essen und Trinken bekommen – solche Begräbnisse gab es ab März 2020 nicht mehr. Es war dies eine Folge der Kontaktbeschränkungen, ein Ausdruck der hygienischen Distanz, die auch die tröstende Umarmung erfasste, die die Nähe in Schmerz und Trauer erschwerte oder gar unmöglich machte.

Ich frage mich, ob Corona die Rituale des Lebens und des Sterbens nur auf Zeit beeinträchtigt hat, oder ob es an ihrer Akzeptanz und Substanz nagen wird. Werden die Menschen, wenn die Kargheit lang genug andauert, reagieren wie der Mensch, der lange gehungert hat und danach gar nicht mehr recht essen kann? Wird die Abstinenz dazu führen, dass es irgendwann heißt: »Ach das Brimborium, das brauchen wir doch gar nicht. Es ist aufwändig, es ist teuer, es kostet Zeit, und wir haben ja erlebt, dass es auch ohne geht?«

Widerstand gegen das Verschwinden

Das Totengedenken hat sich geändert, es hat sich privatisiert, es findet kaum noch statt im öffentlichen Raum. Es entfernt sich auch von Kirche. Es gibt immer mehr Trauerfeiern ohne Pastor oder Pfarrerin, ohne Weihwasser – und ohne die alten liturgischen Formeln: »Erde zu Erde, Asche zu Asche, Staub zu Staub.« Der Gedanke hinter dieser Formel war und ist, dass der Mensch dorthin zurückgeht, wo er hergekommen ist.

Es ist dies eine Erinnerung an den biblischen Schöpfungsmythos, in dem erzählt wird, wie Gott den Adam, den ersten Menschen, aus Erde schuf. Adam heißt im Hebräischen »Mensch«, und Erde heißt »Adama«. Der Bezug dazu und der Bezug zu den damit verbundenen Ritualen geht verloren. Dann wird aus einem Ritual, das trösten soll, ein Anlass zur Empörung und zum Zorn darüber, dass der Tote zum Abschied »mit Dreck beworfen wird«.

Sofern überhaupt eine Erd- und nicht eine Urnenbestattung stattfindet, wird daher neben den Erdhaufen fast immer eine Schale mit Blüten gestellt, als Alternative. Das wirkt zärtlicher. Und mitfühlende Geistliche werfen die Erde nicht mit der Schaufel auf den Sarg, sondern lassen sie aus der Hand rieseln: Erde zu Erde. Andere Gesten, neue Gesten machen das Trauern nicht schlechter.

Ungut ist es aber, wenn das Trauern sich verstecken muss, wenn es in der Öffentlichkeit keinen Platz mehr hat. Dass der Tod zum Leben gehört, das ist mehr als ein dahingesagter Spruch. Es ist so – und das Trauern ist dann der Widerstand gegen das Verschwinden. Darf man weinen? Wo darf man weinen? Es ist Jahrzehnte her, dass eine alte Tante, die zu einer Beerdigung eines Verwandten zur Großmutter kam, nach ihrer Ankunft fragte: »Weint man bei euch vom Haus weg, oder erst in der Kirche?«

Es war die Frage, ob man schon auf dem Weg zur Beerdigung weinen soll und weinen darf. Ich habe bei der Erinnerung an diese Frage oft gelacht. Aber sie ist gar nicht lächerlich. Der Tod und die Tränen über ihn brauchen Raum im Alltag. Je weniger Raum die Gesellschaft dem Tod gibt, desto schwerer stirbt es sich. Trauer ist nicht nur Privatsache.

Dezember

Dieses Kapitel handelt von meinem ersten Kuss,
von einem Bankräuber mit der schönen Stimme,
es handelt vom Nikolaus-Brauchtum und vom
Nikolaus-Kompromiss. Und es handelt schließlich
von der Herbergssuche der innenpolitischen
Redaktion der Süddeutschen Zeitung. Es geht um
eine Ahnung vom Sinn der Dinge – und darum,
warum es falsch ist, die Weihnachtsgeschichte
vom Kind in der Krippe zu belächeln.

Eine Ahnung vom Sinn der Dinge

Advent und Weihnachten

Die Nikolaus-Tage habe ich erst als Opfer, dann als Täter und schließlich als Journalist erlebt. Der Namensgeber dieser Dezember-Tage, der heilige Bischof Nikolaus, war ein sprichwörtlich braver Mann, über den es viele Legenden gibt. Er soll, zum Beispiel, Seeleute aus Todesgefahr gerettet haben, indem er den tobenden Sturm stillte. Deswegen wurden früher Schiffchen aus Papier vor die Tür gestellt, nicht Stiefel.

Der heilige Nikolaus soll aber auch, es war auf dem Konzil von Nicäa, seinen theologischen Widersacher Arius heftig am Bart gezogen und ihm eine gescheuert haben. Solche Anwandlungen sind dem hanseatischen Bundeskanzler Olaf Scholz, der an den Nikolaustagen des Jahres 2021 sein Amt angetreten hat, ziemlich fremd.

Heiliger Unhold

Der Nikolaus meiner frühen Kindheit, es war im Kindergarten St. Josef zu Nittenau, war eine Art Stabsfeldwebel im Bischofsgewand, der in den Kindergarten wie in eine Kaserne stampfte. Dieser Kindergarten wurde von drei Mallersdorfer Schwestern geleitet – von katholischen Ordensfrauen des Ordens der »Franziskanerinnen der Heiligen Familie«.

Mein Bruder Stefan weiß sogar noch die Namen: Es waren dies die Oberin Palotta, die Schwester Maxelinde und die Küchenschwester Frankhilda, drei herzensgute und zupackende Frauen, wunderbare Pädagoginnen, die mich unter anderem etwas lehrten, was sie »Theaterspielen« nannten: Auf der Bühne des »großen Wolfgangsaals« in einem Stück namens »Blauäuglein« entstieg die schöne Kindergartenfreundin Rosalinde einem Brunnen – und ich hatte, coram publico und als Prinz gewandet, meinen ersten Kuss zu absolvieren. Schwester Maxelinde choreografierte das so, dass die brennende Peinlichkeit, die ich verspürte, nicht gar so heftig brannte.

Aber beim Auftritt des Nikolaus' im Kindergarten hatte Schwester Maxelinde diese Gabe nicht. Der Nikolaus war in seiner angstverbreitenden Poltrigkeit von ihr nicht zu bremsen. Der Nikolaus, sein bürgerlicher Name war »Lehner Kare«, hatte eine barsche, als Feuerwehrkommandant gut erprobte Stimme; er drohte, uns in den Sack zu stecken. Zur Warnung und Abschreckung hatte er schon einen solchen Sack um seine Schulter geworfen, aus dem zwei Kinderbeine aus farbig angemaltem Gips hingen. Wenn ich, Jahrzehnte später, als Journalist den Bundesinnenminister Otto Schily interviewte, erinnerte ich mich bisweilen an diesen Nikolaus. Meine Freunde und ich, die wir diesen heiligen Unhold schon vom Hörensagen kannten, hatten an diesem Tag ein Taschenmesser in der Hosentasche, um, wie wir uns gegenseitig versicherten, notfalls den Sack aufzuschneiden.

Nachdem dieser Auftritt im Kindergarten glimpflich vorbeigegangen war, kam dann am Abend, weniger martialisch, der als heiliger Nikolaus schön verkleidete Onkel Michael, mein Tauf- und späterer Firmpate zu mir nach Hause, angetan mit einem echten, vom Pfarrer abgelegten Brokatmantel aus den kirchlichen Garderobenschränken. Mein jüngerer Bruder Bernhard durfte den goldenen Stab halten, ich musste meinen Schulranzen auf dem Boden ausleeren und versprechen, ihn künftig ordentlicher einzuräumen.

Später war ich dann selber ein prächtig gewandeter Nikolaus und versuchte, mit den Kindern so umzugehen, wie ich mir das 15 Jahre früher für mich gewünscht hatte. Das ist mir oft, aber nicht immer gelungen. Einmal, da war ich so neunzehn, habe ich einen Neffen, der mir protestierend vorhielt, ich sei gar nicht der heilige Nikolaus, sondern in Wahrheit nur »der Onkel Heribert«, für ein paar Augenblicke mit den Trägern seiner Lederhose an ein Hirschgeweih gehängt, das im Wohnzimmer an die Wand gedübelt war. Für so was geniert man sich heute sehr. Aus dem Buben ist dann trotzdem ein sehr erfolgreicher mittelständischer Unternehmer geworden, der einen Straßen- und Landschaftsbaubetrieb leitet. Aber die Sache mit dem Hirschgeweih hat er mir bis heute nicht ganz verziehen.

»So a schöne Stimm ...«

Der Nikolausmantel war womöglich eine Vorbereitung auf die Juristen-Robe, die ich dann wenig später anzog – erst ganz kurze Zeit als Rechtsanwalt, dann ein paar Jahre lang, als Richter und Staatsanwalt. Besondere Nikolaus-Erlebnisse verbinden sich damit aber nicht; es sei denn, ich ziehe einen Kriminalfall heran, der sich, wenn ich mich recht erinnere, an einem Adventstag ereignete und bei dem ich die Anklage gegen einen Serienräuber zu vertreten hatte, der, unter anderem, die bischöfliche Kasse überfallen hatte.

Er hatte an der Pforte geklingelt, gefragt, wo er denn eine Spende einzahlen könne, und dann, auf dem Weg zur Kasse, das Gewehr mit dem abgesägten Lauf aus seinem Köfferchen genommen. Die Schwester von der Pforte, als Zeugin befragt, ob sie den Angeklagten wiedererkenne, wusste aber nur zu sagen: »So a schöne Stimm hat er g'habt«. Der Angeklagte ist mir auch deswegen in Erinnerung geblieben, weil er sich partout nicht hinsetzen wollte. Seine Erklärung dazu: Der Respekt gebiete es ihm, vor dem hohen Gericht zu stehen. Ein wenig strafmildernd hat sich das meiner Erinnerung nach durchaus ausgewirkt.

Von drauß' vom Walde

Die buntesten, schönsten und nachdrücklichsten Nikolauserlebnisse stammen aus meiner Studentenzeit. Seitdem ist Nikolaus für mich ein Fest, das nicht nur nach Lebkuchen und Glühwein riecht; in meiner Erinnerung riecht und schmeckt es auch nach Gockerl. So heißt bei mir zu Hause in der Oberpfalz das Brathähnchen. Gewiss: So ein Brathähnchen mit Pommes passt eigentlich eher zum Oktoberfest. Aber es war in meinen Studentenjahren, nach getaner Arbeit, die Belohnung für den heiligen Einsatz.

Dieser Einsatz bestand darin, im Rahmen der »Nikolausaktion« des örtlichen Kolpingvereins bei den Familien vorbeizukommen, die sich den Besuch des Nikolauses, begleitet vom Knecht Ruprecht, erbeten hatten – und dann bei diesen Besuchen zu verkünden, dass man »von drauß' vom Walde« herkomme, dass es weihnachte und dass man gesehen habe, wie auf den Tannenspitzen die goldenen Lichtlein sitzen.

In ihrer Urfassung stammen die Zeilen vom Schriftsteller Theodor Storm, also aus dem 19. Jahrhundert; wir haben das Gedicht damals ein wenig umgedichtet und auf die jeweiligen Familienverhältnisse angepasst. Manchmal wartete eine ganze Großfamilie im Wohnzimmer vor dem großen Plätzchenteller schon singend und wohlvorbereitet auf unsere Ankunft; im Flur steckte man uns einen Zettel zu, auf dem Lob und Tadel für die Kinder des Hauses notiert waren, den man dann ins »Goldene Buch« legte.

Die nikolausigsten Tage

Manchmal freilich wartete nicht eine festlich gestimmte Gesellschaft auf uns, sondern nur Mutter oder Großmutter mit einem ängstlich-neugierigen Kind in wenig heimeliger Atmosphäre; der Nikolaus musste den Vater erst vom Fernseher und der Bierflasche wegholen; und der Knecht Ruprecht musste aufpassen, dass es dabei nicht zu einem Gerangel kam mit dem mürrisch-verlegenen Hausherrn.

Oft waren die Szenerien von anrührender Herzlichkeit, manchmal von herzzerreißender Komik; bisweilen hätte man meinen können, Loriot habe sie inszeniert. Wäre ich damals nicht ein Jura-, sondern ein Pädagogik-Student gewesen, ich hätte eine Seminararbeit geschrieben über »Sozial-familiäre Strukturen, Beziehungen und Verhaltensweisen, dargelegt am Beispiel von Nikolausbesuchen«.

Diese Besuche zu organisieren und die Logistik dafür zu entwickeln, war eine Herausforderung, der sich mein Vater, der ein ebenso leutseliger wie akkurater Mensch war, mit Begeisterung stellte; er war nämlich der Vorstand des örtlichen Kolpingvereins – die Nikolausaktion war ein Höhepunkt im Vereinsjahr und der Erlös des Ganzen galt einem guten Zweck. Internet gab es noch nicht und damit auch keine Online-Anmeldungen; also klingelte zu Hause bei uns das Telefon schon im November schier unablässig.

Es waren dann in den Adventstagen an die hundert Familien zu besuchen, was nur dadurch zu bewältigen war, dass mehrere Nikolauspaare eingekleidet wurden – die heiligen Nikoläuse mit Gewändern, die in einem alten Kloster aussortiert worden waren, und die Knecht Ruprechte mit alten Fellmänteln, die ansonsten in eisigen Nächten die Feuerwehrleute bei der Brandwache wärmten. Und wenn die Nikoläuse und ihre Ruprechte dann von ihrer Tour zurückkamen, gab es die schon erwähnten Brathähnchen – und es begann das große Erzählen über die Erlebnisse in den Familien. Es waren die nikolausigsten Tage in meinem Leben.

Der Nikolaus-Kompromiss

Die bösesten und bittersten Nikolauserlebnisse gehören ins Jahr 1992, da war ich gerade seit fünf Jahren Journalist; sie handeln vom sogenannten Nikolaus-Kompromiss zum Asylgrundrecht, das damals von CDU/CSU, FDP und SPD in den Sack gesteckt und entsorgt wurde. Am Nikolaustag dieses Jahres wurde einer der schandbarsten Kompromisse der bundesdeutschen Geschichte geschlossen; dieser Kompromiss wird, wegen des Tages, an dem er beschlossen wurde, »Nikolaus-Kompromiss« genannt.

Das klingt nach guten Gaben, nach Punsch und Besinnlichkeit. Doch dieser Beschluss der Fraktionsvorsitzenden von CDU/CSU, SPD und FDP war weder gut noch besinnlich. Er postulierte das Ende des alten Asylgrundrechts; er strich den Artikel 16 Absatz 2 aus dem Grundgesetz, der das Asylrecht seit dem Jahr 1949 uneingeschränkt garantiert hatte; man ersetzte ihn durch einen sehr langen, sehr verquollenen Artikel 16a, der aus dem Asylgrundrecht ein Grundrechtlein machte. Ich hatte und habe ebenso oft wie vergeblich gegen diese Untat angeschrieben.

Die Grundgesetz-Änderungen waren die politische Reaktion auf die ausländerfeindlichen Pogrome in Mölln und Rostock-Lichtenhagen; diese Änderungen wurden sozusagen im Schein der dort angezündeten Häuser geschrieben: Die Parteien hatten sich des Terrors gegen Ausländer und Flüchtlinge nicht anders zu erwehren gewusst als mit der Änderung des schon lang von der Politik verketzerten Grundrechts.

Den terrorisierten Flüchtlingen wurde, um sie angeblich zu schützen vor den dadurch vermeintlich besänftigten Flüchtlingshassern, der grundrechtliche Schutz entzogen. An dem Tag, an dem dies beschlossen wurde, demonstrierten in München 400 000 Menschen gegen den Ausländerhass – die Münchner Lichterkette war die erste große Lichterkette in der Demonstrationsgeschichte der Bundesrepublik.

Erst stirbt das Recht ...

Der Anti-Asyl-Kurs mündete in der Änderung des Asylgrundrechts mit Zweidrittelmehrheit im Bundestag – am 26. Mai 1993, drei Tage vor den Solinger Morden. Am 29. Mai 1993 kamen dann bei einem rassistischen Brandanschlag auf das Haus der Familie Genc in Solingen-Mitte fünf Menschen türkischer Abstammung ums Leben; 17 Menschen erlitten zum Teil schwerste Verletzungen.

Auf dem Weg zum Tatort in Solingen las Heiko Kauffmann, der damalige Vorsitzende von *Pro Asyl*, den dort auf eine Hausmauer gesprühten Satz: »Erst stirbt das Recht, dann stirbt der Mensch.« Die SPD wollte damals ein Einwanderungsgesetz als Gegenleistung für ihre Zustimmung zur Asylgrundrechtsänderung haben. Es wurde freilich in dem zwischen CDU/CSU und SPD formulierten Asylkompromiss nur in völlig unverbindlicher Form erwähnt. Es kam bis zum heutigen Tag nicht zustande.

Olaf Scholz stand zu dieser Zeit ganz am Beginn seiner politischen Laufbahn; er schickte sich an, SPD-Vorsitzender von Hamburg-Altona zu werden. Günter Grass war damals aus Protest gegen das Einknicken der SPD in der Asylpolitik – erst war es Oskar Lafontaine, dann auch Gerhard Schröder – aus der Partei ausgetreten. Aber Olaf Scholz traf sich immer wieder mit Grass, auch auf öffentlicher Bühne. Ob in der Politik eine Verbindung von Pragmatismus und Visionen gelingen könnte, wollte der Jungpolitiker Olaf Scholz damals von Grass wissen. Und der antwortete mit Verweis auf Willy Brandt.

Es sieht nicht so aus, als ob Scholz als Kanzler davon viel behalten hätte. Zwar versucht die die SPD noch im Koalitionsvertrag der Ampel-Regierung von 2021, späte Buße zu leisten für die Zustimmung der Partei zum schandbaren Asylkompromiss. Sie hat dort zusammen mit den Grünen und der FDP flüchtlingsfreundliche Korrekturen im Asylrecht angekündigt. Und es ist dort, dreißig Jahre nach dem Asylkompromiss, ein Einwanderungsrecht vorgesehen. Ein Weihnachten für Migranten ist das noch lange nicht. Es hapert sehr an der Umsetzung.

Weihnachtssingen, Würstlessen

Der Titel des Buches, das mir von allen Weihnachtsbüchern das liebste war und ist, hat aber irgendwie damit zu tun. Es heißt: »Wer klopfet an?« Das Buch macht äußerlich gar nichts her. Es ist auch eigentlich gar kein Buch; es handelt sich um zusammenkopierte, gelochte Blätter mit Weihnachtsliedern in einer Plastikmappe. Aber der Untertitel zeugt von einem gewissen Anspruch: »Weihnachtsliederbuch der *SZ*-Innenpolitik«! – darin versammelt sind 46 Weihnachtslieder, eingeteilt in die Kapitel »Pflicht« und »Kür«.

Die Pflicht-Lieder beginnen mit der Nummer 1 »Herbei o ihr Gläubigen« (gesungen wurde es auf Lateinisch, also *Adeste, fideles*) und sie enden mit Nummer 39 »Stille Nacht«; die Kür beginnt mit Nummer 40 »Singet frisch und wohlgemut« und endet mit Nummer 46 »The first Nowell«. Solange ich denken kann, wurden die Lieder auf dem Klavier von Hermann Unterstöger, dem *Streiflicht*-Redakteur, begleitet. Das Instrument stand im Büro des Ressortleiters der Innenpolitik; das war auch schon so, als ich 1988 in dieser Redaktion ankam. Und gespielt wurde darauf eigentlich nur an Weihnachten, genauer gesagt am letzten Arbeitstag vor Weihnachten, nach Redaktionsschluss, ab 17 Uhr, wenn die Papier-Zeitung einigermaßen »fertig« war und die Kolleginnen und Kollegen der Innenpolitik zum traditionellen Weihnachtssingen und zum Würstlessen (in der Pause zwischen Pflicht und Kür) zusammenkamen.

In den Corona-Jahren pausierte die Tradition. Das Klavier hatte zwar noch den Umzug der Zeitung von der Sendlinger Straße in den *SZ*-Turm an der Hultschiner Straße erlebt; aber dann war es, wie die Fachleute sagten, »ausgestimmt« und wurde zum weihnachtlichen Singen von einem Keyboard ersetzt. Der in Redaktionsräumen ungewohnten, anfänglich stets ein wenig verlegenen Feierlichkeit tat das keinen Abbruch.

In meinen ersten Jahren bei der *SZ* war das Weihnachtsliedersingen eine kleine Veranstaltung; da saßen ein Dutzend Redakteurinnen und Redakteure um den Tisch des Ressortleiters, später kamen dann auch deren Kinder hinzu, hatten ihre Musikinstrumente dabei und spielten bei den bekannten Weihnachtsliedern mit. Die eher unbekannten Lieder lernten sie dort. Es gab Zeiten in meiner innenpolitischen Redaktion, da wurden die sechsundvierzig im »Weihnachtsliederbuch« versammelten Lieder allesamt gesungen, nicht unbedingt alle Strophen, aber dafür ein Lied zweimal, in jeweils verschiedener Besetzung – nämlich das Lied von der Herbergssuche, das mit dem Satz beginnt, das dem Heft den Namen gibt: »Wer klopfet an?«

Ahnung vom Sinn der Dinge

Diese »Herbergssuche« ist ein Lied, das in verteilten Rollen gesungen wird. Da braucht man einen möglichst bösen Wirt und natürlich Maria und Josef, die im Duett singen. Die Rolle des bösen Wirts war beliebt: der unvergessene, 2003 verstorbene Herbert Riehl-Heyse hat sie damals, als ich noch ziemlich neu war in der Redaktion, gern gesungen; auch Michael Stiller, der schon investigativer Journalist war, als diese Bezeichnung noch nicht gebräuchlich war, hat den bösen Wirt mit dröhnendem Bass gemimt. Zuletzt war es der damalige Newsdesk-Chef Marc Hoch, der sehr energisch das heilige Paar abwies: »Ei macht mir kein Ungestüm! Da, packt euch, geht wo anders hin!«

Einmal, es war wohl an Weihnachten des Jahres 1995, nahm das Lied »Geht wo anders hin« eine dramatische Wendung: Der Ressortleiter Jürgen Busche wollte woanders hin. Er griff in ein Schränkchen an der Wand, holte einen Zettel heraus und verlas in der zunächst noch weihnachtlich gestimmten, dann konsternierten Runde ein von ihm verfasstes Schreiben, das seine fristlose Kündigung enthielt. Er rief sodann den Redaktionsboten, der das Schreiben der Geschäftsführung überbringen sollte. Es sei dies, wie er sagte, der Endpunkt seines Streits mit dem Chefredakteur. Er verbat sich jede Diskussion über seine Kündigung, verließ die Redaktion stante pede in Richtung Berlin, wo er nach einiger Zeit Chefredakteur der *Wochenpost* wurde.

Einige Wochen nach diesem harten Abgang wurde ich, bis dahin »Halbleiter«, also stellvertretender Leiter des Ressorts, sein Nachfolger als Ressortchef. Der verstorbene Kollege Claus Heinrich Meyer hat über die denkwürdige Stunde ein szenisches Protokoll verfasst, das er »Dramolett« nannte.

Es war ein ungestümes Weihnachten für die Redaktion. Aber ungestüme Weihnachten sind besser als gar keine Weihnachten; in den Corona-Jahren galt der Shutdown nämlich auch für das Weihnachtssingen, das, zumindest für die Älteren in der Redaktion, weit mehr war als ein besinnliches Gaudium. Das gemeinsame Singen zum Jahresschluss gab, so beschreibt das der Kollege Hermann Unterstöger, »den Zeitläuften eine Struktur und unserer kleinen Gemeinschaft eine Ahnung vom Sinn der Dinge«.

Gott wird ein Kind

Womöglich ist nämlich die oft belächelte alte Geschichte vom Kind in der Krippe kritischer als ihre Kritiker, die behaupten, dass Weihnachten auch ohne das alles funktioniert. Die biblischen Erzählungen, die normativen und sinnstiftenden Grundlagen der Feiertage, sind alles andere als weihnachtsbräsig. Man muss sie als Nachkriegsliteratur lesen. Sie sind nach einem Vernichtungskrieg geschrieben worden – das war der jüdische Krieg im Jahr 70. Sie sind große Literatur und zum prägenden Narrativ der westlichen Kultur geworden.

Die im Nachkriegsdeutschland geschriebenen Werke eines Wolfgang Borchert oder Heinrich Böll sind Wiedergänger der Weihnachtslegenden, die von der Schwangerschaft einer Jungfrau, vom Zählbefehl eines Despoten zur Finanzierung seiner Truppen, von der Geburt eines Kindes im Stall und von der Flucht vor Todesschwadronen handeln. Sie erzählen vom scharfen Anfang eines Lebens in Bethlehem, das auf Golgatha sein scharfes Ende finden wird. Und sie behaupten beharrlich: Die Todesmächte sind schier überwältigend. Aber sie werden nicht triumphieren.

Die Intellektuellen des frühen hellenistischen Christentums haben den Gehalt der Geschichten in dogmatische Formeln gegossen, deren Provokation heute kaum noch verstanden wird. »Gott wird Mensch« heißt ein Glaubenssatz, radikalisiert: »Gott wird ein Kind.« Man muss allen süßlichen Kitsch von diesem Satz abtragen, allen Verniedlichungen und Sentimentalitäten, zu denen er einlädt, eine Abfuhr erteilen. Er lehrt: Der Mensch ist dem Menschen das höchste Wesen. Das Kind, der Ernstfall des bedürftigen und hilflosen Menschen, der Mensch in seiner schwächsten Gestalt, ist Maß aller Dinge.

Das ist die Humanisierung, die die Traditionen des Judentums und des Christentums in die Welt getragen haben. Das ist der Ausgangspunkt für ein Weltverständnis jenseits des Rechts der Stärkeren. Das ist der Ausgangspunkt der Wahrheitssuche in den Dilemmata der Wirklichkeit. Das ist der Ausgangspunkt von Ethik und Moral. Nicht Götter gilt es zu ehren; nicht Werte gilt es zu schützen; nicht Ideologien gilt es zu retten. Zu ehren, zu schützen und zu retten ist das konkrete Kind, das Kind, das im Trog liegt und schreit.

Entwaffnend!

Wie können wir verhindern, dass die Kinder, die jetzt geboren werden, die jetzt laufen und sprechen lernen, später über verdorrte Äcker in den Krieg ziehen müssen? Was bringt es, bei der Bewältigung der großen Krisen und Probleme das Kind in den Blick zu nehmen und nicht allgemein die Menschlichkeit oder die Demokratie oder den Rechtsstaat, die sogenannten Werte? Ein Kind appelliert an das Herz; das ist seine Macht und das ist der wahre Kern von Weihnachtskitschfilmen wie »Der kleine Lord«. Darum ist das Fest der Geburt des Christkindes das beliebteste aller Feste geworden. Und es ist der Grund, warum Verbrechen an Kindern zum Unverzeihlichsten gehören, die Täter als »Unmenschen« ausgemacht werden und größte Ächtung erfahren.

Ein Kind ist entwaffnend. Entwaffnend! Das ist das Wort für die Weihnachtssehnsucht. Die Weihnachtsgeschichte weckt diese kindliche und gar nicht kindische Kraft auf, immer wieder. Sie ist eine Widerstandskraft gegen die Gewalt. Sie konfrontiert mit der entwaffnenden Präsenz eines Kindes, mit seiner Schutzlosigkeit. Das weckt das Fürsorgliche, das weckt das Beste im Menschen; das macht friedlich.

Der Frieden liegt aber nicht als Geschenk unter dem Weihnachtsbaum, sodass man ihn nur auswickeln müsste. Man muss ihn entwickeln und ihn dann einwickeln, ihn erarbeiten, ihn verhandeln, ihn erringen, so wie dies einst im Westfälischen Frieden gelungen ist, der den »Krieg der Kriege«, den Dreißigjährigen, beendet hat.

Es wird heute viel für Krieg und Sieg getan, aber zu wenig für den Frieden. Der Krieg bringt ihn nicht automatisch, auch dem nicht, der ihn gewinnt. Frieden ist sehr viel mehr als die Abwesenheit von Krieg. Erst der Perspektivenwechsel bringt den Frieden: Die Welt muss kinderverträglich werden. Sie ist dann das ganze Jahr eine weihnachtliche Welt.

Nachwort

Zukunft entsteht in jedem Augenblick

W arum schreibst du, Papa?«, fragte meine Tochter, als sie vier Jahre alt war. Und ohne eine Antwort abzuwarten, setzte sie sich am Sonntagmorgen neben mich an den Schreibtisch, klopfte ihren eigenen Kommentar für die Montagsausgabe in die Kinderschreibmaschine; später musste es ein Laptop sein. Dann entschloss sie sich, nicht zur Zeitung zu gehen, sondern Malerin zu werden; ein Bild ginge schneller von der Hand als ein Artikel, meinte sie, als sie mich grübelnd sitzen sah: »Drei Kringel, schönen Rahmen rum, teuer verkaufen.«

Sie ist dann doch Juristin geworden. Aber ich erinnere mich an einen Tag in meinen frühen journalistischen Jahren, als ich ausnahmsweise einmal pünktlich nach Hause kam; Nina, damals fünf Jahre alt, war noch wach. »Was hat du heute gemacht?«, fragte ich sie. »Zwei Leitartikel geschrieben«, war ihre Antwort. – Worüber? – »Einen über Gorbatschow«, sagte sie, »und einen über den dummen Minister«. Und ich fragte mich: Welches Bild vermittelst du eigentlich deinen Kindern von der Welt?

Mein kleiner Widerstand

»Warum schreibst du?« Die Kinder sind groß geworden, die Frage bleibt. Vielleicht stellt sie in einigen Jahren der Enkel. Warum schreibst du? Weil das Schreiben eine Lust

277

ist und weil die Neugier auf die Dinge hinter den Dingen nicht vergeht. Weil das Schreiben die Gedanken ordnet, weil es also den Schreibenden in Bewegung bringt und, wenn er Glück hat, auch seine Leser. Und: weil diese Bewegung zu Begegnung führt, zu Begegnungen mit Menschen, die man sonst nie kennenlernen würde, weil Schreiben also ins Gespräch bringt – auch mit Menschen, die einen dann auch beim Schreiben beraten. Dazu gehört die Münsteraner Theologin Silke Niemeyer, meine Mentorin und Gesprächspartnerin, wenn es um die existentiellen Fragen zwischen Himmel und Erde geht.

Warum schreibe ich? Weil das Schreiben nicht Zeit und Kraft kostet, sondern Zeit und Kraft gibt. Und weil das Schreiben Hoffnung macht, erst einmal mir selber – Hoffnung darauf, dass es stimmt, was ich auf die Rückseite der Briefkarten habe drucken lassen, mit denen ich Leserpost beantworte: »Zukunft entsteht in jedem Augenblick. Sie ist darum in jedem Moment veränderbar.«

Diese Hoffnung ist bei vielen Menschen in den vergangenen Jahren kleiner geworden. Die Gewissheit ist geschwunden, etwas Sinnvolles dazu beitragen zu können; die Zuversicht, dass jeder seine kleine oder größere Welt besser machen kann, ist geschrumpft. Deshalb mag ich die Protestierenden und Demonstrierenden, die dafür kämpfen, dass die Zukunft eine lebenswerte Zukunft bleibt. Sie gehen nicht auf Distanz zur Politik, sie gehen auf die Straße, sie kleben sich dort fest, sie besetzen Plätze; das ist nicht Distanz, das ist etwas anderes. »Sie entfernen sich nicht von der Politik, sondern versuchen, sie zu beeinflussen.« – So habe ich in der Zeit der Proteste gegen den Finanzkapitalismus geschrieben. »Wir sind viele« hieß meine Streitschrift aus dem Jahr 2011.

Aber die Vielen waren dann doch wohl zu wenige. Der Glaube daran, dass Demokratie und Rechtsstaat sich, und sei es langsam, weiterentwickeln, der Glaube an den Fortschritt der Aufklärung ist erschüttert. Die Weltzuversicht vieler Menschen ist zerborsten. Selbst manchen von denen, die mit Herzblut Flüchtlingen geholfen haben, kam das Grundvertrauen abhanden, dadurch etwas Gutes getan zu haben. Die Gewissheit ist einem Ohnmachtsgefühl gewichen, dem Gefühl, einem Sog ausgesetzt zu sein. Es ist ein Sog der Fremdbestimmung; auf den Einzelnen scheint es nicht mehr anzukommen. Mein Schreiben ist mein kleiner Widerstand dagegen – 38 Anschläge pro Zeile.

Dies ist unsere Zeit

Manchmal spende ich mir selber Trost, nicht in den Alltagstexten, aber in den Texten, die ich zu den Festtagen schreibe. Das war an Weihnachten 2017 so. Ich schrieb über den Jesuiten Friedrich von Spee, der vor vierhundert Jahren das Lied »O Heiland reiß die Himmel auf« gedichtet hatte; das war im Dreißigjährigen Krieg, es war die Zeit der Hexenverfolgung; Spee war ihr leidenschaftlicher Gegner – und er war der Beichtvater ihrer Opfer.

Das Lied ist kein Klingeling. Es ist der bittere Ruf nach Gerechtigkeit; es ist die Klage darüber, dass sie sich nicht einstellt, die Gerechtigkeit. Die Klage legt die Enttäuschung frei und bricht der Sehnsucht Bahn. Sie ist der Versuch, sich zu wehren gegen kollektiven Wahn. Spee floh nicht, auch nicht in einfache Antworten. Er konnte den Terror nicht stoppen. Aber er konnte tun, was ein Einzelner tun kann: Perversität beschreiben und anklagen. Das hat er getan: er hat es nicht bei Forderungen an den himmlischen Heiland belassen; er wurde zum Widerständler, zum Whistleblower des 17. Jahrhunderts.

»Es gibt Zeiten der Verzweiflung«, so habe ich diesen Leitartikel begonnen und dann die Verzweiflung des Friedrich von Spee beschrieben: Er hatte die Folter gesehen, den

Hass des Mobs und den Wahn in den Augen der Richter. Er hatte die Opfer in Blut und Ekel liegen sehen. Er hatte die Urteile gehört, Urteile »Im Namen des Vaters und des Sohnes und des Heiligen Geistes«. Er wusste um die Unschuld der Opfer, aber er konnte kein Urteil verhindern, er konnte nur trösten. Er hatte sich überlegt, ob er sich selbst »den kopff herunter hawen« lässt. Aber dann benutzte er ihn lieber zum Denken, tröstete weiter, begleitete weiter bis zum Scheiterhaufen.

Und er hat geschrieben. Er verfasste anonym die Streitschrift »*Cautio Criminalis*«, den Anti-Hexenhammer, und warb darin für die Unschuldsvermutung, für ein faires Verfahren, für Menschen- und Frauenrechte. Er ließ sich nicht beirren, auch wenn er die Erfolge seines Schreibens nicht mehr erlebte. Mit der Befreiung von der Hexenjagd dauerte es noch über ein Jahrhundert. Spee war weder dem billigen Trost noch der Trostlosigkeit verfallen. Ich bin kein Spee, aber einer wie er spornt mich an.

»Vielleicht gibt es schönere Zeiten«, hat Jean Paul Sartre einmal gesagt. »Aber dies ist unsere Zeit.« Diese Zeit braucht Leute, die zur Not den Himmel aufreißen, wenn die Erde zur Hölle wird. Es ist gut, wenn es viele sind.